KB236882

교사량성 쥬일학당 교과서

이 자료총서는 2018년 대한민국 교육부와 한국연구재단의 지원을 받아 수행된
연구임(NRF-2018S1A6A3A01042723)

메타모포시스 자료총서 07

숭실대학교 한국기독교박물관 소장

교사량성 쥬일학당 교과셔

초판 1쇄 발행 2020년 12월 30일

저 자 ㅣ 하밀(H.M. Hammill)
편 역 ㅣ 크램(W.G.Cram)
현대역·해제 ㅣ 윤정란

펴낸이 ㅣ 윤관백
펴낸곳 ㅣ 도서출판 선인

등 록 ㅣ 제5-77호(1998.11.4)
주 소 ㅣ 서울시 마포구 마포대로 4다길 4(마포동 324-1) 곳마루 B/D 1층
전 화 ㅣ 02) 718-6252 / 6257
팩 스 ㅣ 02) 718-6253
E-mail ㅣ sunin72@chol.com

정가 35,000원

ISBN 979-11-6068-377-6 93230

· 잘못된 책은 바꿔 드립니다.

메타모포시스 자료총서
07

숭실대학교 한국기독교박물관 소장

교사량셩 쥬일학당 교과셔

하밀(H.M. Hammill) 저
크램(W.G.Cram) 편역
윤정란 현대역 · 해제

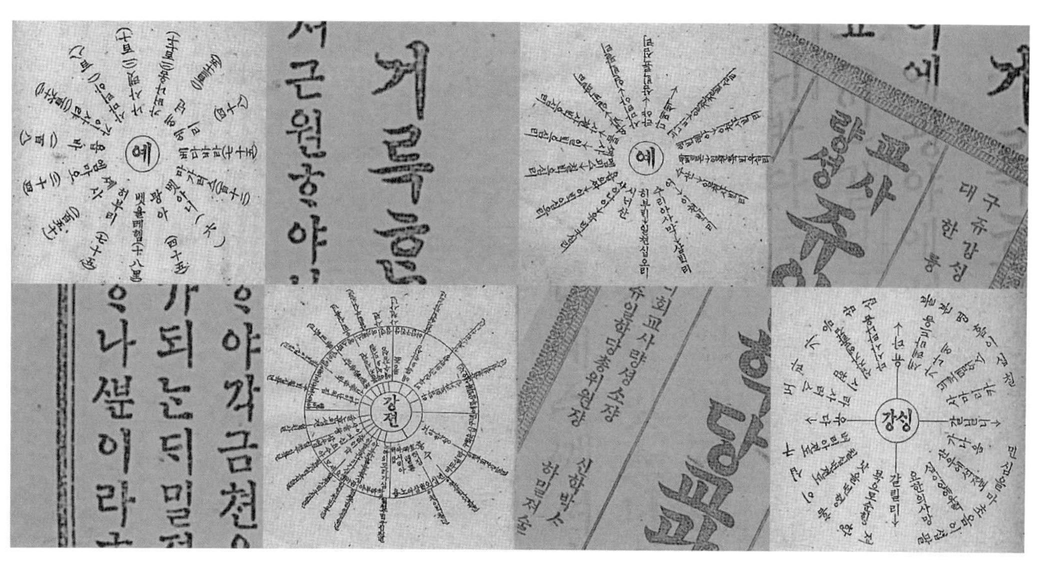

도서출판 선인

〈메타모포시스 번역총서〉는 아젠다와 관련하여 자료적 가치를 지닌 외국어 문헌이나 이론서들을 번역하여 소개한다. 〈메타모포시스 자료총서〉는 숭실대 한국기독교박물관에 소장된 한국 근대 관련 귀중 자료들을 영인하고, 해제나 현대어 번역을 덧붙여 출간한다. 〈메타모포시스 대중총서〉는 아젠다 연구 성과의 대중적 확산을 위해 기획한 것으로 대중 독자들을 위한 인문학 교양서이다.

　동양과 서양, 전통과 근대, 아카데미즘 안팎의 장벽을 횡단하는 다채로운 자료와 연구 성과들을 집약한 메타모포시스 총서가 인문학의 지평을 넓히고 사유의 폭을 확장하는 데 기여할 수 있기를 바란다.

2020년 11월
숭실대학교 한국기독교문화연구원 HK+사업단장
장경남

┃ 목 차 ┃

크램(W.G.Cram)의 『교사량성 쥬일학당 교과셔』 해제

윤정란*

1. 편역자 크램(W.G.Cram)과 원저자 하밀(H.M. Hammill)

이 책의 원저자는 하밀, 이를 편역한 인물은 그램으로 표기되어 있다. 1994년에 출간된 『내한선교사총람』에 보면 그램에 대해서는 1902년 내한해서 1922년에 귀국한 미 감리교 선교사로만 표기되어 있다. 그 어떤 정보도 없다.[1] 기독교대한감리회의 「감리교인물사전DB」에 그램에 대한 기록은 1909년 내한했고 1922년 귀국한 것으로 나와 있다.[2] 1909년에 내한했는데 이 책을 순한글로 번역할 수는 없었을 것이다. 한국에서 미국 감리교 선교가 시작된 1885년부터 그램이 귀국한 1922년까지 그램이라는 인물은 없었다.

그램과 같은 시기에 귀국한 인물 중에 크램(W.G.Cram, 한국명 기의남)이라는 인물이 있었다. 크램은 1902년 11월에 내한하여 1922년에 귀국하였다. 한국에서 7년이라는 기간을 보냈다면 하밀의 책을 순한글로 충분히 번역할 수 있는 수준에 이르렀을 것이라고 추정할 수 있다. 「감리교인물사전DB」의 그램이 1909년에 내한해서 하밀의 책을 순한글로 번역했다는 것은 문제가 있다고 본다. 그리고 1922년까지 내한한 인물 중에는 그램이라는 인물이 없고 크램만 존재한다고 했을 때 하밀의 책을 편역한 인물은 크램이라고 할 수 있다.

---

[1] 김승태 · 박혜진 엮음, 『내한선교사총람, 1884-1984』, 한국기독교역사연구소, 1994, 39쪽.

[2] 기독교대한감리회, 「감리교인물사전DB」
https://kmc.or.kr/dic-search/dictionary?pageid=1&mod=document&target=title&keyword=gram&uid=43875(2020년 5월 2일 접속).

『내한선교사총람』에서도 조사한 내용을 보면 전술한 바와 같이 1902년 내한
해서 1922년 귀국한 것으로 되어 있다. 그렇다면 이 책의 편역자는 크램이라
고 할 수 있다. 아마 편역한 책의 인쇄 과정에서 문제가 있었던 것으로 추정
할 수 있다.

이 책의 편역자인 크램은 1875년 미국 켄터기(Kentucky)주에서 출생했으며
에즈베리대학(Asbury University)을 1898년에 졸업했다. 그 후 에즈베리대학에
서 신학박사 학위를 받았다. 이후 웨슬리안대학(Wesleyan University) 명예법
학박사 학위를 받고 졸업했다. 내한한 이후에 감리사로 활동한 지역은 강원
도 철원, 금화, 금성구역 등이었다. 1905년에는 선교연회, 1921년에는 한국 연
회 감독을 대리 주재하였다. 1926년부터 1940년까지 남감리회 해외선교부 총
무로 재직하면서 한국선교를 지원하였다. 1930년에 선교 대표로 내한하였는
데, 이때 남북감리교회가 조선감리교회로 연합하던 시기였다. 1944년 은퇴한
후 1969년 10월 29일 미국 내쉬빌(Nashville)에서 소천하였다.[3]

원저자 하밀에 대해서는 미국 노스캐롤라이나대학교(the University of North
Carolina)에서 운영하는 「Documenting the American South」에서 소장하고 있는
자료에 따르면 다음과 같다. 그는 1847년 미국 앨라배마 론데스버러(Lowndesboro)
에서 출생했으며 부친은 감리교 목사였다. 하밀은 앨라배마대학교(The University
of Alabama)에 다녔고 그곳에서 학사와 석사 학위를 취득했다. 미조리(Missouri)
에서 교사로 봉직하였고, 1881년 일리노이 잭슨빌의 공립학교(public schools in
Jacksonville) 감독관으로 재직하였다. 1885년에 감리교 목사가 되었다. 그 후
3년이 지났을 때 주일학교 봉사에 뛰어 들었다. 이후 그는 주일학교 교사 양
성에 한평생을 보냈다. 하밀은 일리노이 주일학교협회(the Illinois State Sunday
School Association)를 설립하고 대표로 활동하였다. 그는 두 번째 아내인 아다
(Ada)와 1907년에 6개월간 일본을 여행한 바가 있으며 1908년에 한국을 찾았

---

[3] 김승태·박혜진 엮음, 앞의 책, 219쪽.

다. 1915년 그는 테네시(Tennessee)에서 세상을 떠났다.[4]

2. 책의 구성과 내용

하밀의 영어원본이 출간된 것은 1905년이었다. 이 책은 신약 12개의 장과 주일학교에 대한 12개의 장으로 구성되었다. 3년 후인 1908년 하밀은 개정판을 출판하였다. 이때의 영어원본을 1914년에 재발간하였다. 1914년 개정판과 같은 것이었다.

1908년판 책은 파트 1과 파트 2로 목차를 구성하였다. 파트 1은 구약 12개의 장과 신약 13개의 장이었다. 파트 2는 주일학교의 원리와 방법에 대한 것이었다. 구체적으로는 학교, 교사, 스칼라(Scholar) 등이었다.

크램이 편역 출간한 것은 하밀의 1908년 개정판이었다. 하밀의 영어원본과는 완전히 다르게 편집한 것이었다. 교사가 가르치는 부분과 교인들의 연습 부분으로 나누어 놓았다. 교사가 가르치는 부분은 전체 12장이고 교인들의 연습과목은 모두 12장으로 되어 있었다. 전체 24장이었다. 교사가 가르치는 총 12장에는 구약과 주일학교 원리와 방법이었다. 교인연습과목에는 신약과 주일학교 원리와 방법 등이었다.

성경공부 제1장 구약전서는 총 4절이며, 제1절은 분류법, 제2절은 기록한 자, 제3절은 기록한 때, 제4절 기록한 연고 등으로 구성하였다. 제1절 분류법에는 구약 총 39권 중 역사를 다룬 17권(창세기부터 에스다까지)이며, 교훈 혹 경배는 총 5권(욥, 시편, 잠언, 전도, 솔로몬, 아가), 예언은 총 17권 중 큰 예언 5권, 작은 예언 12권으로 되어 있음을 소개하였다. 제2절 기록한 자에는 역사

---

4) Documenting the American South.
 https://docsouth.unc.edu/fpn/hamill/summary.html/(2020년 5월 2일 접속); 윤정란, 「근대전환기 서구 기독교윤리 교육을 위한 주일학교의 아동중심교육학 도입」, 『기독교사회윤리』 47, 한국기독교사회윤리학회, 2020, 77쪽에서 재인용.

책, 교훈, 예언 등에 대해 기록한 인물들을 서술하였다. 제3절 기록한 때에 대해서는 제1기, 제2기, 제3기, 제4기, 제5기 등으로 구분해서 설명하였다. 제4절 기록한 연고에는 역사책, 교훈책, 그리고 예언책 등의 기록에 대한 의미를 서술하였다.

연습공부 제1장은 주일학교장이며 총 5절로 구성되었다. 제1절 선택에서는 주일학교장을 선정할 수 있는 것은 목사, 교당직원, 교사 등이며, 학생들은 선거권이 없다는 것에 대해 설명하였다. 제2절 자격에서는 주일학교장이 직원으로서 지켜야 할 다섯 가지의 의무, 교육상으로 지켜야 할 세 가지의 의무, 일신상으로 지켜야 할 두 가지 의무 등에 대해 다루었다. 제3절 방법에서는 다섯 가지로 정리해 놓았다. 제4절에서는 교회와의 관계, 학교와의 관계, 학생의 가정과의 관계 등에 대해서 다루었다. 제5절 목적에서는 교회 신자가 되게 하는 것이라고 밝혔다.

성경공부 제2장 제1절에서는 예루살렘에서 구약에 나오는 지명과의 거리, 나라들, 위치, 표면, 물 등을 다루었고, 제2절에서는 역사를 설명하였다.

연습공부 제2장은 목사에 대해서 다루었다. 이 장은 총 4절로 구성하였다. 목사는 교당의 첫째 직원이며, 주일학교장과의 관계는 마치 정부 대신이 각부 대신에게 대함과 공립학교장이 자신의 보좌원을 대함과 같다고 설명하였다. 주일학교에 대한 목사의 의무, 목사의 교육적 모범, 목사의 직분 등에 대해 설명하였다.

성경공부 제3장에서는 그동안의 성경공부에 대한 시험문제를 다루었다. 연습공부 제3장에서는 주일학교에서 사무, 직원, 교사, 학생 등의 본분에 대해서 설명하였다.

성경공부 제4장에서는 구약전서의 역사를 다루었다. 연습공부 제4장에서는 주일학교의 학생들에게 어떻게 해야 하는가에 대해서 목적과 교회, 직원, 교사 등이 해야 할 일들에 대해 설명하였다. 성경공부 제5장 모세의 법전에서는 특성, 나라법, 백성의 법, 형벌하는 법, 도덕상법 등을 설명하였다. 연습공부 제5장은 학생의 출석에 대해 다루었다.

성경공부 제6장에서는 모세의 예식을 다루었다. 총 3절로 구성되었고 제지내는 법, 제사장되는 법, 속죄하는 법 등에 대한 것이었다. 연습공부 제6장은 학생들이 집에서 하는 공부에 대해 설명하였는데, 방해되는 것, 돕는 것, 일정한 규칙 등이었다. 그다음 성경공부에 대한 시험공과를 수록하였다.

성경공부 제7장 유태국 조례는 교회, 교육, 기념절 등에 대한 것이고, 연습공부 제7장은 장학생의 연보에 대한 것이었다. 중요한 것, 주의와 방법, 연보의 이치, 연보의 목적 등에 대해 다루었다.

성경공부 제8장은 유태국당파에 대한 것인데, 정치, 종교, 직무 등에 대한 것이었다. 연습공부 제8장은 영혼을 신령으로 배양함에 대한 것인데, 제1절과 제2절은 페이지 유실로 내용을 알 수 없으며, 제3절은 은혜를 얻는 것, 제4절은 학생의 일신상 행적에 대해 다루었다.

성경공부 제9장은 구약의 예언을 다루었다. 총 3절로 되었고, 연대학 차례, 특성, 기이한 정치상 예언 등에 대한 것이었다. 연습공부 제9장에서는 가르치는 이치를 다루었다. 총 5절로 구성되었고 적합한 이치, 협력하는 이치, 계급의 이치, 비유하는 이치, 복습하는 이치 등이었다. 이 중 계급의 이치는 다섯 단계로 구분해서 가르치는 것에 대한 설명이었다. 그 다음에는 시험공과가 수록되었다.

성경공부 제10장은 구약의 의도에 대한 것인데, 총 7절로 이루어졌으며, 하나님, 창조, 사람, 악한 것, 속죄함, 하나님이 다 살리심, 장래 상태 등이었다. 제10장부터 연습공부를 연습공과로 번역하였다. 이 장은 가르치는 방법에 대해 다루었다. 예비, 교육법, 교육, 전도 등에 대한 것이었다.

성경공부 제11장은 성경역사이며, 구약, 신약, 예전 성경, 근래 성경 등에 대해 설명하였다. 연습공과 제11장은 근래 주일학당 방법에 대한 것이었다.

총 3절로 구성되었고, 교인 얻는 방법, 교훈의 방법, 전도하는 방법 등을 다루었다.

성경공부 제12장은 성경의 요구에 대한 것인데, 총 3절로 구성되었다. 감화 요구, 정실의 요구, 믿음의 요구 등이었다. 연습공과 제12장은 어린아이 공부에 대한 것으로 총 4절로 구성되었다. 내용은 성경상, 생리학상, 심리학상, 교육상 등에 대해 다루었다. 그 다음에는 시험공과가 수록되었다.

이어 교사연습과목으로 성경공부 제12장, 연습공부 제12장으로 구성해 놓았다. 여기서 성경공부는 신약을 다루었다. 성경공부 제1장은 신약책과 기록한 자에 대한 것이었다. 신약책은 27권으로 편찬되었고, 구약처럼 사기와 예언으로 구분해 놓았다고 설명하였다. 그 다음 신약을 기록한 사람, 기록한 일자, 기록한 연고, 도를 기록한 책, 예언책 등에 대해 기술하였다. 연습공부 제1장은 근래 주일학교에 대한 것이었다. 총 4절로 구성되었고, 주일학교의 역사, 주일학교의 의미, 주일학교, 집, 그리고 나라에 대한 관계, 목적 등에 대한 것이었다.

성경공부 제2장은 거룩한 땅, 유대국에 대한 것이었다. 역사, 지리적 위치, 인민 등을 다루었다. 연습공부 제2장은 주일학당 조직에 대한 것으로 지휘, 전도, 재정, 음악, 도서, 교훈, 주장 등이었다. 연령상으로 초등유치반, 유년반, 소년반, 중등반, 고등반 등으로 구분하였다.

성경공부 제3장은 거룩한 성이며, 위치, 주위, 도형, 역사 등을 다루었다. 연습공부 제3장은 주일학교 직원의 역할에 대한 것인데, 영접인, 서적관리인, 회계, 서기관, 찬미인도자 등이었다. 목사, 교장 등의 역할에 대해서도 기술하였다. 그 다음은 시험공과가 수록되었다.

성경공부 제4장은 성전에 대한 것으로, 역사, 건축, 방 등을 설명하였다. 연습공부 제4장은 주일학당 교사의 역할에 대한 것으로 사무, 예비, 돕는 것, 의무 등이었다. 성경공부 제5장은 역사상 지방을 다루었다. 총 7절로 구성되어 있으며, 거리, 거룩한 산, 거룩한 물, 예수씨의 사시던 곳, 도성, 중앙교회 등에 대한 것이었다. 연습공부 제5장은 주일학당 학도에 대한 것이었다. 총 5절로 구성되어 있으며, 학도당 되는 것, 출석, 분류법, 집에서 공부하는 것, 연습 등에 대한 것이었다. 여기서 분류법은 현재 공립학교의 분류법을 기초하여 분류한다는 내용이었다.

성경공부 제6장은 예수의 행적에 대한 것이었다. 총 5절로 구성되었고, 예비시대, 불분명한 해, 민심을 믿게 하던 해, 항거하시던 해, 돌아가시던 해 등이었다. 연습공부 제6장은 주일학당 교육법에 대한 것이었다. 총 5절로 구성되었으며, 담당, 방해, 교정, 감정, 목양적 권리 등에 대해 설명하였다. 그 다음에는 시험공과를 수록하였다.

성경공부 제7장은 예수씨의 끝날이며, 총 5절로 구성되었다. 내용은 마지막 주일, 시험, 십자가에서 못 박혀 돌아가심, 부활하심, 사십일 등에 관한 것이었다. 연습공부 제7장은 주일학당 순서이며, 총 4절로 구성되었다. 내용은 예배, 교훈, 사무, 순서 등에 대해 설명하였다.

성경공부 제8장은 예수의 도이며, 총 8절로 구성되었다. 예수의 도는 자기, 자기 나라, 하나님, 죄, 성신, 기도, 부활, 종국심판 등이라고 설명하였다. 연습공부 제8장은 학과공부에 대한 것이었다. 총 2절로 구성되었다. 내용은 공부할 계획과 가르칠 계획에 대한 것이었다.

성경공부 제9장은 큰 선생이며, 총4절로 구성되었다. 선생의 모범, 그의 특질, 그의 방법 등의 내용으로 이루어졌다. 연습공부 제9장은 강술에 대한 것으로 총 2절로 구성되었다. 내용은 시험과 가르치는 것에 대한 것이었다. 그 다음에는 시험공과가 수록되었다.

성경공부 제10장은 큰 사도이며, 제4절로 구성되었다. 바울의 예비, 전도여행, 바울의 도, 바울의 편지 등이었다. 연습공부 제10장은 복습에 대한 것이었다. 총 5절로 구성되었고, 내용은 요소 즉 필용물, 목적, 방법, 복습계획, 필기

복습시험 등에 대해 설명하였다.

성경공부 제11장은 상고 예수교당에 대한 것이었다. 제1기 예비, 제2기 조직, 제3기 예수교변화, 제4기 확장, 제5기 핍박 등에 대해 설명하였다. 연습공부 제11장은 교사회에 대한 설명이었다. 목적, 방법, 날짜와 처소 등에 대한 것과 구체적으로 교사회 순서에 대해 상세하게 소개하였다. 시간은 1시, 경배 십분, 사무 십분, 공과 사십분 등으로 되어 있었다.

성경공부 제12장은 예수교 증거였다. 총 5절로 구성되었고, 선지의 증거, 그리스도의 행적, 신약전서 기록자, 역사상 직접증거, 예수교인의 행적 등에 대한 것이었다. 연습공부 제12장은 초학부문이었다. 총 6절로 구성되었고, 초학 교사, 조직, 공부의 순서, 특별연습, 어린이가 거듭나는 것, 암시하는 초학 과 목록 등에 대한 설명이었다. 마지막으로 시험공과가 수록되었다.

3. 의의

미 감리교 선교사 크램이 편역한 『교사량성 쥬일학당 교과셔』는 근대전환기 한국 근대교육의 도입 및 영향을 밝힐 수 있는 귀중한 자료이다. 이 책은 주일학교 교사를 양성하기 위해 출간되었지만 한국근대교육이 발전하지 못한 상황에서 서구 근대교육학을 접할 수 있는 중요한 입문서였다.

근대전환기 한국의 근대교육 발전에 끼친 미국 선교사들의 영향은 지대하였다. 1876년 개항 이후 한국의 정부뿐만 아니라 민간인들도 서구 근대교육이 절대적으로 필요하다는 것을 점차 인식하게 되었다. 특히 정부 관료들 중에서 개화파 인사들은 서구 근대교육을 반드시 도입해야 한다고 주장했다. 그러나 개화파 인사들이 1884년 갑신정변으로 정부에서 배제되자 서구 근대교육에 대한 논의는 더 이상 진전되지 못하였다.[5] 그 틈을 메꾼 것이 미국 선교

---

[5] 윤건차 저, 심성보 역, 『한국근대교육의 사상과 운동』, 청사, 1987, 71쪽.

사들의 근대교육사업이었다. 기독교 교리에 기초를 둔 미국 선교사들의 교육사업은 일반교육과 종교교육으로 구분되어 이루어졌다.

조선정부는 개항 이후 서구 여러 국가들과의 외교 관계를 맺기 시작하였다. 그러한 가운데 조선정부뿐만 아니라 한국인들은 서구 근대교육의 필요성을 점차 자각하게 되었다. 서구 근대교육이 최초로 시작된 곳은 개항지였던 원산에서였다. 개항에 의해 원산으로 들어온 일본 상인들이 상권을 위협하자 원산민들은 이에 대응하고자 1883년 원산학사를 설립하였다. 원산학사는 새로운 시대에 적합한 새로운 인재를 육성하기 위한 것이었다.[6]

정부에서도 같은 해 통상아문의 부속기관으로 통역관을 양성하는 영어학교인 동문학을 설립하였다. 동문학은 최초의 관립 근대학교이며, 명칭은 청나라의 동문관을 본 딴 것이었다. 1884년 갑신정변 이전에 정부의 외교고문이던 묄렌도르프(Möllendorf, Paul George von)는 800개의 소학교, 84개의 중학교, 그리고 서울에 자연과학, 외국어, 공업 등의 전문학교 설립을 구상하였고, 정부는 의학교와 사관학교 등의 설립에 대해서도 논의했다. 1884년 9월 고종은 미국 정부에 근대교육에 대한 도움을 요청하였다. 이와 같이 정부에서부터 민간인에 이르기까지 서구 근대교육에 대한 관심이 점점 높아지고 있었다. 그러나 1884년 갑신정변으로 개화파 인물들이 정계에서 물러나자 더 이상 서구 근대교육에 대한 논의가 정부 차원에서 진전되지 않았다. 이러한 상황하에서 서구 근대교육은 미국인 선교사의 주도로 이루어졌던 것이다.[7]

미국인 선교사에 의해 이루어진 서구 근대교육은 기독교교리에 기초를 둔 일반교육과 종교교육으로 구분되었다. 일반교육은 초기에 초등, 중등, 그리고 고등 등의 교육을 통합적으로 실시하다 점차 고등교육으로 발전하였다.[8] 최

---

[6] 신용하, 「우리나라 최초의 근대학교설립에 대하여」, 『한국사연구』 제10집, 한국사연구회, 1974, 191~204쪽; 위의 책, 65~67쪽 재인용.

[7] 위의 책, 67~71쪽.

[8] 임후남, 「1910년 전후 기독교 초등교육 연구」, 『교육사학연구』 17-1, 교육사학회, 2007, 116쪽.

초의 기독교 일반교육기관은 1885년에 설립된 광혜원이었다. 이어 같은 해에 배재학당이 시작되었다. 1886년에는 스크랜튼 부인(Mary F. Scranton)에 의해 최초의 여자근대교육기관인 이화학당이 설립되었다.[9]

1894년 청일전쟁과 갑오개혁 이후 기독교 신자들이 급속하게 증가하자 기독교계의 일반학교도 함께 발전하였다. 1885년부터 1908년까지 설립된 주요 기독교계 학교들은 서울의 배재학당, 이화학당, 경신학교, 정신여학교, 공옥학교, 신군학교, 배화학교, 평양에 광성학교, 숭덕학교, 정진학교, 숭실학교, 숭의학교, 맹아학교, 동래에 일진학교, 재령에 명신학교, 원산에 루씨학교, 진성여학교, 목포 정명학교, 개성의 호수돈학교와 한영서원, 공주 영명학교, 대구 계성학교와 신명여학교, 선천의 신성학교와 보성학교, 순안 의명학교, 광주 수피아여학교, 전주 기전여학교와 신흥학교 등이었다.[10]

일반교육과 함께 이루어졌던 종교교육으로는 주일학교와 사경회를 들 수 있다. 근대적 학교 제도가 제대로 갖추어지지 못한 여건에서 한국인들은 주일학교와 사경회를 통해 서구식 근대교육방식을 접할 수 있었다.[11]

사경회는 내한선교사들이 기독교 봉사에 헌신할 수 있는 교인들을 양성하기 위해 실시한 종교교육이었다. 대사경회는 대체로 음력 새해 명절에 시작하였다. 이 교육에 참석한 교인들은 1주에서 10일 정도의 기간 동안 교육을 받았고, 경비는 자부담이었다. 성경이 가장 중요한 과목이었지만 서구 근대교육도 함께 실시되었다. 예를 들어 위생이나 일반 상식과 같은 내용이었다. 성경의 지식수준에 따라 여러 반으로 나뉘어서 교육을 받았다. 대사경회는 성경반, 신앙대회, 문화강연회 등이 혼합되어 있었다. 이른 봄에는 여성들을 위한 전체 사경회가 개최되었다. 남자 대사경회의 교육과 같았다. 개교회의 사

---

[9] 윤건차, 앞의 책, 72~73쪽.

[10] 위의 책, 33~34쪽.

[11] 이윤진, 「1910년대 개신교 주일학교의 교육활동」, 『한국교육사학』 30-2, 한국교육사학회, 2008, 116쪽.

경회는 상황에 맞추어 적절하게 이루어졌으며, 일반적으로 3일에서 5일 이내로 개최되었다.[12]

주일학교도 사경회와 마찬가지로 서구식 근대교육을 받을 수 있는 곳이었다. 주일학교는 주일학교 교사 양성 프로그램과 주일학교 학생들을 대상으로 하는 프로그램으로 이루어져 있었다. 주일학교 교사 양성프로그램을 통해 한국인들은 서구 근대교육학, 학생들을 위한 프로그램을 통해서는 서구의 근대교육방식에 다가갈 수 있었다.[13]

주일학교는 사경회와 마찬가지로 기독교의 종교교육이었다. 그와 동시에 서구 근대교육을 접할 수 있는 곳이었다. 『교사량성 쥬일학당 교과서』는 하밀이 1908년 당시 미국 공립학교의 제도에 기초하여 쓴 책을 편역한 것이므로 미국의 근대교육제도가 한국에 어떻게 도입되었는지를 밝힐 수 있는 중요한 근대문헌자료라고 할 수 있다. 지금까지 한국 근대교육사에 기독교의 종교교육이 한국근대교육에 어떠한 영향을 미쳤는지에 대해서는 많은 연구성과가 축적되지 못했다. 한국의 근대교육이 어떻게 형성되었고 정착되어갔는지에 대해 살펴보기 위해서는 이 책에 대한 더욱 자세한 분석이 필요하다고 할 수 있을 것이다.

---

12) 백낙준, 『백낙준전집1: 한국개신교사』, 연세대학교출판부, 1995, 314~316쪽.
13) 이윤진, 앞의 논문, 116쪽.

교사양성 주일학당 교과서

구주강생 1909년
대한 융희 3년

교사양성 주일학당 교과서

미국 감리회 교사양성 소장
만국주일학당 총위원장   신학박사 하밀 저술

Teacher Training Lessons by Prof. H.M.Hamill, D.D.

Translated under the supervision of Rev.W.G.Cram, A.M

주일학당 교과서 목록

교사 양성 주일학당 교과서

성경공부 제1장 구약전서

제1절 분류법

구약은 39권으로 되었으니 신약전서와 같이 근래는 구약전서의 분류도 역사, 교훈 경배, 그리고 예언으로 나누어 놓았으니 다음과 같으니라.

1. 역사 책 17권이니 창세기로부터 에스다까지라, 첫째 5권은 유명한 율법이오.

2. 교훈 혹 경배 책 5권은 욥, 시편, 잠언, 전도, 그리고 솔로몬의 아가요.

3. 예언 책 17권은 5권과 12권 두 가지로 나누어 놓았으니 즉 큰 예언 책과 작은 예언 책이니라.

역사 책(17권)은 모세가 기록한 것이니 창세기, 출애굽기, 레위기, 민수기, 그리고 신명기니 합 5권이오. 나중에 기록한 것은 여호수아, 사사기, 룻, 사무엘 상·하권, 열왕기 상·하권, 역대 상·하, 에스라, 느헤미야, 그리고 에스더이니 합 12권이오.

교훈 책(5권)은 욥, 시편, 잠언, 전도서, 그리고 솔로몬의 아가 책이니 합 5권이오.

예언 책(17권)은 두 가지로 나누어놓았으니 큰 예언은 호세아, 요엘, 아모스, 오바댜, 요나, 미가, 나훔, 하박국, 스바냐, 학개, 스가랴, 말라기이니 합 10권이니라.

제2절 기록한 자

기록한 자와 책은 다음과 같으니라.

역사 책으로는 율법 즉 구약 첫째 5권은 모세가 기록하였고, 여호수아는 여호수아가 책을 기록하였고 사사기와 룻은 사무엘이 기록하였으며, 사무엘 상권에서 역대하까지는 사무엘, 나단, 스마야, 갓, 잇도, 예레미야, 그리고 또 다른 저자들이 기록하였으며 서기관 에스라에 의해 편찬 및 발행되었고, 에스다는 에스라 혹은 모르드개가 기록하였다 하였느니라.

교훈 책으로 욥은 모세가 기록 하였고 시편은 다윗과 또 다른 사람들이 기록하였으며 잠언, 전도 책, 그리고 아가는 솔로몬이 기록하였느니라.

예언 책으로 애가는 예레미야가 기록하였고, 또 다른 여러 책들은 모두 기록한자 혹은 저작자의 이름으로 편찬하였느니라.

제3절 기록한 때

모든 책의 기록한 때를 5기로 구분하였느니라.

제1기

주강생 전 1491년으로부터 1096년까지라. 모세로부터 사울까지니 욥과 율법 책 5권과 여호수아 합 7권이 기록되었느니라.

주강생 전

1. 1491년
2. 1096년 7권
3. 976년 8권

4. 606년 8권

5. 536년 8권

6. 397년 8권

제2기

1096년으로부터 976년까지라, 사울로부터 왕국의 분열까지니 사사기, 룻, 사무엘 상·하권, 시편, 잠언, 전도책, 그리고 아가 합 8권이오.

제3기

976년으로부터 606년까지 왕국의 분열부터 유대국에 속박될 때까지니 요나, 요엘, 아모스, 호세아, 이사야, 미가, 나훔, 스바냐 책들이니 합 8권이오.

제4기

606년으로부터 536년까지라. 바벨론이 속박될 때니 열왕기 상·하권, 오바댜, 예레미야, 하박국, 에스겔, 다니엘 책들이니 합 8권이오.

제5기

536년으로부터 397년이라. 바벨론에 속박 될 때부터 예언이 완결될 때까지라, 역대 상·하권, 에스라, 예레미야, 에스더, 학개, 스가랴, 말라기 합 8권이라.

제4절 기록한 까닭

역사 책

첫째 5권은 창조할 때부터 가나안을 이길 때까지의 역사이니 유대 신치국(神治國)과 특별한 관계가 있고, 둘째는 여호수아로부터 사무엘 상권까지는

법관 열다섯 밑에 있던 유대의 역사요, 셋째는 사무엘 상권부터 에스더까지 포함된 것은 유대국의 역사이니 42왕이 다스리고 속박되었던 시기이니라.

교훈 책

욥은 하나님께서 특별히 보호하려는 뜻을 나타내었으며, 시편은 매일 경배하는 책이오, 잠언은 매일 행위하는 책이오, 전도 책은 이 세상의 유쾌한 것, 경영의 허실과 허망을 설명하였고, 아가는 진실한 종교의 아름다운 것과 복을 비유하여 기록하였느니라.

예언 책

큰 선지자로는 (1) 이사야니 메시아를 예언함으로 적절한 복음 선지자라 부르고 (2) 예레미야는 그의 애가를 포함하였으니 바벨론의 운수가 불행한 것과 유대인의 돌아옴을 미리 말한 자 즉 속박에 우는 선지자라고 하며 (3) 에스겔과 다니엘은 보통의 선지자 혹은 정치적 선지자라고 하니 그가 종말 이스라엘의 회복과 그리스도의 온 세상 다스릴 때까지 외인나라의 흥망을 미리 말하였느니라.

작은 선지자들이 예언한 것은 (1) 아시리아국, 갈라디아, 에돔, 니네베, 에디오피아 등의 멸망과 (2) 유대국의 위급한 운수와 (3) 종말의 회복과 (4) 구세주의 강림과 그리스도의 나라를 모두 미리 말하였느니라.

연습공부 제1장 주일학당 교장

제1절 선택

주일학당 교장은 (1) 목사, 직원, 교사가 마땅히 선거하되, 첫째 결정할 것은 사람의 영혼상 합당한 것과 둘째는 재질이오, 셋째는 교육상 능력이며 (2) 학생들은 선거치 못할지니 저희들은 판결하기에 익숙하지 못하며 (3) 학교장은 교당관리국에 회원이 될지며 (4) 학교장의 효력을 매년 선거에서 시험하여 다시 가름할지니라.

제2절 자격

직원으로 주일학당 교장은 몇 가지를 가질지니 (1) 관리하는데 익숙한 것과 (2) 연습하는데 참는 것과 (3) 질서를 지키고 사무를 처리하는데 용단하는 것과 (4) 교사나 학생의 과실을 포용하는 것과 (5) 모든 일을 보는데 근신한 것이니라.

교육상으로는 자기가 마땅히 학교의 장이 될지니 (1) 부지런한 성경연구자가 될 것이요 (2) 학교관리에 필요한 일을 알지며 (3) 공과를 가르치고 복습하는데 능히 감당하여 교사들의 관계를 감독할지니라.

일신상으로는 학교의 가장 고명한 모범이 될지니 (1) 교사나 학생으로 더불어 진실한 친구가 될지며 (2) 자기하는 일과 학교를 온전히 사랑할지며 (3) 방탕함을 삼갈지니 즉 연희패, 화투, 춤이나 담배 등이니라.

제3절 방법

(1) 주일학당 교장은 회의나 학회에 참석하고 사무의 좋은 방법을 배울지며 (2) 학교장은 공정할 것이오, 한 고집자는 되지 말지라. 그러므로 근래 주일학당 사무에 믿음을 줄 것이오. (3) 무슨 일이든지 남 앞에 보이려 하지 말고 깨닫는 계책을 학교에 알리고 (4) 이야기는 조금 하고 꾸짖거나 성을 내지 말고 (5) 교육법에 얽힌 문제를 잘못한 자와 함께 사적으로 일신상으로 분석할지니라.

제4절 학당

교당에 대하여 (1) 목사와 교당 직원을 존경하고 또 저희의 회의를 요구할지며 (2) 교당 사무에 진실히 출석하여 교당 출석부를 가지고 권면할 것이오 (3) 예수교 회원을 위하여 주일학당 전도 사무에 동심협력함을 얻을 것이며 (4) 각 개회 날 교당 예배를 광고할지니라.

학당에 대해서는 (1) 공기, 빛, 더운 것 등 자연적인 상태를 비롯하여 각 반에 준비를 주의할 것이며 (2) 상학과 하학을 규칙대로 할지며 (3) 이런 지존한 의무를 충돌이 되지 않도록 모든 일을 감독할지며 (4) 불참한 자를 살펴서 저희로 하여금 즉시 우러러보게 꾀할지며 (5) 학생들이 어떻게 배웠나 보기 위해 모든 반을 다 시험할지며 (6) 각 공과를 가르친 후에 학도를 복습시키고 시험을 칠 것이며 (7) 주의 날과 주의 집에 합당한 길로 학도를 인도할지니라.

집에 대해서는 (1) 교사나 학생들이 병이 있거나 곤란할 때를 알아서 심방하여 저희를 위로할지며 (2) 이것들을 필요로 하는 자에게 시간을 아끼지 말지니 즉, 가련한 자, 외로운 자, 방랑하는 자들이오. (3) 학생의 부모와 함께 편지로나 혹은 친히 말로 상의하여 저희의 동심 협력으로 출석을 할 수 있도록 불참한 학생을 교화하며 신학생을 모집할지며 (4) 이것을 하기에 청년예수교인의 일행이 있으니 그들을 이 일에 종사하게 할지며 (5) 학교장은 할 수 있는 대로 복음 전하는 학문을 학생을 통해 모든 집에 전파할지니라.

제5절 목적

(1) 영혼상 좋은 학교를 만들지며 (2) 자기 학생을 모두 성경 학생이 되게 할지며 (3) 학생을 교화하여 할 수 있는 데로 일찍이 유효한 교당회원을 삼을지니라.

성경공부 제2장 구약전서 지리

제1절 거리

예루살렘으로부터 방향과 거리라.

제2절 나라

애굽성에서 삼백리되는 남에서부터 동으로 삼천육백리 되게 줄을 긋고, 북으로는 이천사백리 되게 줄을 서로 그어 완전한 사면형을 만들고 이 면적 안에 구약전서 나라를 포함하였나니, 위에 머리 첫 글자는 서로 상관되는 위치와 거리를 지시하느니라.

지리의 비결

(1) 아르메니아, 여기서 노아의 방주가 아라랏산에 정박하였고 (2) 갈라디아는 아브라함이 탄생하신 곳이오, 혹은 에덴의 장소가 있었다하며 (3) 메소포타미아는 아브라함이 우거하시던 땅이오 (4) 하나님께서 언약하신 가나안 땅이오 (5) 애굽은 히브리 사람이 노예가 된 땅이오 (6) 아라비아 페트레아 즉 광야이오 (7) 시리아는 이스라엘의 가장 큰 변방의 원수요 (8) 아시리아는 열 부족이 속박된 땅이오 (9)와 (10) 메대와 바사는 유대인이 속박에서 벗어난 땅이니라.

제3절 지리

위치는 (1) 아시아, 아프리카, 그리고 유럽의 연결 지점이오 (2) 경선은 삼십도로부터 동으로 오십도까지오, 위선은 삼십도로부터 북으로 사십도까지오 (3) 장광 면적은 장이 삼천육백리오, 광이 이천사백리니 거의 삼천만방리나 되는 지라, 가령 합중국의 삼분의 일과 같고 또는 캐나다의 삼분의 일보다 적으니라.

표면 (1) 아르메니아, 시리아, 가나안, 그리고 아라비아에는 산이 많고 (2) 메대, 바사, 그리고 아시리아에는 광활한 고원이 있고 (3) 메소포타미아, 갈대아, 그리고 애굽에는 들과 특별히 기름진 평야와 골짜기가 있느니라.

물 (1) 사방에 있으니 (지도를 보라) 홍해, 흑해, 카스피해, 그리고 페르샤만이니라 (2) 서편에는 일천이백리나 되는 바다 즉 지중해가 있고 (3) 가나안에는 사해와 갈릴리 바다가 있고 (4) 티그리스와 유프라테스 강이 있으니 아르메니아에서 시작되어 메소포타미아와 갈릴리를 둘러싸고 페르샤만으로 합류하여 들어가고 (5) 요단강은 가나안 동편 지점에 있고 나일강은 북으로 애굽을 통과하여 지중해로 흘러 들어가느니라.

제4절 역사

큰 나라 열이 이 땅에서 연속하여 일어나 외국 통치자 하에 있었으니 (1) 갈라디아 즉 어미 되는 나라니 도성은 우르요 (2) 애굽이니 도성은 멤피스요 (3) 베니게 도성은 티레요 (4) 이스라엘이니 도성은 예루살렘이요 (5) 아시리아니 도성은 니네베요 (6) 메데이니 도성은 에크바타나요 (7) 바빌로니아이니 바벨론이 도성이오 (8) 바사이니 수사 혹은 수산이 도성이오 (9) 마케도니아이니 알렉산더 대왕이오 (10) 로마국이니 아우구스투스 시저이오.

연대학 순서대로 역사상 기록한 땅은 다음과 같으니라.

(1) 갈대아에 있는 바벨은 각 민족이 흩어진 땅이오 (2) 욥이 거주하던 에돔이요 (3) 예루살렘 북편에서 구십리 거리되는 세켐이니 여기서 하나님께서 아

브라함과 언약하셨고 (4) 나일강 어구 근처에 있는 고센이니 히브리인이 노예로 있던 땅이오 (5) 아라비아국 시내산이니 여기서 모세의 율법과 성막이 설립되였고 (6) 블레셋 도성 가자요 (7) 베니게 도성 티레요 (8) 예루살렘 남쪽으로부터 칠십오리 거리되는 헤브론이니 유대인의 첫 도성이요 (9) 영원한 도성 예루살렘이오 (10) 사마리아는 분열 이후 열 부족의 도성이니라.

연습공부 제2장 목사

목사와 학교의 관계는 밀접한 영향이 있어 목사가 유익할 것 같으면 학당은 자연 성취될지니라.

비록 목사가 교당의 보통직원으로 권리는 주일학당 교장보다 위에 있으나, 학당 처리와 행사에는 둘째 되는 것이 옳으니 목사가 학당에 대한 관계는 이 아래와 같이 4가지가 있느니라.

(1) 목사는 교당의 첫째 직원으로 학교장과 관계되는 것이 마치 정부 대신이 각 부 대신에게 대함과 공립학교장이 자기의 보좌원에게 대함과 같으니라 (2) 자기의 의무는 교당의 모든 일을 주장하는 자로 항상 학당에 출석하는 것이오, 만일 기도회나 강단에 불참하면 용서할 수 없는 것 같이 용서할 수 없으며 (3) 교당 목록에 상당한 시간을 정하여 목사가 전도 혹 권면을 할지며 (4) 학교의 직원과 교사는 목사의 동의 없이는 피천되지 못할 것이오 (5) 학교장의 의무는 간섭지 말지니 서로 관계는 직무상이요, 또 학교장이 자기 목사를 높은 직원으로 존경치 않거나 그렇지 않으면 학교장이던지 목사든지 자기 직분을 감당치 못하느니라.

제2절 전도상

(1) 주일학당은 교당을 위하여 있는 까닭에 목사가 마땅히 교사의 충의를 아울러 교훈의 맑은 것을 보호할지며 (2) 학교는 교당에 의해 유지되는 까닭에 학교는 교당으로 인도하여 돈을 쓰기도 하고 수전도 할지며 (3) 학생들을 교회 역사나 도를 가르치는데 마땅히 주의하여 총명한 예수교 회원되는 것과 예배를 연습시킬지며 (4) 학교와 교당의 양편 의무와 출석의 건전함을 정돈하여 목적하기를 학교에 대하여 완전한 교당이 되고 학교는 교당에 대하여 완전하게 할지며 (5) 주일학당의 특별한 예배와 학교의 직원이나 교사의 직분은 전도하는 것과 학생들에 대하여 동정을 표하는 것에 의해 강단에서 학교를 존경할지니라.

제3절 교육상

(1) 목사는 성경 책만 공부하는 사람으로 공부함과 가르침을 교당과 구분하여 공부하는 것과 가르치는 것에서 교육상 합당한 인도자가 될 것이며
(2) 교사들에게 특별한 보조원이 되고 교사와 교사회의 출석자가 될지며 (3) 공과를 복습시키기에 주의하여 학생의 발전을 적당히 시험할 것이며 (4) 만일 목사가 한 반을 가르치면 그 반은 교사 예비의 청년예수 교인의 연습반이라 할지며 (5) 교사회의 설립 유지, 청년사회, 주일학당의 연락 등에 용의할지며 해마다 거룩한 날을 지키고 공있는 학생에게 상을 줄 것이니 폐일언하고 마땅히 참 주일학당 목사가 될지니라.

제4절 목사 직분

(1) 어린이들이 교당과 학교에 다니기를 저희 부모를 권하되 아이들은 남녀를 분변하지 않으며 (2) 믿지 않는 집에 주일학당 전도하는 일을 다른 사람과 나눌 지며 (3) 학생들의 이름을 마땅히 알아서 저희들로 친밀한 일신상과 영혼상 관계를 삼을지며 (4) 학생들을 집으로 심방하되 특별히 병이 있을 때나 곤란할 때 할지니라 (5) 목사가 마땅히 어린양을 먹일지며 기회 주심을 일신상으로 저희들과 기도하고 이야기도 하여 그리스도씨, 교당, 학당에 대하여 저희의 본분을 설명할지니라.

성경공부 제3장

구약전서 역사 제1장 창조할 때부터 출애굽기 까지라.

(주의) 어셔(Ussher)의 연대기는 자세하지는 못하나 공부하기는 편리하니라.

연대학 써클(아담에서부터 그리스도까지니 사분의 일은 즉 1천년이니라.) 6세기

구약은 상고 역사의 가장 오래 되고 믿을 만한 책이라, 태초에 선택한 그리스도의 나라와 계통의 거룩한 기록만 있더니 우연히 동시에 외인 역사의 중요한 사건도 기록되었으니 이 역사가 자연이 여섯으로 다음과 같이 구분되었다.

(1) 시험　창조할 때부터 홍수까지니 아담이 돌아갈 때부터 시작하여 인종이 멸망할 때까지니라.

(2) 예비　홍수 때부터 출애굽까지니 선택된 나라의 기초로서 천의에 감동으로 쫓아 가니라.

(3) 이기심　출애굽부터 왕국이 수립될 때 까지니 이 동안에 유대국 사람들이 하나님의 언약하신 땅을 차지하려고 싸웠느니라.

(4) 권세　처음 임금 사울이 왕위에 오를 때부터 솔로몬이 죽은 후 남북으로 분단될 때까지니 가장 광대하고 번성하던 시대니라.

(5) 쇠약　남북 분단 이후 유대인의 속박과 자유를 잃었을 때까지니 이것은 우상을 섬김과 정치상 반대의 결과니라.

(6) 노예　유대인이 속박될 때부터 예수 강생 하실 때까지오, 유대인이 절멸될 때로 예수 돌아가신 후 사십년이라, 이 동안에 바사국, 히랍인, 그리고 로마인들이 연속하여 다스렸느니 외인 역사의 한 부분이니라.

제1절 시험

때　주 강생 전 사천년에서 창조할 때부터 2348년 홍수까지니, 1656년이니라.

땅　유프라테스강 북편과 동편이니라.

사건　(1) 세상을 엿새 동안 창조하셨고 (2) 사람을 죽게 하심과 에덴에서 방축하심이오 (3) 홍수 전 민족이 계속함이니 아담으로부터 셈까지 열한시대오 (4) 하나님과 동행하는 에녹의 승전이며 (5) 백년 동안을 노아에게 홍수가 있을 줄로 경계하심이니 이로부터 노아의 종족만 구원을 얻었느니라.

사람　(1) 최초 사람은 아담이오 (2) 최초 선지자는 에녹이오 (3) 늙은 가족은 므두셀라요 (4) 노아는 방주를 지었느니 여기서 주의 할 것은 아담, 므두셀라, 그리고 셈 세 가족의 생명이 창조부터 이삭까지 2150년을 거의 동시대인으로 지낸지라. 아담은 므두셀라와 244년을 동시대인으로 있었고 므두셀라는 셈과 1백년을 함께 있었고 셈은 아브라함과 일백십오년이요, 이삭과 오십년이라, 이같이 창조의 이야기를 쉽고 자세하게 하였느니라.

제2절 예비

때　주 강생 전 2448년, 홍수 때부터 1491년 출애굽기까지니, 857년 동안이니라.

땅　유프라테스 골짜기, 가나안과 애굽이니라.

사건　(1) 갈대아 땅 바벨에서 흩어짐이니 인종을 각각 다르게 시작하심이오 (2) 갈대아 땅으로부터 아브라함을 부르심이요 (3) 예수 강생 천년에 아브라함, 이삭, 야곱이 가나안에 운거함이요 (4) 야곱과 모든 종족들이 애굽으로 갔느니 이는 자기 아들 애굽의 주무대신 요셉이 부름이요 (5) 250년을 애굽인의 노예로 있다가 큰 재앙 열 가지로 인해 애굽에서 나와 유대국이 되었느니라.

사람 (1) 니므롯은 함의 손자이며 바벨을 건축한 자이고 (2) 멜기세덱은 살렘 즉 예루살렘 왕이니 아브라함의 친구요 (3) 아브라함, 이삭, 야곱, 요셉을 유대국 선조로 존경하였고 (4) 바로, 곧 애굽왕이니

동시대의 나라　갈대아, 바벨로니아, 아시리아, 애굽이니라.

연습공부 제3장 주일학당 처리

주일학당을 성취할 처리는 다섯 가지에 달렸으니 즉 사무의 적당한 준비, 순서의 재미있는 것, 직원의 근신함, 주의함이요, 교사의 진실한 믿음과 학생의 좋은 행위니라.

제1절

(1) 좋은 칠판이요 (2) 명백히 잘 보이는 신구약 땅의 간략한 큰 지도요 (3) 모든 학생의 찬미가요 (4) 성경을 아니 가진 학생이나 방청을 위하여 공급할 성경이요 (5) 직원의 편리하고 영원히 간직할 기록책이니라.

초학부문에서 특별히 필요한 것은 첫째 큰 주일공과 그림, 둘째는 각 회원의 행적을 말한 공과를 기록하는 주일 어린이의 신보니라.

제2절 순서

(1) 시간은 마땅히 한시 십오분을 넘길 때가 드물며 (2) 시간을 마땅히 적당하게 구분해서 불변하게 하고 자주 바뀌면 방해가 될지며 (3) 개폐회식을 간단하고 쾌활하게 하되 공부할 것을 위하여 사십분을 온전히 남겨 예비할지며 (4) 수전, 월보, 책을 나누어 주기 위하여 순서에 완전한 시간을 예비할 것이오 (5) 무슨 강습이던지 즉 찬미든지 기도든지 복습이든지 훈련이든지 일체로 언약할지니라.

제3절 직원

(1) 직원은 학생의 준비와 안위함을 예비하기 위하여 개회 전 적게 잡아도 십분 전에 출석할지며 (2) 모든 직원은 마땅히 각각 자기의 의무를 명백히 알아서 엄하게 저희들에게 제한할 것이오 (3) 모든 직무상 사무를 학교 즉 각 반에 방해없이 처리하되 예배나 공과 시간은 특별히 더 주의할지며 (4) 두어 가지 암호를 가질지니 고요히 동의하는 것과 상세한 사무의 순서로 더불어 일정하게 정하니라. 이것이 마땅히 각 직원의 모든 일하는 특질을 표할지니라 (5) 서기관이나 회계의 사무 보고가 모일 때마다 학교에서 공표할지니라.

제4절 교사

(1) 교사도 직원과 같이 개회 전에 출석하여 자기 학생을 영접하고 즉시 공부에 배치할 것이요 (2) 교사는 각 자기 반 규칙을 담당할지라, 한번 규칙이 문란하면 전체 학교의 명예가 손상될 것이요 (3) 규칙을 잘 지키는 반은 모든 학생을 항상 일시키게 함이오 (4) 교사의 예비는 반드시 자기 반에 온전한 주

의를 할 것이오 (5) 교사는 마땅히 학교장의 암호를 응답하는 것과 일반 강습을 연합하는 것에 민첩하게 모범이 될 지니라.

제5절 학생

질서의 규칙은 간단하고 단순이 하되 강제적으로 실행할지니 (1) 공립학교 같은 학당은 한결같고 시간지키는 학생의 출석을 장려하고 특별히 공경할지며 (2) 문 밖에서 방황하며 문안에서 행위를 편안한데로 자유로 하는 것을 마땅히 금할지니 학생이 오거든 잘 다스리고 규칙 있는 외부 학교와 같이 정좌하고 공부를 시작할지며 (3) 담화 휴식시간을 학교장이 정하여 교사가 실행할지며 (4) 각 반 공부에는 공과에 없는 것을 물리치고 다만 성경이나 공과 교과서만 교사나 학생들의 손에 가질 것이오 (5) 학생들은 마땅히 학당 안에서 조용하고 공경히 행동을 하며 폐회가 제대로 될 수 있게 연습시킬지니라.

시험공과   성경공부 제1장에서 제3장까지

(1) 신구약전서 두 책이 무슨 등급으로 나누어졌는가.

(2) 구약전서의 완전한 분류를 설명하라.

(3) 교훈 책과 큰 선지자를 찾아 이름을 외워라.

(4) 욥의 책을 누가 기록하였는가.

(5) 사무엘이 무슨 책을 기록하였는가.

(6) 구약전서의 기록된 다섯 째 날짜를 설명하라.

(7) 잠언과 다니엘 책은 언제 기록하였는가.

(8) 무슨 책들이 유대국 왕의 역사를 포함하는가.

(9) 예루살렘으로부터 시내, 티레, 그리고 사마리아의 거리를 설명하라.

(10) 구약전서 땅의 광대함을 설명하라.

(11) 중요한 열 나라의 이름을 설명하라.

(12) 구약전서 땅의 표면을 그림으로 설명하라.

(13) 이 땅에 무슨 강들이 있는가.

(14) 고센, 다메섹, 그리고 바벨론은 어디에 있는가.

(15) 이 땅에서 몇 나라가 존재하였으며, 첫째 나라와 마지막 나라의 이름을 말하라.

(16) 유대국의 역사를 차례대로 설명하라.

(17) 처음 두시기의 날짜를 설명하라.

(18) 처음 시기의 큰 사건을 설명하라.

(19) 아담, 므두셀라, 셈에 대해 설명하라.

(20) 예비하는 세기라고 하는 것은 어떻게 이루어졌는가.

(21) 이때 큰 사람들은 누구인가.

시험공과 연습공부 제1장에서 제3장까지

(1) 주일학당 교장을 누가 마땅히 선택 하는가.

(2) 누가 마땅히 학교장을 천거치 못하는가.

(3) 학교장 선거를 얼마나 자주하는가.

(4) 직원과 같이 무슨 자격을 학교장이 가지는가.

(5) 학교장이 주일학당에 대하여 무슨 의무가 있는가.

(6) 학교장이 자기 의무에서 학교를 위하여 마땅히 할 일 다섯 가지를 설명
하라.

(7) 학교장이 집에 대하여는 무슨 의무가 있는가.

(8) 학교장의 중요된 목적은 무엇이 되는가.

(9) 학교장과 목사 사이에 직무상 관계를 설명하라.

(10) 목사가 학교에 출석하는데 무슨 말이 있는가.

(11) 목사가 직원과 교사에 대하여 무슨 관계를 가졌는가.

(12) 목사가 학교에 대하여 종교상 관계가 무엇인가.

(13) 목사가 가르치는 방법으로 무엇을 마땅히 하는가.

(14) 목사가 학생과 무슨 관계가 있는가.

(15) 주일학당 준비 중 반드시 필요한 조건을 설명하라.

(16) 초학부에 무슨 두 가지를 마땅히 공급하는가.

(17) 순서의 시간과 교수하는 시간은 얼마 동안인가.

(18) 수전과 서책의 분배를 위하여 순서를 어떻게 예비하는가.

(19) 주일학당을 잘 처리하는데 직원이 마땅히 할 바 세 가지를 설명하라.

(20) 학교 처리하는데 교사들은 어떻게 도와주는가.

(21) 주일학당 학생을 위한 적당한 규칙 중 아무것이나 둘만 말하라.

성경공부 제4장

구약전서 역사　제2 출애굽에서부터 그리스도까지라.

연대학 써클

아담에서부터 그리스도까지 사분의 일은 각각 일천년이니라.

제3절 이긴 때

때　주 강생 전 1491년 출애굽한 때부터 1096년 히브리왕국까지니, 395년 동안이니라.

땅　아라비아 북편과 가나안이니라.

사건　(1) 시나이산에서 유대국 사람의 민법과 예법의 제도요 (2) 40년을 유대인이 광야에서 방황함이요 (3) 주 강생 전 1451년에 여호수아가 인도하여 가나안에 들어감이요 (4) 25년 동안 가나안을 절반 정도 이겼으며, 그 때 이긴 때는 열두 종족이 분배하였고 (5) 법관 열다섯이 다스리다가 처음으로 임금 사울 때부터 법관이 폐지되었느니라.

사람　(1) 모세는 유대국을 조직한 자이며 입법한 자요 (2) 모세의 형 아론은 종교 법칙의 어른이요 (3) 여호수아는 모세의 후계자로 가나안을 정복한 자요 (4) 드보라, 기드온, 입다, 그리고 삼손은 저명한 법관이요 (5) 사무엘은 마지막 법관이며 국가의 첫 큰 선지자이니라.

동시대 역사　그리스가 수립되었으며 호머의 트로이전쟁이 있었느니라.

제4절 권세 시대

때　주 강생 전 1906년 사울이 즉위한 때부터 976년 왕국이 분단될 때까지이니, 120년 동안이니라.

땅　유대국이니 유프라테스강으로부터 지중해까지, 그리고 시리아로부터 애굽까지 확장되었느니라.

사건　(1) 길보아에서 사울이 블레셋에게 패하여 죽었고 (2) 다윗이 예루살렘을 에부스인에게 빼앗아서 성막과 도성을 그리로 옮기고 (3) 다윗이 블레셋, 모압, 수리아, 에돔, 아몬 등을 이기었고 (4) 모리아산에 솔로몬의 성전을 세웠고 (5) 솔로몬이 우상을 섬기었고 열 종족이 배반함이니라.

사람　(1) 사울, 다윗, 그리고 솔로몬 세 사람은 유대국 왕이니 각각 사십년 왕 노릇 하였고 (2) 선지자는 나단이요 (3) 히람은 티레 왕이요, 솔로몬은 동맹자니라.

동시대 역사　아테네 왕 아르콘, 고린도, 사모스, 사마리아를 다스렸던 헤라클레스의 후예가 있었느니라.

제5절 쇠약 시대

때　주 강생 전 976년 왕국의 분열부터 600년 유대국 사람이 속박될 때까지니, 370년 동안이니라.

땅　가나안, 아시리아, 바벨론이니라.

사건　(1) 이스라엘 사람들이 단과 베델에서 우상을 숭배함이오 (2) 애굽왕 시삭이 유대국을 침략함이오 (3) 에디오피아, 블레셋, 아라비아가 유대왕 아사와 여호사밧에게 패함이요 (4) 수리아 왕 벤하닷이 이스라엘 도성 사마라아를 에워쌓았고 (5) 열 종족이 아시리아 왕 사르곤에게 속박 되었고 (6) 유대 임금 히스기아 때에 아시리아 사람 세나케리브의 군사들이 기이하게 멸망하였고 (7) 바벨론 왕 네부카드네자르에게 유대국이 속박 되었고 예루살렘이 멸망하였니라.

사람 유대국에 착한 왕 아사, 여호사밧, 요아스, 메시아, 웃시야, 요담, 히스기아, 요시야요, 이스라엘왕 열아홉사람은 모두 다 악하니라.

동시대 역사　카르타고가 건설되었고 니네베는 멸망하였느니라.

제6절 노예 시대

때　주 강생 전 606년 유대인이 속박될 때부터 동 4년 예수 강생 하실 때까지니, 602년 동안이니라.

땅　지금 유대국이라고 부르는 가나안이니라.

사건　(1) 주 강생 전 536년에 유대인이 속박된 지 70년 후에 다시 회복하였고 (2) 주 강생 전 516년에 둘째 성전을 봉헌하였고 (3) 주 강생 전 458년부터 에스라와 느헤미야가 성전을 다시 지었고 (4) 말라기 때에 예언도 완결되고 구약전서 역사도 마쳤느니라.

사람　(1) 바벨론에 속박될 때 선지자는 예레미야, 에스겔, 다니엘이오 (2) 노예에서 벗어나게 한 자는 키루스대왕이오 (3) 유대국을 회복하고 개혁한 자는 에스라와 느헤미야요 (4) 유다 마카베우스, 하스모니아의 해방자요 (5) 헤롯의 계통으로 처음 들어앉은 자는 헤롯대왕이니라.

동시대의 역사　바사, 마케도니아, 로마 등 세 큰 나라가 연이어 일어났느니라.

연습공부 제4장 주일학당 목양

제1절 목적

(1) 주일학당 가르치는데 능히 다닐만한 적당한 학생을 출석부에 이름을 올

릴지니 이것이 즉 주일학당의 목양적 의무니라.

(2) 학교에서 하는 일과 처리하는데 부모나 집의 동심 협력함을 얻는 것이 주일학당 직원의 목양적 주의니라.

(3) 영혼상 목적으로 친히 각 학생의 교의를 심는 것이 주일학당 교사의 목양적 일이니라.

제2절 교회가 할 일

교회가 엄숙히 더 필요하게 생각 할 것은 (1) 청년의 종교상 교육을 담당하는 것과 (2) 주일학당은 성년을 교육하는데 가장 검소하고 유력한 운동이 되는 것과 (3) 은혜있는 사회의 청년이 거의 반이나 주일학당 밖에 있는 것과 (4) 교회의 목양하는 일과 전도하는 일은 다만 학생 담임을 얻는 것이니라.

이 방향을 따라서 교회 할 일의 방법이 많이 있나니 (1) 믿는 집이든지 아니 믿는 집이든지 이 두 집 어린이의 이익을 위하는 것에 목사가 특별히 힘쓸 일과 (2) 교당 직원이나 회원의 협력하는 일이니 이들의 목양적 주의로 말미암아 주일학당을 마땅히 위탁할 것이오 (3) 학교 이익으로 집집마다 심방하는 일이니 해마다 영원하고 규칙적인 계책으로 할지며 (4) 주일학당에 다니지 않는 자와 다닐 수 없는 자를 위하여 선교학당을 설립하는 것이오 (5) 주일학당에 다니는 모든 어린이들의 단정한 준비품이니라, 그러나 저희 부모의 빈핍과 방탕으로 말미암아 방해되기가 쉬우니라.

제3절 직원의 할 일

학생 부모에게는 (1) 주일학당의 직원들이 마땅히 학생들의 부모들과 서로 인사하여 알 것이오 (2) 능히 할 수 있는 데로 심방할지며 (3) 교육법의 모든

사실을 서로 의논하고 자제의 이익을 말할지며 (4) 학교 계책을 재미있게 하고 출석함을 장려할지니라.

학생에게는 (1) 직원들이 학생의 이름을 마땅히 알아서 개회 날 학생들을 신실히 영접할지며 (2) 불참하는 학생을 항상 채우고 병든 자를 심방할지며 (3) 특별히 학교에 학생들이 마음을 붙이도록 만들기를 힘쓸 지며 (4) 모든 기회를 이용하여 학생들과 의논하고 동심 협력하여 구할 지며 (5) 학생들이 매 주일 (즉 칠일) 할 일을 마땅히 살필 것이니라.

제4절 교사가 할 일

주일학당 교사는 강단과 집 사이에 연락하는 자니 양편에 다 유익한 자니라, 만일 매일 일신상 친밀한 관계가 아니면 안식일 성경 가르치는 한 시간이 낭패될지라.

교사의 목양 하는 일이 다섯 가지가 있으니 (1) 자기반의 각 학생 행적을 배울지니 즉 일신상 습관, 민첩, 친절, 즐거워하는 바이니 이것을 올바르게 교훈하는 것이 될 것이오 (2) 학생의 집안일, 교의상, 종교상, 돕는 것, 방해되는 것을 반드시 알지니 이것이 학교를 관리하는 것이 될 것이오 (3) 학생의 애정을 얻을 것이니 이것은 그리스도로 인하여 학생을 사랑하는 바 교사에게 나오는 것이요 (4) 모든 학생을 예수교인으로 작정하여 그리스도에게 자복하도록 권면할지며 학생들이 천국으로부터 멀지않으니 이 의향과 교사 장려하는 것이 필요할지며 (5) 각 학생을 예수교인 자격으로 연습시키고 발달시킬지며 거듭나는 것은 급한 일이나 예수교인의 자비함이 오래 참는 목양하는 주의로 하나씩 되나니, 그 연고는 주일학당이 안식일 한 시간에 이루어지면 상당하게 되리라.

성경공부 제5장 모세의 법전

제1절 특성

모세의 법전은 오경에 있는 다른 법률로 더불어 구별되는 큰 특성을 가졌으니 (1) 이 법을 세운 자는 하나님이오, 또 가장 오래된 법전이오 (2) 모든 권세를 하나님 뜻으로 중심을 삼았으며 (3) 그 법은 다만 죄악만 금지하는 것이 아니오, 국민의 도덕, 신앙, 애국심, 그리고 친구를 잘 접대 하는 것과 인정 등을 가르치고 배양하여 (4) 이 법전이 비록 유대국을 위하는 것이나 주의는 영구히 온 세상에 합당한 것이니 다음과 같으니라.

제2절 나라 법(형법)

(1) 정부는 국가적 목적으로 여러 종족이 연합하였고 각 종족들은 각각 자기 영토 안에서 자기의 주장 혹은 법관에게 다스림을 받으며 (2) 다스리는 권세는 신정이니 하나님이 영혼을 더불어 백성을 다스리심이오 (3) 행정적인 종교상 권세는 상속하는 제사장이 행하고 연합국의 왕들이 각 종족의 정치상 추장이며 (4) 사법관은 각 성의 지방 법관 일곱 사람을 거느린 자요, 국가의 최고 사법관을 백성들이 택하였느니 즉 칠십 법관의 장이오 (5) 그 후 왕의 권리는 다만 십분의 일 조세 받는 것과 병역을 억제하며 싸움을 선언하는데 한하였느니라.

제3절 백성의 법(민법)

재산법   (1) 온 세상 땅은 모두 하나님의 재산이오, 땅의 소유자는 다만

차지인이며 (2) 판 땅을 유대국 오십년마다 도로 원주인에게 돌려주어 아무 땅이나 돈 주고 상환하였고 (3) 모든 가족 (레위족 외에)들이 차지인이 될 지며 (4) 모든 빚 진 것이 일곱 해가 지나가면 무효가 되게 하고 (5) 유대국 사람에게는 변리를 취하지 못하게 하였느니라.

조세법   (1) 예배에 사용하기 위하여 사람세(반 세겔)를 받으며 (2) 레위족과 제사장을 위하여 소산의 십분의 일을 받되 녹봉은 아니며 (3) 자선과 종교상 제를 지내기 위하여 십분의 일을 또 받으며 (4) 처음 추수한 곡식, 기름, 그리고 술은 항상 사십분의 일을 제사에 바치고 (5) 사람의 첫 자손이나 짐승의 첫 새끼는 자유를 주었느니라.

인자법   (1) 일곱 해 동안 사용하지 않은 땅은 가난한 사람에게 주며 (2) 가난한 사람들에게는 논밭이나 포도동산의 이삭을 줍게 하고 (3) 둘째로 수입의 십분의 일을 가난한 자에게 공급하며 (4) 가난한 자의 부모나 전당을 억지로 빼앗지 못하며 (5) 외국인, 모르는 사람, 짐승에게 인자하게 하였느니라.

제4절 형벌하는 법(형법)

(1) 중죄는 법관이 심판하여 증거인 둘을 얻어 죄를 선고한 후에 돌로 죽이니 상고할 죄는 하나님을 거역한 것이니 우상을 섬기는 것, 무당질, 거짓 선지자 노릇한 것, 참람한 것, 안식일을 어긴 것, 사람을 거역한 것, 살인한 것, 잘못하여 죽인 것, 간음한 것, 피, 상피, 겁탈한 것, 부모나 법관에게 고집 부리고 순종치 않는 것 등이며 (2) 거짓 증거한 자는 배상법으로 선고할지며 (3) 도적질 한 것은 4배나 혹 갑절을 배상하고 (4) 때린 죄는 배상이나 손해를 물고 (5) 무단 침입은 배상으로 손해를 갚을지니라.

제5절 도덕상법

이 법은 십계명으로 일반이 아는 바이니 (1) 십계명의 첫째 조목은 우리와 상관되는 것과 하나님에 대한 의무이며, 나중 여섯 조목은 사람에 대한 의무요 (2) 이 계명은 유대국 법의 근원일 뿐만 아니라 예수교인과 근래 법의 기초이며 (3) 이 계명의 주의는 예수께서 정하셨으니 하나님을 마음껏 사랑하며 이웃사랑하기를 자기 몸과 같이 하라 하셨으며 (4) 복음은 다만 계명의 글자보다 영혼과 관계가 있으며 (5) 그리스도께서 명백하게 십계명을 다시 제정하셨느니라.

연습공부 제5장 학생의 출석

제1절 방해

(1) 규칙적으로 시간을 지켜서 출석하는 것을 중요하게 여기지 않는 것과 (2) 학당에서 공부하는 재미가 부족함과 (3) 교사와 직원의 부재와 (4) 출석을 유지하는 것에 대한 규정이 부족한 것들이니라.

제2절 출석을 지키게 함

교당이나 교당 밖에 있는 규율을 잘 지키는 주일학당 출석은 어린이, 청년들, 장성한 자들의 세 가지 출석으로 되었느니, 만일 한 가지라도 빠지면 학당이 불완전해지니 (1) 어린이들의 출석을 위해서는 저희들을 찾아가기도 하고 영접을 인자하게 하는 것이 중요하고 (2) 아이들과 계집아이들의 출석을 유지하는 데는 좋은 교사가 필요하며 항상 남자아이들에게는 남교사를 배정하고 계집아이들에게는 여자 교사를 배정하여 가능한데로 저희들이 알아서 하게 할지며 (3) 청년들과 여자의 출석을 위해서는 한 곳에서 혼잡하게 가르치지 말고 남녀를 각 반으로 구분하여 청년회를 조직하고 일할 사람을 모집하여 출석을 하게 할지며 (4) 장성한 자의 출석을 위해서는 강단에서 장려하거나 교사나 직원들이 자주 심방하거나 혹은 학생들 간에 서로 권하게 할지며 (5) 교당 회원이 아닌 학생의 출석을 위해서는 집집마다 심방하는 계책이 중요하며 저희들 집으로 인자하게 여러 번 자주 심방을 하고 학당에서는 진실하게 대접하는 것이 대체로 학생들의 출석을 확실히 얻을 수 있을 것이니라.

제3절 출석자를 유지함

학생의 출석을 유지하는 것은 새로운 학생을 얻는 것보다 쉬우니, 유지하는 것은 즉 부모, 직원, 교사들이 협력할지니라.

부모의 의무 (1) 아이들이 시간을 지켜서 한결같이 출석하는 것이 요긴함을 알지며 (2) 출석을 요구하는 학당의 사무를 찬성할 것이니 매일 보통학교의 시간을 어기는 부모는 안식일 방종으로 말미암아 저희들의 자제를 항상 방해 할지며 (3) 어린이들과 함께 올지니라.

직원의 의무 (1) 각 학생으로 하여금 출석을 건실히 하도록 하여 기록함을 알게 할지며 (2) 불규칙한 교사로부터 학당을 보호할지며 (3) 시간을 지키며 규칙적으로 다니는 것을 학당에서 장려하여 만일 병이 들었으면 찾아 가보고 고의로 아니 오거든 잘 교화할지니라.

교사의 의무 (1) 매 주일 시간대로 참례할지며 (2) 자기 반에 각 회원으로 매 주일 시간을 어기지 말고 잘 다니게 하여 명예점 얻을 것을 독려하며 (3) 불참한 학생에 대해서는 일주일 동안 그대로 있지 말고 그 학생이 교화하여

도 못 올 것이 명확해질 때까지 권면할지며 (4) 심방할 수 없을 때는 불참한 학생에게 각각 편지를 써 보낼지니 편지도 심방과 같이 유효함도 있으며 (5) 주일 이후 불참한 죄 있는 학생을 중대한 일로 여길 것이니라.

제4절 일정한 계책

(1) 사계나 한 해 동안의 출석에 대해 일정한 규칙을 학당에서 정할 지며 (2) 교사들과 서기는 협력하여 모든 학생의 기록을 각각 한 사람씩 할지며 (3) 병든 것, 부득이하여 못 오는 것, 집을 출타하는 것, 다른 학당에 다니는 것 등은 믿어 줄 것이며 (4) 이 요긴한 규칙을 잘 지킨 자는 매월 포상을 줄지며 (5) 일 년에 한 번 씩 목사가 교당 앞에서 진실한 학생과 교사에게 졸업장을 주고 그날을 주일학당에서 특별히 정하여 지킬지니라.

성경공부 제6장 모세의 의례

모세의 의례는 제 지내는 법, 제사장, 속죄 등의 세 가지 율법을 포함하였느니라.

제1절 제 지내는 법

(1) 항상 제를 지내는 법은 제 지내는 사람이 자기의 손을 자기의 죄 자복하는 것과 같이 제물을 덮고 자기의 형벌을 제물에게 옮겨 가게 하는 모양을 한 후에는 손으로 직접 제물을 죽이면 제사장이 피를 단에 뿌리고 (2) 모세의 제 지내는 것에 결점이 많이 있는 것은 해마다 연속하여 제 지냄으로 그 사람의 경배가 완전치 못한 것에 있느니라.

제 지내는 차례와 종류는 다음과 같으니라.

(1) 속죄 제는 한 번의 제물로 무죄한 피 흘림을 표시하여 제 지내는 사람의 죄를 속죄함이니라.

(2) 범죄한 제는 하나님의 율법을 범하였거나 사람을 거역한 죄로 제물을 올려서 속죄하는 것을 나타내 보이는 것이니라.

(3) 번제는 제물을 온통 태워서 제 지내는 사람이 자기의 영혼과 육신을 바치는 모양을 나타냄이니라.

(4) 화해를 구하는 제는 제물의 반을 구어서 하나님께 바치고 나머지 절반은 제사와 제 지내는 사람이 먹느니 이것은 하나님과 교통함을 나타냄이니라.

(5) 제수는 은혜를 베푸심과 자비하심을 찬송하는 모양으로 제물을 바치는 것이니라.

제2절 제사장

제사 지내는 법에서 속죄에 필요한 것을 모두 설명하였으므로 여기에서는 제사장의 필요성을 설명할 것이니 (1) 예전 제사장들은 모두 친왕이나 가족의 장 되는 맏아들이 담당하였으므로 모세가 유대국 제사를 위하여 아론의 집을 건축하였고 (2) 제사장의 나이는 삼십세 아래로는 못하였으며, 신체와 영혼의 흠결이 없고 술을 금하여 경계하며 옷을 특별하게 입고 (3) 제사장의 중요한 일은 자기의 죄와 백성의 죄를 위하여 제사 지내는 것이니 제사장들이 네 사람씩 각각 일주일씩 교체하면서 성전예배를 한결같이 행하였으며 (4) 백성의 세 십분의 일을 레위족에게 주었고, 제사장들은 많은 특전과 사택이 있었으며 (5) 제사장의 흠결은 실상 죄와 죽는 것, 즉 사람들에게 다만 인간의 입장에서만 말하는 것이니 그리스도는 큰 제사장과 같고 영생하는 사람이니 하나님과 사람으로 더불어 가치 있고 죄는 없으므로 제사 지내는 데 필요한 완전한 것만 갖추었느니라.

제3절 속죄하는 법

하나님께 거룩하고 깨끗한 예식있는 속죄법을 정할지니 유대인의 속죄법에 신령함으로 가르치는 것은 예수교인의 성결함이니라.

이 의식의 가장 중요한 것은 다음과 같으니라.

(1) 제사장들과 백성들이 죄악을 버리는 상징으로 의례가 있는 목욕을 하고 (2) 먹는 고기가 부정한지 아닌지를 구별하여 영혼의 청렴을 위하여 육신이 보양될 바를 가르치고 (3) 여인이 해산한 후 깨끗하게 하는 예식은 원죄를 표명하는 것이오 (4) 부정한 짐승, 사람, 의복, 집 등과의 접촉에 대해 속죄하는 것은 매일 생활할 때 거룩하게 해야 한다는 것을 가리키는 것이오 (5) 문둥이

를 깨끗하게 하는 엄숙한 예식에서 유대국 사람들은 병을 큰 죄악의 종류로 여기니라.

연습공부 제6장 학생들이 집에서 하는 공부

제1절 방해되는 것

(1) 방해되는 사실은 교사와 부모들이 집에서 공부하는 것을 경솔이 생각하여 교사는 바라지도 않고 부모는 요구하지도 않음이오 (2) 공과를 가르칠 때 공과를 보는 것은 교사나 학생들이 집에서 예비할 때 감동적인 마음을 일으키지 않게 하는 것이오 (3) 연설하는 방법으로 가르치는 것이니 교사가 생각하고 이야기하기에 학생을 다만 방청인으로 만드는 연고요 (4) 학생들이 집에서 공부할 때 감동적인 마음이 들도록 예습을 지정하지 아니함으로 실수하는 것이오 (5) 학생의 등급에 따라 집에서 공부하는 과정이 부족함이니라.

제2절 돕는 것

집에 대해서는 (1) 가족 기도에 예정한 공과를 해석하고 문답 할지며 (2) 예배일마다 가족 기도에서 공과 원문을 한번이라도 읽을 지며 (3) 가족들을 한 반으로 삼고 매 주일마다 오후에 삼십분 씩 다음 주일 공과를 공부시킬지며 (4) 보통 학교에서 복습하기 위하여 시간을 정하는 것과 같이 주일학당 공과를 공부시키기 위하여 시간을 일정하게 하여 습관이 되도록 힘쓸 지며 (5) 부모들로 하여금 공과를 준비하게 하여 회원으로 학당에 다니게 할지니라.

학교장에 대해서는 학교장이 학생들을 집에서 공부시키는 것에 대해 다른

사람보다 더 할지니 (1) 개회 후 잠시 동안 공과를 문답하고 그 문답을 위해 각 학생의 이름을 준비할지며 (2) 어떤 학생이 집에서 공부를 잘 하였는지 알기 위하여 미리 말없이 아무 반이나 가르쳐볼지며 (3) 다음 주일 공과의 공부할 것과 문답할 것을 미리 내 줄지며 (4) 매 주일 공과를 복습시킬지니 온전한 매 주일 복습과 문답은 집에서 공부하는 것을 잘하게 도울지며 (5) 사계 시험을 보되 미리 광고 없이 사계 공과의 긴요한 점을 뽑아 볼지니라.

교사에 대해서는 (1) 학생은 교사를 본받나니 이것을 생각하고 예비를 잘하게 하는 것이오 (2) 교사는 학생이 집에서 공부하는 것을 원하여 건강히 저희의 양심을 장려하고 하나님께 대한 의무로 집에서 공과를 공부하게 할지며 (3) 각 학생들이 매일 공과를 예비하였는지 알기 위하여 매 개회 날 각 공과를 문답 하게 하는 것이오 (4) 강송할 때 다만 공과 원문 외에는 모든 공과를 엄히 배척할 뿐 더러 비록 원문이라도 집에서 공부 한 것을 시험볼 때까지 펴보지 못하게 하는 것이오 (5) 각 학생을 하나씩 집으로 심방 할 때 특별히 둔한 자와 또 부모의 도움을 못 받는 자는 더 주의하고 할 수 있는 대로 간단히 공부할 바와 또 어떻게 공부할 것인지를 가르칠 것이니라.

제3절 일정한 규칙

규칙은 다음과 같으니라.

(1) 학생들의 나이와 재주에 적합하게 각 학생들이 성취하기 쉬운 표준을 정할지며 (2) 이 표준을 잘 시행하는 자는 학당에서 성실히 기록하여 둘 것이요 (3) 교사들이 각 학생의 공과 점수를 줄 때는 각 학도가 집에서 공부할 때 언약한 표준으로 시험할지며 (4) 끝수를 성실히 얻은 학생은 공중에게 알게 할지니 즉 잘한 상을 줄 것이오 (5) 이 아래 계책은 각 계급에서 표준 정할 바를 암시하는 것이니 첫째 유년반은 공과 문제와 요지를 기억할 것이오, 둘

째 소년과 중등과는 초학과 공과에서 따온 단순한 사실이오, 셋째는 장년 즉 상등과니 소년반 열공과에 구슬이나 필기로 공과의 신령한 도를 대강 기록하는 것이니라.

시험공과　성경공부 제4장에서 제6장까지

(1) 구약전서 역사의 나중 3세기를 차례대로 설명하라.

(2) 이긴 시대의 유명한 사건이 무엇인가.

(3) 유명한 법관들은 누구인가.

(4) 유대국 지방에서 가장 큰 땅은 어느 정도였는가.

(5) 유대국의 착한 왕들은 누구였는가.

(6) 희랍국이 언제 수립되었는가.

(7) 여호수아, 나단, 예레미야, 요나가 어떤 세기에 있었는가.

(8) 모세 법전의 가장 중요한 특성 두 가지에 대하여 생각 하는 바를 설명하라.

(9) 모세의 법전이 성경 어느 부분에 있는가.

(10) 너희 나라 정부와 유대국 정부를 서로 비교하라.

(11) 유대국 사법부는 어떻게 성립되었는가.

(12) 유대국의 재산법을 설명하라.

(13) 형법 두 가지를 설명하라.

(14) 십계명이 지금 실행되는가, 왜 그러한가.

(15) 모세의 의례가 우리에게 얼마나 중요한가.

(16) 제사 지내는데 차례대로 몇 가지가 있는가.

(17) 제사 지내는 종류 다섯 가지를 설명하라.

(18) 모세의 제사 지내는 법의 결점은 무엇인가.

(19) 제사장의 중요한 자격은 무엇인가.

(20) 그리스도와 유대 제사는 어떻게 다른가.

(21) 적어도 속죄하는 법 두 가지에 대하여 그 뜻을 설명하라.

시험공과   연습공부 제4장에서 제6장까지

(1) 주일학당의 목양적 일 세 가지 목적이 무엇인가.

(2) 교회가 어떻게 이 목양적 일과 관계되는가.

(3) 교회가 이 목양적 일을 하는데 방법이 무엇인가.

(4) 주일학당 직원과 학생의 부모들이 어떻게 동심 협력하겠는가.

(5) 주일학당 직원들이 마땅히 학생과 무슨 관계를 가지겠는가.

(6) 주일학당 교사가 학생의 은밀한 행적을 아는 것이 어찌하여 중요한가.

(7) 주일학당 교사들의 목양적 관계는 무엇인가.

(8) 어떻게 하면 주일학당 학생들이 한결같이 시간을 지키는 출석에 방해가
되는가.

(9) 어떻게 하면 아이들과 계집아이들이 출석하겠는가.

(10) 어떻게 하면 청년과 여자가 출석하겠는가.

(11) 교회 없이 다니는 반이 되기 위하여 무엇을 하겠는가.

(12) 주일학당 직원들의 출석에 대한 특별한 법을 말하라.

(13) 교사들이 학생들의 출석을 유지하는 데 무엇을 마땅히 해야 하는가.

(14) 진실한 계책의 요점을 말하라.

(15) 학생이 집에서 공부하는 데 방해되는 것이 무엇이며 그 까닭을 설명하라.

(16) 어떤 가르치는 방법이 학생이 공과를 공부하는데 즐겁게 하겠는가.

(17) 공과를 공부하는데 집에서 어떻게 학당을 도와주겠는가.

(18) 집에서 공부하기 좋은 때가 언제인가.

(19) 학생들을 집에서 공부시키기 위해 학교장이 무엇을 능히 하겠는가.

(20) 어떻게 교사가 능히 집에서 공부시킴을 할 수 있겠는가.

(21) 각 계급에서 마땅히 배우기를 요구 하는 바를 암시할지니라.

성경공부 제7장 유대국 조례

제1절 교회

(1) 제단은 (가) 예전에 예배 보던 곳이요 (나) 제사도 지내고 혹 사건을 기념하는 집으로 사용하며 (다) 항상 흙과 험한 돌로 건축하였느니라.

(2) 성막은 (가) 집이나 장막을 사용하였고, 광과 고는 15보요 장은 40보였으며 성소와 지성소로 나누어졌고 마당으로 둘러싸였느니라 (나) 성전을 지을 때까지 거의 오백년 동안 유대국의 중앙 예배 처소가 되었느니라.

(3) 성전이니 (가) 솔로몬이 처음 성전을 주 강생 전 1400년에 봉헌하였고 (나) 4백년을 유지하다가 네브카드네자르에게 멸망되었으며, 70년 후 스룹바벨이 다시 세웠고 헤롯대왕이 크게 확장하였으며, 나중 주 강생 후 70년에 로마황제 디도스가 불에 태웠느니라.

(4) 위계는 (가) 제사장들이 가장 어른이요, 레위족은 다음 반열이니 (나) 제사장들은 제사도 지내고 나라 예배도 인도하며 백성도 가르치고 레위족은 제사를 도와주나니 다윗 왕 때는 38,000명이나 있었느니라. 제사장들과 레위족은 모두 나라의 세금으로 유지되느니라.

제2절 교육

근래 나라들은 유대국의 왕성한 교육 사업을 이기지 못하는지라. 그러므로 요세푸스가 아피언에게 말하였으되

우리의 제일 중요한 주의는 우리의 자제들을 교육시키는 것이라 하였느니라.

(1) 유대국 학교　(가) 예전 유대국 시절에는 교육을 각각 자기 집에 위탁하여 부모들에게 매년 육분의 일은 세상 사업을 폐지하고 자제를 가르치

라고 명령하였으며 여러 의식, 표적, 예법, 큰절, 일과, 그리고 율법들에 대한 것이었으며 (나) 그 후 사무엘 때부터 선지자 학교들이 비로소 설립되었고, 선생(유대교인의 존칭)의 학교들을 큰 동네에 하나씩 세우고 열여섯 살 이상 된 청년을 강권하여 다니게 하였으며 나중에는 고등학교와 전문학교가 되었고, 모든 유대국 아이들에게는 다섯 살 때부터 성경을 공부시키며 미쉬나에서는 열 살부터 가르치고 탈무드에서는 열다섯 살부터 가르치며 추가적으로 상업을 가르쳤느니라.

(2) 회당   (가) 속박된 후로 회당이 교육상 중심이 되었고 (나) 유대국의 역사적이고 종교적인 경전은 일정하게 나누어서 매주 설명하였으며 (다) 주일 외에 6일 동안은 회당에 어린이들 학교, 토론회 장소, 그리고 청년들의 도서실이 되었느니라.

(3) 선지자   (가) 모세 때로부터 말라기까지 선지자들은 특별히 나라의 교사로 명하였고 (나) 항상 선지자는 세 가지 직분을 가졌느니라, 나라의 역사 편찬하는 직분, 예언 하는 것, 그리고 전도자의 직분이니라.

제3절 기념절

유대국 역사의 사건을 기념하는 큰 절기가 셋이 있으니 (1) 항상 4월에 일주일을 지내는 유월절 대제이며 이는 출애굽을 기념함이라, 여기 첫째되는 예법은 먹는 것이니라 (2) 오순절 제사는 양을 잡아 유월절 대제 후 50일 후에 지내며 처음 수확한 과실을 봉헌하고 경축하는 것이라, 이는 애굽에서 나온 지 50일 후에 지내는 것으로 산에서 율법주신 것을 기념함이니라 (3) 일주일 동안 지내는 10월의 장막절 대제로 예루살렘에서의 생활을 장막에서 함으로써 경축하는 것이라, 이는 광야에서의 생명을 기념함이니라.

큰 절기 셋 이외에 작은 절기 셋이 또 있으니 (1) 십월 나팔절은 개명한 해를 경축함이요 (2) 십일월 수전절은 성전에 회복을 경축함이라 (3) 삼월 구속절은 하만의 음모로부터 구원된 것을 기념함이니라.

특별한 절은 10월에 속죄하는 날이니 나라에서 크게 금식하는 날이라, 이 때 모든 백성의 죄를 염소(죄를 져다가 광야에 버림)가 가지고 간다 함이라.

연습공부 제7장 학생의 연보

제1절 이것이 중요함

훈련하는 주일학당 일 중에 학생의 연보보다 더 중요한 것이 없으나 또한 실수함이 많으니 다만 다음과 같은 이유로 기초가 된 것은 중요하니라 (1) 너그러운 연보는 예수교인 연습의 효험이 될지니 교당에 인색한 교인들은 모두 제 집이나 주일학당에서 가르치는 것이 불완전함으로 그러함이오 (2) 다른 착한 습관과 같이 정당히 연보하는 습관은 어린이한테 온순함과 확실하게 함이니 다만 매 주일 연보하는 것은 비록 자기는 돈이 없을지라도 부모에게 받아 연보하면 유효한 연습이며 (3) 규칙적으로 연보하기를 연습시키고 돈 쓰는 것과 적당한 예산에 대해 교화시킬 것이며 (4) 이것이 학당과 교당에 대한 의무와 신실한 지각을 발달하게 하는 것이니 다만 힘들여 번 재물은 귀히 여기느니라.

제2절 주의와 방법

(1) 각 학도나 각 반의 경쟁심으로 나온 것은 잘못된 것이니 즉 상품 같은 것이요 (2) 학생이나 학당에만 중심을 두는 것은 학당과 연보자를 위축시키는

것이요 (3) 반에서나 일 개인이 많이 연보하였다고 존경하는 것은 비록 항상 하는 일이로되 지혜 있는 것도 아니요, 거룩한데 있는 것도 아니며 (4) 연보를 자유 특권보다 의무로 하는 것은 방해가 될 것이요 (5) 지혜로운 계책은 각 학생과 각 교사로 더불어 개인적 장책부를 가지고 연보하는데 정직하고 정당한 표준을 내어 각 학생의 능력대로 연보하게 하되, 다소는 상관 말고 다만 한 사람이 몇 번씩 연보하는 것을 금하고 모든 학생에게 학당의 명예를 줄지니 이것이 어떤 학당이든지 실행해야 하는 것이니라.

제3절 연보의 이치

성경에 있는 연보의 이치를 마땅히 다음과 같이 가르쳐서 각 학생이 알아듣게 할지니 (1) 우리는 하나님의 청직이니 우리의 돈과 직무는 모두 오로지 하나님의 것이니라(베드로전서 4장 10절) (2) 주의 예배를 위하여 연보하는 본분이 돈 가진 어린이든지 어른이든지 모두 자기의 의무로 할지니라(고린도전서 16장 2절) (3) 예수 탄일 선물이나 다른 선물이라도 주일학당에게 받는 것보다 주는 것이 복이 더 있다 하였느니라(사도행전 23장 15절), 이 그리스도의 명령을 잘 준행하는 것이 모든 주일학당의 과용과 믿지 아니하는 질서를 개혁할 것이오 (4) 하나님이 우리에게 풍성이 주신 것과 같이 우리도 연보하되 인색하게 하지 말고 기쁘게 할지며(고린도전서 16장 2절과 고린도후서 9장 7절), 예수교 주일학당과 유대국 어린이들처럼 연습시킬 것이오 (5) 너그러이 사익을 보지 않고 연보하는 것으로 이 세상에 신령한 하나님의 언약하신 복 받기를 바라는 것이니라(말라기 3장 10절).

제4절 연보의 목적

주일학당 학도들에게 총명하게 연보하기를 가르쳐서 각 학생이 얼마 연보할 것을 미리 예산할지니 (1) 으뜸되는 목적은 복음을 전도함이라, 그러므로 학장 재정에서 일부분을 목사의 월급과 교당 경비로 지출할지며 (2) 학당을 유지하는 것은 단지 한 가지오, 여러 경우가 아니니 다만 주일학당 수전이오 (3) 선교 사무와 교회 일군을 학생에게 편지, 지도, 그림, 신보 등으로 알게 하되, 청년의 마음을 격동시킬 것 없으며 (4) 구제의 적당한 목적과 방법을 모든 주일학당에서 마땅히 가르칠 것이니, 즉 가난한 자를 생각하는 사람은 복을 받으리라 (5) 나중은 각 학생을 매 주일 작정한 데로 연보하게 가르쳐서 예배하는 행동과 같이 내고 하나님께 복을 빌되 마땅히 일정한 목적으로 할지니라.

성경공부 제8장 유대국 당파

제1절 정치상

(1) 갈릴리 사람들은 갈랄리 유다의 추장으로부터 갈릴리 사람으로 명명되었으니, 추장은 주 강생 후 12년에 갈릴리 사람들을 조직하였느니라. 혹 어떤 때는 열성적인 자라 불리었고 또 유대국 독립을 도와준 자이라. 저희들을 가르치기를 외국사람 다스리는 자에게 조세를 바치는 것이 모세의 법전에 기록되었다하여 나중에 예루살렘 붕괴가 저희들의 고집으로 인하여 그렇게 되었느니라 (2) 헤롯당은 헤롯왕을 돕는 종족으로 에돔인을 찬탈 한 잡종이니 첫째 왕 헤롯대왕이라. 저희들이 압제한 로마 사람의 일을 부정한 까닭에 도덕의 쇠약함과 유대국이 외국 주인에게 복종하는 인종으로 유명하게 되었느니라.

(3) 사마리아 사람도 이스라엘 나라의 예전 도성인 사마리아로 인해 이렇게 부르게 되었나니 에디오피아 사람과 바벨론 식민의 자손이라. 바벨론 식민에게 열 종족을 이긴 자인 아시리아 사람이 속박된 이스라엘 땅을 주었느니라. 처음에는 우상을 숭상하는 자로니 바벨론으로부터 유대인이 속박에서 벗어난 후 사마리아 사람들이 유대국 사람과 서로 혼인하여 제사 교훈을 받아들여 저희들을 위하여 그리심산 위에 적수되는 성전 하나를 세우고 모세 오경으로만 저희의 성경을 삼아 종교상 대척이 생겨 사마리아와 유대 사이에 싸움이 일어나게 되었느니라.

제2절 종교상

(1) 나사렛은 예전 종교파니 하나님께서 아시는 바요, 그 지파의 목적과 근

원은 확실하지 않으나 나사렛은 저희의 맹세로 속박되어 8일부터 한 평생 술 마시지 않고 머리를 깍지 아니하였느니라.

(2) 에세네파는 예전 공경하던 유대국 교파의 셋 중 하나이며 애굽에서 시작된 듯 하고, 또 저희들이 종교상 사회 회원과 처사가 되어 금욕적인 삶을 살고 모든 물건을 같이 사용하며 장가드는 것, 고기, 기름, 그리고 술 먹는 것을 금하고 의복은 희게 입으며 농장을 이 세상의 유덕한 생업으로 중요하게 여기고 기도, 법률 공부, 자비한 일 하는 것을 숭상하며 제사는 지내지 않고 특별히 모세의 율법만 공경하였느니라.

(3) 바리새인은 주 강생 전 200년에 시작되었으니 큰 세 당파 중 가장 많고 인망있으며 권세가 있고, 또 엄숙하게 외식을 숭상하여 다른 사람을 높게 경대하며 외인의 교화나 풍속을 용납하지 않고 히브리인을 배척하였으며 구전으로 내려오는 율법과 모세의 법전을 도로 여기므로 다른 파와 구별이 있고 또 저희들은 영혼이 죽지 않고 육신이 다시 살아난다는 것을 믿느니라.

(4) 사두개인은 주 강생 전 200년에 시작하였나니, 일신교로 이치만 믿어서 자포자기하고 방탕하여 장래의 심판을 반대하면서 말하되, 이 세상 복락이 생전의 지극한 뜻이며 모세의 책을 숭상한다 하나 실상 도에서는 바리새인과 완전히 반대니라.

제3절 직무상

(1) 서기관은 모세의 기록한 율법과 구전으로 내려오는 율법을 쓰고 기록하는 관리요 해석자니 백성에게 큰 권세가 있으며 가장 많이 배운 직무요, 또 바리새인과 같이 부당한 말로 전하여 내려오는 율법을 찬송하여 일곱 권의 책을 주석하여 편찬하였느니 즉 유명한 탈무드니라.

(2) 세리는 유대국 본토인으로 고용되며 외국인 학대자를 위해 세를 거두는

사람이니라, 세리들이 탐학으로 점점 부유해지면서 교만해지는 마음을 가지게 되었느니라.

연습공부 제8장 영혼을 신령으로 배양함

제1절 학생이 거듭나는 것

이 거듭난다는 것은 영혼상 교화의 기초가 되느니 (1) 교사는 마땅히 영혼으로 거듭나는 것을 학생에게 가르치고 이것을 다만 복음의 진리로만 여길 뿐이 아니요, 그리스도의 인도하신 감정상 받으심뿐 아니요, 또 교당 규칙과 명령을 더 지키게 하는 것뿐 아니오, 그리스도께서 우리를 구원하신 죽은 자 가운데서 구세주로 사랑하고 믿으며 성신께서 거듭나게 하는 것이니라 (2) 주일학당 교사는 학생들이 거듭나는 것을 마땅히 알아서 만일 거듭나지 아니하였으면 친히 권면하여 저희들을 감화시켜서 하나씩 그리스도를 위하여 마음으로 작정하기를 힘쓸지며 (3) 학생의 예수교 행적을 시험하는데 반드시 기억할 것이 있으니 즉 학생이 어느 때 일정한 시간에 거듭남을 생각하라고 시험하지 말고 다만 지금 예수를 믿고 순종하겠느냐 할지니라 (4) 이미 믿음과 행위로 예수교인이 된 여러 학생들이 간증치 아니함으로 말미암아 저희의 방해가 될지니 간증치 않는 것은 저희들도 장성하여 믿은 자의 죄를 오래 자복하고 애통해함으로 회개하는 것과 동일함으로 교사가 그릇 가르침이니 만일 거듭나는 것의 참 이치를 알게 하였으면 벌써 기쁜 마음으로 자복하고 예수를 사랑하며 순종하였으리라.

제2절 교회 회원

(1) 언제든지 학생이 예수교인 믿음의 증거를 세울 때는 나이는 물론하고 교회 회원이 될 지며 (2) 저희들 알아듣는 데로 처음은 교회의 도와 예를 가르쳐서 이치와 법을 알게 할 것이오 (3) 교회의 규칙과 필요함을 가르쳐서 마땅히 성실하게 지키게 할 것이요 (4) 복음의 전파와 교회 선교 사무를 위하여 연보하기를 연습시킬지니라.

제3절 은혜를 얻는 것

하나님께서 신령한 행적을 기르시는 것과 자라게 하는 방침을 베풀어 주심으로 항상 은혜를 얻는 것이니 할 수 있는 데로 주일학당 교사가 마땅히 하나님이 명령하신 방침을 학생들에게 베풀고 이 아래 습관을 저희에게 확정하기를 구할지니 (1) 성경을 공과공부로만 읽을 것이 아니요, 공경하여 항상 하는 습관이요 (2) 교당 예배, 복음 전도, 기도회, 청년회에 출석을 항상 하는 습관이요 (3) 매일 비밀리에 하는 기도와 묵상하는 습관이니 학생들을 마땅히 기도의 천리, 정체, 그리고 이익을 가르쳐서 기도를 비밀리에도 하고 공개적으로도 하도록 연습시킬지니라 (4) 주의 성 만찬을 베풀 때에 참예하는 습관.

제4절 학생의 일신상 행적

영혼상 교화는 학생의 비밀스러운 행적을 포함한 것이라, 교사들은 이 아래 몇 가지를 알아서 항상 지킬지니 (1) 학생의 영혼을 도와주는 것과 방해되는 것을 살필 것이요 (2) 학생의 나이로는 사무로나 사회상 상태로 부터 나온 바 특별한 시험을 주의할지며 (3) 선악으로 자기에게 영향되는 바 매일 친구를 잘 주의할지며 (4) 읽는 책과 월보를 주의할지며 (5) 자기가 하는 습관을 잘 지킬지니라.

제5절 예수교인의 일

청년 사회의 조직이 영혼상 교화를 도와주는 것이요 (1) 이사회의 회원으로 피선될 자격이 있으므로 각 학생을 권면할지며 (2) 교당 목사로 하여금 목양하는 보좌로 자기를 위하여 사무를 계책케 할지며 (3) 반과 학당을 위하여 직원을 모집하게 할지며 (4) 일정한 공부의 순서로 연습을 시켜서 학당의 장래 직원이나 교사로 종사케 할지니라.

성경공부 제9장 구약전서 예언

유대인들이 헤아리기를 모세 때부터 말라기까지 선지자가 48인이요, 여 선지자가 7인이라 하되 우리 성경에는 선지자 16인의 예언만 있으니 모두 유대국 때와 그 후에 속하였느니라.

제1절 연대학 차례   더러는 짐작으로 기록하였느니라.

군주시대에는

주 강생 전	책	왕	속 뜻
855년으로 755년	요나	여로보암 2세	니네베의 쇠약
800년	요엘	웃시야	유대국의 멸망
810년으로 783년까지	아모스	웃시야에서 여로보암 2세까지	이스라엘 멸망
785년으로 735년까지	호세아	웃시야에서 호세아까지	이스라엘 멸망
760년으로 698년까지	이사야	웃시야에서 히스기야까지	메시아
750년으로 710년까지	미가	요담에서 히스기야까지	유다의 멸망
730년	나훔	히스기야	아시리아의 멸망
630년	스바냐	요시야	유다의 멸망
626년	함바국	요시야	갈대아의 멸망

속박된 시대에는

629년으로 585년까지	예레미야	요시야에서 시드기야까지	유다의 돌아옴
630년으로 534년까지	다니엘	네부카드네자르	메시아의 나라
595년으로 574년까지	에스겔	네부카드네자르	나중 유다인의 회복
587년	오바댜	시드기야	에돔의 멸망

속박 된 후 시대에는

523년	학개	다리우스	그리스도의 오심
520년	스가랴	다리우스	그리스도의 나라
420년으로 397년까지	말라기	아닥사스다	그리스도의 예고

제2절 특성

사실로는 (1) 예언은 거대한 체계를 만들어 그것의 모든 부분이 관계되고 또 인간의 구원을 향해 가나니 (2) 예언은 유대국을 위한 것이니 즉 백성의 반대, 패하고 흩어지며, 나중에 회복함이오 (3) 다만 이 같이 믿지 않는 나라를 포함하는 이스라엘 사람의 학대자가 된 까닭이니, 즉 에디오피아, 애굽, 갈대아, 에돔, 아시리아, 그리고 로마요 (4) 거의 여러 예언은 이루었고 또 약간은 이 세상에 이룰지니 예수교 1세기에는 증거된 바 이적이 있었고 우리 이 세상에는 이미 이룬 예언과 장차의 예언이 있느니라.

방법으로는 (1) 히브리 선지자들은 가난하고 무식하며 또 예언에 대한 두려움이 없어 핍박과 죽임을 당하기도 하고 (2) 믿지 않는 거짓 선지자와는 완전히 다르니 믿지 않는 선지자는 이에 대한 예비된 일을 말하고 히브리 선지자는 믿을 수 없는 일과 수백 년 후 일을 예언 하며 (3) 이 같이 적은 것이라도 하나님의 감화하심이 아니면 가능치 못할지니 가령 말하면 바벨론을 에워싼다는 이사야의 예언 같은 것이오 (4) 예언들은 현재 한 차례 지나간 것으로 모두 지나간 후에 기록된 것이며, 믿지 않는 자들은 이렇게 증명된 것에 대해 반대하고 믿지 아니하느니라.

제3절 기이한 정치상 예언

(1) 나훔과 스바냐가 니네베에 대하여 예언하였더니 백년 후 세상의 가장

큰 성이 메디아에서 이루었고 (2) 이사야와 예레미야는 바벨론 멸망을 예언하였고 키루스의 이름은 이 변란 전인 160년에 지었고 (3) 예전 장사하던 큰 시장의 멸망할 운수를 선지자 에스겔이 알렉산더를 무찌르기 전 300년에 예언하였고 (4) 또 에스겔이 예언하기를 애굽은 분명 비천한 나라가 되리라하더니 오래되지 아니하여 왕이 없어졌고 (5) 네 나라의 흥망을 선지자 다니엘이 예언하였으니 즉 바벨론, 메도 바사, 희랍, 로마라. 그리스도의 세상 나라가 그 뒤를 이었느니라 (6) 함과 이스마엘의 자손에 대한 예언이 오늘날 이루어졌느니 특별한 것은 유대인의 멸망, 흩어짐, 그리고 고생이니라.

연습공부 제9장 가르치는 이치

제1절 적합한 이치

적합한 이치는 아래 몇 가지를 요구할지니 (1) 일정하게 가르치는 계책을 교사가 도모하여 진리에 둘 것과 뺄 것, 또 가르치는데 사용하는 방법을 확정할지며 (2) 자기가 가르치는 반과 각 학생을 반드시 친히 알아서 각 학생의 영혼상 필요한 부분에 공과를 맞출 것이오 (4) 공과를 적합하게 하는 것을 중심 진리로 한결같이 할지니라.

제2절 협력하는 이치

협력의 이치에서 요구하는 것은 (1) 교사가 반드시 자기의 일과 학생으로 더불어 즐거워할지며 (2) 학생의 주의를 지키되 억지로 하지 말고 다만 교사의 재주로 할지며 (3) 비록 총명한 학생에게 방해가 되더라도 둔하고 게으른 학생의 협력도 구할지며 (4) 모든 학생들을 일 없이 잠시라도 놀리지 말지니 각 반에서 공부하는 동안 쉬지 않는 것이 온당한 표준이며 (5) 이 협력을 주일로부터 다음 주일까지 조심히 요구할지니라.

제3절 계급의 이치

가르치는 것은 반드시 학생의 정도에 맞는 층계에 따라 차차 올라갈지니 (1) 첫째 층은 학생이 매일 공과의 아는 바와 모르는 바를 찾는 것이오 (2) 둘째 층은 학생 지식에 가까운 바 공과의 단순한 실행적 진리를 가르칠지니 즉 연대학, 지리, 그리고 역사 등이오 (3) 셋째 층은 윤리상과 영혼상 진리를 가르칠 것이오 (4) 공과의 반이라든지 혹 단일한 진리를 통달하게 가르치는 것이 전체 공과를 잠깐씩 얼른 가르쳐서 지나가는 것보다 나으며 (5) 앞 층계로 더불어 각 층계를 연결하여 가르친 바를 통달하여 알아듣기까지 그 다음 층으로 가지 말지니라.

제4절 비유하는 이치

이 이치가 중요한 것은 (1) 학생이 매일 생활에 친숙하도록 완전히 알아듣게 비유할지며 (2) 전심을 다하여 마음에 진력이 나지 않도록 비유할 것이오 (3) 눈에 대한 비유가 귀에 대한 비유보다 나으니 그 이유는 보는 것이 듣는 것 보다 민첩함이오 (4) 비유의 중요함이 어린이에게는 크지만 어른에게는 적으니 어린이들은 보는 것 외에는 하는 것이 적고 어른들은 사물의 형태를 궁금해 하는 것이오 (5) 성경공부 이외 가장 능한 비유는 성경에서 찾아 할지니 즉 성경의 땅, 사람, 사건, 그리고 이야기 같은 것이라, 성경 공부를 신중히 하는 학생은 항상 비유가 부족할 것이 없느니라.

제5절 복습하는 이치

이 이치에는 다섯 가지가 있으니 (1) 적고 가벼운 뜻으로부터 나온 바는 마음 속에 오래 두지 못함 (2) 만일 학생들을 지혜있게 인도할 것 같으면 이전에 배운 진리를 다시 배우고자 할 생각이 있을 것이오 (3) 곧 능히 이용 될 바 잘 공부한 성경은 조금이라도 주일학당 학생에게 기쁨과 능력이 될 것이오, 만일 뭉텅이로 온전치 못하게 가르치는 것은 학생에게 고생만 시키고 방해만 일으킬지며 (4) 주일학당 교사는 마땅히 전 공과를 제대로 복습하지 아니하고 나중 또 공과를 다 마칠 때 학생에게 요지를 묻지 아니하고는 새 공과를 시작하지 말지며 (5) 주일학당 교장이 예전의 풍속을 무시하면 비록 그 일이 보기에 아름답다 해도 공부 못하는 학생을 만들게 되니라.

시험공과 성경공부 제7장에서 제9장까지

(1) 어떤 세 부분으로 유대국 제도가 나뉘어졌는가.

(2) 유대국 성 재료를 설명하라.

(3) 무슨 관계로 제사장들과 레위족이 다른가.

(4) 유대국의 교육 규모는 무엇인가.

(5) 무슨 목적으로 유대국 회당이 설립되었는가.

(6) 유대국의 큰 제사의 이름과 각각 무엇을 기념하는지를 설명하라.

(7) 죄를 속한다는 날은 무엇인가.

(8) 갈릴리 사람들은 누구며 무엇을 저희가 가르쳤는가.

(9) 유대인과 사마리아인이 원수가 된 까닭이 무엇인가.

(10) 나사렛의 맹세는 무엇인가.

(11) 유대국의 가장 오래 된 큰 세 당파를 말하라.

(12) 에세네의 특성은 무엇인가.

(13) 바리새교인의 도는 무엇인가.

(14) 세리들은 누구인가.

(15) 우리가 이루어 온 예언 책을 몇이나 가졌는가, 어느 때 이 예언들이
속하였는가.

(16) 연대학의 순서대로 첫째 예언들의 책을 말하라.

(17) 이사야의 왕은 누구며 에스겔의 왕은 누구인가.

(18) 유대인 예언에 어떤 우상 섬기는 나라들이 포함 되었는가, 왜 그러한
가.

(19) 유대인 예언의 특성을 두어 가지 말하라.

(20) 우리 세상에 무슨 증거를 예언이 주었는가.

(21) 이루어진 특별한 큰 예언 셋을 말하라.

시험공과　연습공부 제7장에서 제9장까지

(1) 어떤 때 예수교인의 연보하는 습관이 되었으며 어디서 시작되었는가.

(2) 장성한 사람의 인색한 연고가 무엇인가.

(3) 어린이들을 법칙적으로 연보하는 것을 가르치게 되면 무슨 좋은 결과가 생기는가.

(4) 연보를 가르치는 데 두 가지 잘못된 방법을 말하고 그 잘못된 연고를 설명하라.

(5) 연보를 가르치는데 가장 제일 좋은 계책이 무엇인가.

(6) 무슨 까닭으로 연보하는 원리를 주일학당에서 가르치는가.

(7) 이 원리의 두어 가지를 말하라.

(8) 무슨 목적으로 주일학당의 재정을 지원하는가.

(9) 이 목적을 학생에게 알게 하는 것이 마땅한가, 왜 그러한가.

(10) 학생들의 영혼상 교화의 첫째 층계가 무엇인가.

(11) 학생들이 개심하는데 참 시험은 무엇인가.

(12) 어린이들이 개심하는데 무엇을 항상 잘하지 못하는가.

(13) 교당 회원 되는 데 학생에게 무엇을 가르치겠는가.

(14) 은혜를 얻는 방법에 무엇을 마땅히 학생에게 가르쳐야 하는지 그 연고를 설명하라.

(15) 학생과 관련된 어떤 사실을 교사가 알아야 하는가.

(16) 청년이 거듭나는데 예수교인의 할 일은 무엇인가.

(17) 공과의 적합한 것을 교사가 어떻게 작성할까.

(18) 무슨 방법으로 각 반이 교사에게 동심 협력할까.

(19) 앞일에 대하여는 암시된 것이 무엇인가.

(20) 공과를 가르치는데 교사는 차례로 어떤 계급을 취할까.

(21) 무슨 까닭으로 복습의 이치가 크게 중요한가.

성경공부 제10장 구약전서의 도

구약전서의 큰 도는 비천한 우상을 숭상하고 덕의가 없는 때에 사람에게 주었나니 사람의 지식과 행동보다 초월하여 우리 하나님의 근본 높은 증거를 주었느니라.

제1절 하나님에 대하여

첫째 근본되는 막대하시고 만물을 창조하신 하나님이 계시다 함이오. 다른 도는 다음과 같다.

하나님에 대하여는 (1) 유일하신 하나님이 성자 성신으로 삼위일체가 되심이오 (2) 그의 신령하심이오 (3) 온전하시고 전능하신 하나님이오 (4) 무소부지하심이니 아시는 것이 무한하심이오 (5) 무시무종하게 계심이니 처음부터 영원이 계심이니라.

사람에 대하여는 (1) 거룩하심이니 부정한 것을 보시기에 눈이 청백하심이오 (2) 불변하심이니 가라사대 나는 주요 나는 변치아니 한다 하심이오 (3) 공정하심이니 진실하신 하나님이 의리가 있으며 (4) 신실하심이니 신실하신 하나님이시오 (5) 어지심이니 자비하심을 기뻐하심이니라.

제2절 창조

구약전서에는 가장 오래되고 확실한 창조 역사를 기록하였다 하였으되 (1) 하나님께서 하늘과 땅을 재료없이 창조하시어 모양, 본질, 그리고 율법을 정하고 또 모든 동물을 만드셨나니 (2) 이는 생활하는 범절로서 일정한 질서로 사업과 배열하심을 시작한 진보적 세상이오 (3) 모든 만물을 온전히 창조하셨고 (4) 하나님의 뜻은 지극한 율법과 세상 유지를 영원하게 하셨으니 천리의 율법으로 말미암아 방해되지 않으니라.

제3절 사람

(1) 하나님께서 자기 모양으로 사람을 만드시고 영원 불사하는 영혼을 주셨으며 (2) 사람은 도덕상 자유자인데 도덕상 행동을 선한 것과 악한 것을 자유로 하셨고 (3) 죄를 범한 후로 사람의 자손이 쇠약하고 악하여 무슨 선한 일을 천성으로 능히 못하며 (4) 무슨 일이든지 사람이 선하게 일하는 것은 다 성신 감화하신 것이니라.

제4절 악한 것

(1) 선악을 혼용하는 것은 하나님 뜻에 적당하지 않으며 (2) 신이 된 마귀는 여러 악한 귀신으로부터 자연적으로 도덕상의 모든 악한 것을 만들고 충동한 자오 (3) 악한 우리 첫째 조상이 사탄의 시험에 빠진 죄로 이 세상에 있고 (4) 육신상과 영혼상 죽음은 죄로 인하여 된 것이니라.

제5절 속죄 함

(1) 하나님께서 모든 사람의 죄악을 사하시기로 언약하셨으니 모든 사람들은 하나님의 뜻을 마땅히 감사하게 받들지며 (2) 속죄는 특별히 죄로 말미암아 받는 것에서 신령함으로 구원함이요 (3) 속죄하실 이는 예언에 메시아 즉 예수씨오 (4) 속죄는 메시아 돌아가신 후로부터 비로소 시작되었느니라.

제6절 하나님이 다스리심

(1) 하나님의 뜻은 유형과 무형의 행적에 작은 조목이라도 순식간에 인도하시며 (2) 하나님께서 이후는 말고 이 세상 나라들을 심판하시어 상도 주시고 벌도 주시며 (3) 큰 범죄인이 무성한 것에 대해 하나님을 원망하지 아니할 것이요 (4) 하나님의 아들들은 곤란과 학대를 받되 다만 선한 연고요 (5) 하나님께서 이 세상이나 이 후에 악한 자는 벌을 주고 의로운 자는 상을 주실지니라.

제7절 장래 상태

(1) 사람의 영혼은 죽지 않으며 (2) 천당과 지옥이 있고 (3) 이 세상으로부터 심판 날까지 그 중간에 육신없는 영혼이 있으며 (4) 육신이 다시 살아남이오 (5) 마지막 심판 날은 모든 영민한 동물을 기다리느니라.

연습공부 제10장 가르치는 방법

제1절 예비

(1) 교사가 이 다음 공과를 미리 알게 함으로 재미를 일으킬 지며 (2) 다음 공과를 예비하기 위하여 각 학생에게 일정한 일을 정할 것이오 (3) 개인적으로 공부하고 완전히 아는 바 학생의 의견으로 강령, 문제, 그리고 비유를 만들 지며 (4) 자기 반에 들어와서 공과 가르치기를 간절히 원하고 책이나 월보 없이 가르치기를 예비할지니라.

학생들은 배우기를 예비할지니 (1) 자기 집에서 예비한 것을 문답하면 교사도 예비한다는 것을 모든 학생이 마땅히 알 것이오 (2) 주석으로 사용하는 공과와 성경 공과를 어떻게 공부하는지를 학당에서 교사에게 배울 지며 (3) 둔하고 소홀한 학생들은 교사의 심방, 편지, 전언, 그리고 말 등으로 권면함을 특별히 받을 것이오 (4) 또 각각 할 수 있는 데로 그 다음 공과의 일정한 공부를 미리 알지니라.

제2절 교육법

교사　(1) 진실히 학생을 영접하여 즉시 공부를 하게 하고 (2) 자기 반 각 학생을 주목하여 완전한 질서와 주의를 굳게 지킬 것이며 (3) 조심스럽게 가르치기를 시작하고 그칠 때는 그칠 것이오 (4) 조심하여 예비 할 것은 각 학생을 위하여 적당하게 들을 것, 볼 것, 배울 것, 그리고 기억할 공과니라.

학생　(1) 독서하거나 상고하는 것 이외에 모든 책과 월보를 덮을 지며 (2) 각 학생들을 하나씩 각 문제를 대답하거나 각 글귀를 다시 지으라고 할 것이며 (3) 분명히 듣게 하여 교사나 학생의 말한 바를 알아듣게 할지며 (4) 시간을 주어서 의심가는 것을 묻고 생각하게 할지니라.

제3절 교육

사실은 (1) 문제에 기록 된 바 공과의 단순한 뜻으로 처음 가르칠지며 (2) 문제의 뜻을 가르치되 마디와 구절로 된 연합한 글자들을 가르치고 구절의 뜻은 하나씩 분명히 가르쳐서 알아듣도록 할 것이요 (3) 문제는 공과의 도와 적용할 만한 것이라, 학생으로 하여금 생각하여 중요한 점을 찾아서 대강 기틀을 만들게 할지며 (4) 학생들에게 성경을 어떻게 쓰는지 방법을 가르쳐 주어 증거와 진리를 찾도록 하고 글귀를 비교하게 하여 도를 공부하게 할지니라.

태도로는 (1) 첫째는 학생들의 공과 중 아는 바를 찾을 것이며 (2) 가르친 바를 각 학생이 알아듣게 할지며 (3) 조금씩 가르치되 만일 교사 생각에 학생이 알아들을 것 같으면 어느 정도 가르칠 것이며 (4) 어리고 약한 학생으로 가르치는 방침을 삼아 만일 그 학생이 알아들으면 다른 학생들도 모두 알아듣는 줄로 알지니라.

제4절 전도

학생의 거듭남   세상에 큰일은 영혼으로 거듭나는 것이라, 성신께서 공경하는 교사에게 여러 방법을 주실지니 (1) 각 구원치 못한 학생이 거듭나는 것으로 엄숙한 목적을 삼고 (2) 학생의 행적을 공부하게 하되 육신상, 교의상, 지혜상, 그리고 영혼상으로 자기 가족 중 형제의 일과 같이 할지며 (3) 그를 위하여 끝까지 애정, 위로, 그리고 사랑을 하여 마땅히 구원할지며 (4) 면면히 같이 이야기도 하고 그를 위하여 기도도 하느니라.

학생의 행위 발달   세상의 주의 할 큰일은 영혼으로 거듭난 영혼을 돌아보는 것이니 (1) 교사로 하여금 학생과 서로 친목하여 자기를 믿게 하고 자복함을 구할지며 (2) 학생을 가르치되 교인의 습관을 얻게 할지니 즉 기도, 매일 성경공부, 교당에 다니는 것, 그리고 그리스도를 위하여 여러 무리 앞에 증거하는 것이며 (3) 또 예수교 일군의 길로 가르쳐서 종사하게 할지며 (4) 교사의 매일 하는 행위는 거룩한 태도로 모범이 되게 할지니라.

성경공부 제11장 성경 역사

제1절 구약 전서

유대의 역사(성경)는 그리스도 전 15세기 동안 기록한 것이니 거의 히브리 말로 기록하여 원문은 제사장들이 성전에 감추고 여러 사람이 쓰기 위하여 더 만들었느니라. 그 증서 중 유명한 말은 다음과 같으니라.

(1) 사마리아는 히브리 기록으로 율법이라는 말이니 유대인이 속박되기 전에 사마리아인을 위하여 만든 것이오 (2) 셉투아진트는 희랍어로 구약전서라는 것이니 주 강생 전 285년에 방축된 유대국 사람에 의해 알렉산드리아에서 번역되었고 (3) 갈대아 번역으로 탈굼이라는 것은 일반 사람이 사용하는 것으로 속박된 후에 만들어졌느니라.

유대교 법규에 세 가지 발달한 계급이 있으니 (1) 모세의 책 율법은 유대인이 속박 된 후까지로 한 법규가 있는 기록이오 (2) 선지 책은 역사와 예언 책으로 11권이 있느니 주 강생 전 450년에 에스라와 느헤미야가 편찬하여 기록한 법규로 둘째 부분이 되었고 (3) 성경 책은 경배하는 책, 룻, 애가, 에스더, 다니엘, 에스라, 느헤미야, 역대 지략 등과 같이 된 책으로 에스라 후에 셋째 부분이 되었느니라.

제2절 신약 전서

예수교회 기록은 주 강생 후 38년부터 95년까지 예수교 처음 1세기 동안을 기록하였나니 거의 희랍어로 기록된 까닭에 이 책의 증서는 사도 교회로 말미암아 널리 증서 되었으나 4세기 전에 확실히 아는 본문은 없느니라.

예수교 법규가 구전으로 내려오다 주 강생 후 100년에 사도 요한이 만들었다 하며 지금 법규는 2세기에 히브리, 야고보, 베드로 후서, 요한 2서와 3서. 유다, 요한계시록 등 일곱 책이며 2세기와 3세기 동안에 논란이 되다가 종말에는 주 강생 후 397년 카르타고 공의회에서 유지하기로 확정하였느니라.

제3절 예전 성경

예전 유명한 고대본은 다음과 같으니라.

(1) 시리아이니 2세기 초 시리아와 팔레스타인의 보통어로 번역한 것이오 (2) 불가타는 로마어로 성경이라 함이니 주 강생 후 382년에 제롬이 지었고 (3) 4세기 알렉산드리아 코덱스라 하는 것은 전체 성경의 본문이 희랍어이니 지금 영국 박물관에 소장되어 있고 (4) 4세기에 바티칸 코덱스라 하는 책은 지금 로마성에 로마주교의 서고에 있고 (5) 4세기에 알렉산드리아라 하는 땅에 희랍어로 시나이 코덱스라 하는 성경을 상트페테르부르크에 있는 희랍교당에 두었기 때문에 가장 오래되니 2천자 초본이 온전하게 남아 있는데 그 중 50조각은 1천년이나 되었느니라.

제4절 근래 성경

다섯 가지 가장 유명한 번역본이 있으니 다음과 같으니라.

(1) 주 강생 후 1380년에 영어로 처음 번역 된 위클리프 성경이오 (2) 주 강생 후 1535년에 처음으로 완전하게 번역된 커버데일의 성경이오 (3) 대성경이니 주 강생 후 1539년에 처음으로 확실함을 증거한 크랜머의 성경이오 (4) 주 강생 후 1560년에 영국에서 방축된 청렴한 교인이라고 자칭하는 무리가 번역한 제네바 성경이니 예수 신교의 첫 성경이오 (5) 주 강생 후 1611년에 영국 왕 제임스가 47명의 학생을 시켜 번역한 제임스왕의 성경이오 (6) 주 강생 후

1884년에 영국학자가 완전하게 다시 번역한 성경이오 (7) 주 강생 후 1609년에 불가타라는 성경으로 두에이 혹은 천주교 성경이니 이 성경은 예수교 성경에서 배척한 일곱책으로 로마교당을 위한 것이니라.

연습공부 제11장 근래 주일학당 방법

제1절 교인 얻는 방법

간친회날　주일학당을 장려하며 권면하는데 적어도 일 년 안식일 중 한번 사무 방법을 쓸지니 이것이 부모를 흥미롭게 하고 오지 않는 학생을 오게 하고 신학생을 얻으며 주일학당의 의견을 일으키게 하는 것이니라, 심방하는 날이라 함은 이집 저집으로 다니며 전도하는 새로운 방법이니 마땅히 한 교회 지방이나 다른 교회 지방이라도 실행할지라. 이것이 주일학당 공부의 영원한 생명이 되는 것이오, 만일 성실하게 하지 아니하면 학당 효험이 적을지니라.

가내 전도부　병 들어 교당에 못가는 자와 집을 지키는 자의 언약한 공과 공부의 확장은 비용과 장비가 적게 들것이니 즉 심방하는 사람들, 집에서 공부를 돕는 것, 기록 책 한권, 언약 명함, 수전 봉투 등이 가장 중요한 재료이므로 오히려 회원과 학당에 신령한 권세가 될지니라.

어린이들의 호명　유년 반의 확장은 세 살 어린이들까지 할지니 이것은 큰 어린이들을 즐겁게 할지며 올바르게 시작하여 주일학당의 천리와 훈계로 어린이들을 인도하는 것이니라.

어른반의 동정　아름다운 두어 가지 조직이 있으니 즉 주일학당 학생을 얻는 것은 예수교회 행적과 신령하고 아름다운 종교구락부가 있어서 사람을 유인하여 붙잡느니라.

제2절 교훈의 방법

훈련은 매 주일 오 분씩 함께 공과 공부를 하고 성경과 교당의 중요한 실상을 훈련시킬지니라.

공과 복습은 학당에서 통달한 공부에 대한 시험이니 적어도 매월 한번 씩 필기 복습이라도 하되 마땅히 공과의 제일 중요한 절을 뽑아 시험을 볼지니라.

칠판은 목사나 학교장의 첫째 사용되는 것이라. 누구에게 공부라든지 연습이든지 하면 그의 가르치는 권능이 갑절로 되게 하느니라. 교사회는 학교장과 목사의 공회이며, 세 가지 항목이 있으니 학당 문제를 공부하는 것, 공과의 지식을 완성하는 것, 그리고 어떻게 가르치는 것이니라.

교사 연습반은 직원, 교사, 그리고 청년들이 모이거나 혹 교사로 삼기 위해 연습시키기 위하여 선택한 청년들을 예비 일에 학당에 모이게 하여 주일학당 공부 대신에 지정한 연습 순서를 공부시키는 것이며 공부 기한은 적어도 일 년이 될 것이니라.

제3절 전도하는 방법

어린이들에게 전도   단순한 성경 뜻으로 일정한 시기에 하되 항상 복음전하는 것을 목적으로 하여 예수교당 문을 열지니라.

성경 문답반은 어린이들을 영혼상과 교육상으로 교당을 위하여 예비시키는 목사의 훈련장이니라.

판결하는 날은 부흥 방법을 준행한 주일학당에서 사용하는 것이니라. 모든 성경, 강론, 그리고 월보는 마땅히 거듭남을 기다리고 바라되 앞서 여러 회의와 기도로 매 년 한번이라도 판결 하는 날을 거행할지니 범절은 그만 두고 다만 감동하는 마음으로 할지니라.

성경공부 제12장 성경의 요구

성경에 세 가지 큰 요구가 있으니 (1) 감화는 하나님으로부터 나왔고 (2) 정실은 우리에게 주신 데로 실체상으로 가졌고 (3) 믿음은 하나님의 말씀으로만 증명되었느니라.

제1절 감화 요구

실상은 (1) 구약전서의 선지자들이 감화의 요구를 기록으로 증명하였으며 (2) 우리 주께서 몇 번 구약전서를 영감으로 인증하시사 39권 중 18권 말씀에서 직접 인증된 유대국의 큰 세 가지 법규 즉 율법, 선지, 시편에 증거를 나타내셨으며 (3) 사도 바울과 베드로가 반포하기를 모든 구약전서는 영감으로 만들어졌으므로 거룩한 인자들이 이 책을 기록하기에 성심으로 감동되었으며 (4) 신약전서에는 사도들이 이 영감을 증명하여 구약전서로 더불어 교당에서 공부하라 하였으며 (5) 구약전서에서 영감의 요구를 유대인이 공경하게 받았고 신구약 전서는 예수교회당에서 받았느니라.

형식은 (1) 합리적인 이론으로 성경의 감화는 아름다운 믿음이 있는 열심에만 나타내시고 실상과 도에 잘못있는 것을 논의할지며 (2) 유한한 이론으로는 영감의 도와 청렴하고 경건한 진리에 한하고 다른 것은 다만 인간적인 것으로 여기고 (3) 높은 평론의 이론은 성경의 잘못된 길이라 하는 것, 시험하는 것이 중요한 것, 그리고 학적 공부로 고치는 것을 증명하였고 (4) 동력학이나 혹은 성교의 이론은 거룩한 기록자들이 기록한 바 모든 제목으로 특이하게 영감되었으나 저희가 말한 바와 같이 자유롭게 되었고 (5) 기계학상이나 혹 단자의 이론은 비록 단자라도 감화되었으며 성교의 의사는 동력학상 이론과 단자의 이론으로 되었느니라.

제2절 정실의 요구

이것은 아래 몇 가지로 증명되었나니 (1) 유대교나 예수 교사들의 존중함과 엄혹한 형벌을 절단과 개변에 대하여 선고함으로 증명하였고 (2) 요세푸스의 예전 목록 책으로 증명되었으며 또 우리의 예전 번역들의 본문 즉 주 강생 전 650년에 사마리아 성경과 287년에 셉츄아진트 성경 중간에 부합함으로 말미암아 증명되었고 (3) 예수 전에 만든 갈대아 탈굼 성경의 근래 우리 교과서와 예전 예수교 선조가 행한 여러 직접적인 말과 부합함으로 증명되었고 (4) 성경의 유명한 2,000 본문의 실상으로 증명되었나니 그중 1500년 된 것도 몇 있고 다만 동사상과 문법상에만 조금 다른 것이 있으며 (5) 유대교당과 예수교당에서 수천 년을 써내려 온 주일공과 독서와 반대되는 교과의 시기로 증명되었나니 사마리아와 유대인이오, 바리새인과 사두개인이오, 유대인 예수교인이라, 모두 본문의 부패함을 막았느니라.

제3절 믿음의 요구

이 아래 몇 가지 나타낼지니 (1) 하나님이 이같이 성경과 같은 묵시를 구하는 바 사람의 영혼상 필요에 적합하게 한 것으로 알았으며 (2) 서기의 성실함과 성경 외에 다른 역사의 확증과 비문들로 말미암아 나타내었고 (3) 서로 달라 싸울 기회가 없이 1500년 동안 기록한 자 40인이 일치한 것으로 나타내었으며 (4) 큰 묵시 성경과 적은 묵시의 합당함으로 알지며 (5) 이룬 예언과 또 여러 사람 앞에 참된 증거로 행한 이적으로 알았으며 (6) 개인과 국가 생명, 정부와 사회, 기예와 교육 등에 기이한 권능으로 알았고 (7) 온 사회가 전능하신 하나님 말씀을 공경히 받드는 것에서 알게 되었으며 하나님 뜻과 같지 않는 책은 이와 같이 세상에서 받을 수 없느니라.

연습공부 제12장 어린이 공부

제1절 성경상으로는

어린이들에 대하여 성경에 기록하였으되 (1) 어린이들의 악한 성품은 부모로부터 물려받나니 (2) 이 악한 성품을 반드시 고치게 하되 교육상과 종교상 교화로 할 뿐만 아니라 성신의 행하시는 거듭남으로 고칠 것이라 (3) 어린이들의 영민하고 지혜있는 믿음을 반드시 거듭나는 것보다 앞에 할지며 (4) 어린이들을 재물로 여기지 말 되 어린 때를 이용하기 위하여 반드시 가르치고 연습시킬지며 (5) 어린이들 시기는 종교상 가장 중요한 때니라.

제2절 생리학상으로는

(1) 정당한 어린이들은 근본이나 분출하는 육신상 변천이라든지 위험 없이 차차 장성할 것이오 (2) 어떻게든지 자기를 알만한 지혜가 생길 때는 이 같이 속을 들여다보는 공부가 육신상의 혈통에 따라가지 못하게 할지며 (3) 비록 어린이들이라도 마땅히 몸가짐을 가르치고 수신함을 교훈하여 인내심을 배양할지며 (4) 혹 어린이들에게 벌을 주는 것이 중요하기도 하고 성경 말씀도 되나니 (5) 육신상 병은 어린이들의 혼에는 영향이 없으나 신체를 아프게 하나니 하나님께서 종교상으로 모든 어린이들에게 기회를 주실지니라.

제3절 심리학상으로는

(1) 어린이는 처음부터 모든 민첩한 능력을 훈련할지며 비록 작은 어린이라도 지키며 기억하고 상고하여 비교하며 추리하고 심판하며 생각할 것이오.

(2) 어린이가 주목하는 것과 기억하는 것으로 말미암아 배우나니 이로써 가치있는 기억이 되고 기억을 천성으로 알아듣는 것이 아니니라, 이 때는 성경을 기억하고 문답하는 시기니라 (3) 어린이들은 즉각적으로 배우나니 유능한 교사가 가르치면 어려울 것이 전혀 없을 것이요 (4) 어린이에게는 성경책으로 선악을 가르치되 주일학당 공과의 어두운 곳에 숨은 것은 신령한 것이 아니니 (5) 어린이를 감동시키지 말지니라.

제4절 교육상으로는

(1) 주일학당 개회 동안에 어린이들을 완전히 배척하는 것은 교육상과 신령한 것이 아니니 하나님의 뜻대로 된 학교는 제 집이라, 거기서 어린이들이 어른을 따라 교훈과 영감을 받을 것이오 (2) 어린이들에게 자연스러운 방법으로 성경이야기를 할 때 성경 언어가 습관이 되도록 자세히 할 것이오 (3) 어린이는 작다는 것이 본뜻이라. 그러므로 신앙과 사상으로 말미암아 돕기보다 잘못 방해가 될지니 단순한 교훈으로 가르치는 것이 첫째며 (4) 초등학을 가르치는데 비교물을 쓰는 것이 과도하면 어린이들이 비교물만 잡고 올바른 신령한 진리는 놓치기가 쉬울지며 (5) 여기 시험한 몇 가지가 있으니 어린이의 헛된 생각을 막을지며 알아듣는 것과 못 알아듣는 것뿐만 아니라 많이 기억하게 할지며 심리관에게 알려서 처음부터 이유를 말할지며 자기 생각하는 것을 하지 못하게 할지며 성신의 이기심과 도우심을 알고 기도할지니라 하였느니라.

시험공과 성경공부 제10장에서 제12장까지

(1) 구약 전서 교훈에서 하나님의 근본으로 우리가 무슨 증거를 가졌는가.

(2) 하나님에 대하여 말씀한 세 가지 도를 설명하라.

(3) 발달의 이론을 무슨 도가 반박하였는가.

(4) 인자에 대해 구약전서 도로 설명하라.

(5) 악의 근본에 대하여 가르친 것이 무엇인가.

(6) 속죄는 무엇에 의지하였는가.

(7) 장래에 대한 구약전서의 도가 무엇인가.

(8) 구약전서를 기록한 때와 언어를 설명하라.

(9) 가장 유명한 번역 둘을 설명하라.

(10) 간략히 유대국 법규 세 부분을 설명하라.

(11) 성경의 믿음 세 가지에서 강력한 증명을 생각나는 대로 설명하라.

시험공과 연습공부 제10장에서 제12장까지

(1) 교사가 교수하기 위하여 어떻게 마땅히 예비할 것인가.

(2) 자기 학생을 어떻게 준비하게 할 것인가.

(3) 무슨 교육방법을 비밀리에 실행할 것인가.

(4) 반의 책들과 월보들에 무슨 말이 있는가.

(5) 교사가 무엇을 마땅히 먼저 가르치고 둘째는 무엇인가.

(6) 누가 마땅히 요지와 강령을 줄 것인가. 왜 그러한가.

(7) 학생들에게 어느 정도 가르칠 것인가.

(8) 학생을 거듭나게 하는 암시적 방법을 말하라.

(9) 무슨 습관으로 학생들을 연습시킬 것인가.

(10) 어떤 귀한 것들로 주일학당 방법이 있는가.

(11) 교인을 모집하는데 다섯 가지 방법을 설명하라.

(12) 어떻게 심방할 것인가.

(13) 어린이 호명함에 대한 두 가지 이점을 설명하라.

(14) 가내 전도에 어떤 장비가 중요한가.

(15) 사람을 위하는 것으로 주일학당에 대하여 어떤 말이 있는가.

(16) 어린이 공부의 기초가 되는 것은 무엇인가.

(17) 어린이가 거듭나는 데는 어떤 말이 있는가.

(18) 상속함에서 참 된 것은 무엇인가.

(19) 어린이들은 어떻게 배울까.

(20) 무슨 까닭으로 성경의 선악을 어린이들에게 가르치는가.

(21) 무슨 까닭으로 어린이들을 주일학당으로부터 떠나지 못하게 하는가.

교사 연습 과목

성경공부 제1장 신약 책과 기록한 사람

신약이란 뜻은 새 언약을 뜻하니 예수 그리스도로 말미암아 하나님께서 우리를 구원하시겠다고 언약하신 글이니라.

제1절 신약 책

신약전서는 27권으로 편찬되어 구약전서와 같이 역사, 도, 그리고 예언으로 구분되었으니, 그중 5권은 역사 책이오, 이 책 중 4권은 복음이오, 1권은 사도행전이오, 21권은 도를 기록한 책이니 그 중 14권은 바울의 특별한 편지요, 나머지 7권은 야고보, 베드로, 요한, 그리고 유다의 일반편지와 예언 책인 묵시록 이니라.

제2절 신약을 기록한 사람

신약전서는 8인이 기록하였으니 다음과 같다.

요한은 5권을 기록하였고 누가와 베드로는 각각 2권을 기록하였으며 바울은 14권이오, 마태, 마가, 야고보, 그리고 유다는 1권씩 기록하였으니 이 8인 중에서 6인은 요한, 베드로, 마태, 야고보, 유다, 그리고 바울이니라. 모두 사도 지위에서 예수를 친히 보고 예수의 말씀을 친히 들었고 또 마가와 누가는 전도에 힘썼으며 베드로와 바울의 친구로 의심하지 않고 예수의 기적을 아는 데로 기록하였나니 이 여러 사도 중 요한 외에는 모두 자기가 기록하고 반포한 진리로 인해 괴로운 죽음을 맞이했고 치명자가 되었나니라.

제3절 기록한 일자

(1) 신약전서는 예수교 제1세기 끝인 60년 동안에 모두 기록되었으며 (2) 마태복음은 주 강생 후 38년간 기록되었나니 십자가에 못 박히신 후 8년 후요, 묵시록은 95년 후에 기록한 듯하며 (3) 또 27권 중에 21권은 60년 동안 기록하여 바울과 베드로가 죽은 해 즉 주 강생 후 60년에 끝냈으니 제1세기 끝인 30년에 책 6권을 기록한 요한과 유다 외에는 모두 이 동안에 마쳤고 (4) 요한의 죽음은 예수 기원 후 제1세기 끝이니 예수 강생하신 지 몇 년 후에 태어났으며 나이 30세에 예수께서 돌아가심을 보았고 사십년에는 마태가 신약 제1권되는 복음을 기록하였으며 70년에 자기와 유다 외에 8인이 모두 기록하고 거의 다 죽은지라. 그 후에 묵시를 주 강생 후 75년에 기록하고 제1세기 말년에 별세하였나니라.

제4절 기록한 이유

신약을 기록할 때 유럽, 아시아, 아프리카 지방에는 희랍어가 문명계와 상업계에서 유명한 문학이었으므로 신약을 모두 희랍어로 기록하였고 마태복음을 히브리어로도 기록하였느니라. 신약을 세 조목으로 나누었으니 역사, 도, 그리고 예언이라.

역사는 복음이니 우리 구세주 예수의 기이한 행적을 기록한 복된 소식이므로 복음이라 하나니, 이 복음은 죄인에게 주신 것으로 4인이 기록하였나니

(1) 이 책 4권은 모두 예수의 자세한 사적을 기록한 것이라 (2) 비록 이 책들의 때와 자세한 것이 다르나 모두 온전한 것이며 (3) 마태와 요한은 친히 보고 들은 것을 기록하였으며 (4) 누가는 예수의 완전한 행적을 기록하였고 마가는 예수의 3년 전도하신 것을 기록하였느니라.

저희 목적은 모두 명백하니 (1) 마태는 유대인을 위하여 예수가 참 언약하신 메시아라는 것을 밝혔고 (2) 마가는 로마인을 위하여 예수는 하나님의 아들로 이적 행하시는 것을 기록하였고 (3) 누가는 외방사람으로 예수를 인류의 인자라고 희랍인을 위하여 기록하였고 요한은 하나님께서 육신으로 임하여 구주가 되심을 소상하게 가르쳐 말하였으니 온 세상 믿는 자를 위하여 기록하였느니라.

사도행전은 예수교회의 처음 30년 역사를 기록하였나니 (1) 제1편은 베드로 행적이라, 유대와 사마리아로 두루 다녀서 유대 기독교 교회를 세운 역사요 (2) 제2편은 유대교회가 바울로 말미암아 온 세상에 퍼짐을 기록한 것이니라.

도를 기록한 책

신약전서 중 21권은 도의 이치를 가르친 것이니 예수교의 믿음과 행할 것을 기록한 것이라. 바울은 특별한 편지 14권 중 10권은 교회로 보내었고 4권은 백성에게 보내었으니, 각 권의 기록한 바가 한두 가지로 도리를 강구하였는데 가령 로마인서는 믿음으로 구원을 얻는다고 말하였으며 데살로니가 전후서는 예수의 재림을 말하였고 히브리서는 예수가 제사장의 직분이 있는 것을 말하였으며 또 7권은 여러 교회에 돌려서 보게 하셨으니 이것은 도리적으로 가르친 것이 아니요, 특별히 행할 것을 가르친 것이니라.

예언책

묵시록은 예수께서 마지막 다시 오시기까지를 예언한 것으로 각 처 교회의 온전한 역사를 미리 기록한 것이니 이 책의 묵시는 사랑하는 제자 요한에게 나타내었으며 이때는 요한이 주의 돌아가심을 본 후 70년이 되었더라.

연습공부 제1장 근래 주일학교

제1절 역사

주일학당은 형식상 외에는 근래 제도가 아니니 (1) 예수교 제1세기에는 각 처에 주일학당을 창설하였으며 (2) 루터, 낙스, 그리고 웨슬리란 사람이 독일, 스코틀랜드, 그리고 영국에 주일학당을 창설하였고 (3) 로버트 레이크스가 선교회 교육 처소로 1781년에 창설하였다가 (4) 만국 주일학교를 주 강생 후 1872년에 비로소 창립하였나니라.

제2절 지방

주일학당은 예수교회에서 성경을 공부하고 배우는 처소니 (1) 아무 교회 교인이든지 주일학당에서 배우거나 가르치는 직분이 있고 (2) 주일학당은 노소를 물론 하고 교인이 아니라도 등록해서 배우기도 하고 가르치기도 하며 (3) 또 주일학당은 교회 학당이므로 교회를 다스리는 것, 규칙, 결과를 모두 담보하는 의무가 있으며 (4) 학교와 같이 인재를 양성하여 교육가를 만들고 법도를 가르쳐서 시작과 끝을 알게 하는 것이요, 기도하는 것, 전도하는 것, 주일 간친회, 즉 예배회와 거룩한 회의를 하는 것이 아니니라.

제3절 관계

주일학당에는 세 가지 관계가 있으니 교회, 집, 나라 등에 대한 것이니라.

교회에 대하여는 (1) 주일학당에서 교회의 역사와 교훈을 가르치되 신실한 충의를 앞세우고 교를 배반하는 정신으로 하지 말지며 (2) 마땅히 교회를 위하여 예수교 일군을 예비하고 교회 규칙, 노래, 법도로 연습시킬지며 (3) 교회에서는 주일학당을 위하여 너그러이 편안함을 예비하고 다스리고 가르치는 것을 준비할지며 또 학당 경비를 지원하고 (4) 또 교당은 학당의 직원과 교사를 선정하고 예비하여 아무쪼록 저희들의 복무를 찬송하고 칭찬할지니라.

집에 대하여   집은 하나님의 거룩한 학교로 거룩하게 예비되었으며 만일 그렇지 않으면 주일학당에서 더 많은 관계를 필요로 할지니라, 대개 주일학당의 발달은 집에 대한 관계에 달렸으니 (1) 학당의 직원이나 교사는 목사 돕는 사람이 되어 집을 심방함으로써 부모와 합심 동력할 것이며 (2) 주일학당을 할 수 있는 데로 믿지 않는 어린이를 믿게 하는 집을 만들지며 (3) 부모들이 주일학당이 있는 교당에 출석하기를 간구하고 어린이들에게 더 요구 할지며 (4) 집에서는 저희 직분으로 학생의 출석을 얻기 위해 힘쓸지니라.

나라에 대하여   우리는 예수교 나라니 거의 공립학교에서는 성경공부와 가르치는 것을 금하였더니 매년 주일학당에서 청년을 예수교 국민의 의무와 직분을 다하게 하기 위한 책임이 점점 많아지며 이로 말미암아 (1) 주일학당이 마땅히 전도 사업을 확장하여 믿지 않는 어린이들을 얻을지며 (2) 또 주일학당이 예수교인의 안식일과 절제의 강구함을 가르치며

제4절 목적

모든 진실한 주일학당에서 마땅히 행할 4가지 목적이 있으니 (1) 학생을 거듭나게 하는 것이니 이것은 학당의 대주재가 되시는 우리 주 예수 그리스도에게 힘입을 것이요 (2) 하나님의 말씀으로 이미 믿는 자를 교훈할 것이니 이것은 배우고자하는 학생에게 달렸고 (3) 예수교 일군을 발달시킬 것이니 이것은 교당에 달렸고 (4) 장래 교사를 연습시킬지니 이것은 자기에게 달렸느니라.

성경공부 제2장 거룩한 땅(유대국)

제1절 역사

(1) 고대 이 땅은 아사리아, 희랍, 그리고 로마보다 더 오래된 땅으로 아브라함이 이곳에 살았고 수가에서도 거주하였으며, 예수 강생 전 이천년에 이곳에 있는 우물에서 쉬셨으며 트로이가 망하기 전 이백년에 여호수아가 이 성을 정복하였고 솔로몬은 로물루스가 로마를 세우기 전 이백년에 이곳에서 죽었으며 또 기드온과 아킬레스가 동시대를 살았고 엘리야와 호머가 동시대에 이곳에서 살았느니라.

(2) 이름 이 땅의 이름이 네 가지가 있으니 여호수아가 승전하기 전에는 가나안이라 하였고 승전한 후는 이스라엘이라 하였다가 바벨론에 속박된 후로는 유대라 하였고 그리스도 시대 후로는 팔레스타인이라 하였느니라.

(3) 법관 유대인들이 가나안 사람을 쳐서 팔백삼십년 동안 다스리다가 육백오십년 바벨론, 바사국, 애굽, 희랍국, 로마국 등에서 종 노릇하였고 예수께서 돌아가신 후 사십년에 로마가 이 성을 차지하고 백성들을 귀향보냈으며, 그 후 오백년 동안은 터키국의 속국이 되어 모두 나라가 퇴락되었느니 이 땅을 차지한 사람들은 십팔인이 연속하여 차지하였지만 유대인만 영구하게 차지하지 못하였느니라.

(4) 요령은 이 지방이 이전에 상업과 여행의 중심지요, 아시아, 유럽, 아프리카 지방으로 서로 연결되어 네 길이 있으며 또한 우리에게 이 지방이 중요한 것은 성경의 역사가 된 땅이요, 또 예수께서 사시던 땅이요, 여러 선지자가 이 땅을 가리켜 예언한 것이 많으니 아직도 이루지 못한 땅이니라.

제2절 지리

(1) 장광　모양과 크기가 거의 우리 대한의 강원도와 같고 위치는 지중해와 요단강 사이에 있으니 장은 백사십리요 광은 이십오리 혹 칠십리가 되나니라. 요단강 동편에 있는 페레아까지 모두 합치면 면적이 일만이천방리가 되고 요단강 동편 페레아를 제외하고 구천방리가 되느니라 (2) 표면은 좁은 지방으로 지중해를 만들었고 산맥이 있어 산도 있으며 갈릴리 남쪽에 있는 에스드라엘론 광야로 남북편이 열려 있으며 또 요단강 산협이 갈릴리 바다와 사해를 이었고 동편으로는 페레아고원이 있느니라 (3) 풍요로운 이 땅에 우유와 꿀이 흐른다는 땅이라. 그러므로 높은 산 꼭대기에도 정원처럼 경작하였고 또 이 땅에 그렇게 조밀한 인구를 근래 어떤 나라와도 비교할 때가 없고 토산물은 대맥, 소맥, 포도, 올리브가 풍성히 나느니라 (4) 기후에서 팔레스타인은 반열대 지방이라, 열기가 산으로 말미암아 적합하여 우리나라 기후와 같으며 눈은 드물게 오고 겨울은 짧으니라.

제3절 인민

(1) 인구　백성의 수효는 육백만명이며 좁은 지방으로 인구는 매우 조밀하니 예수께서 생존해 계실 때에 얼마나 무리가 모였는지 생각해 볼 것이라. 다만 갈릴리에만 이백 고을과 성이 있어 인구가 평균 각 고을에 일만오천명이 되느니라.

(2) 도　유대국에 네 개의 도가 있었으니 갈릴리는 북에 있으며 유대는 남에 있고 사마리아는 중앙에 있으며 페레아는 요단강 건너에 있으니 각 도의 방언, 농업, 생활제도 등이 각각 다르니라 (갑) 유대는 귀족 정치의 중앙인 까닭에 순전한 혈족과 거룩한 성전을 자랑하였으며 (을) 갈릴리는 유대인과 외

방 사람 섞인 잡종이라 하여 유대인에게 무시당하고 (병) 페레아는 농부와 목자가 많이 살던 곳이라. 싸움을 잘하고 돌아다니는 백성들이요 (정) 사마리아에는 유대와 수리아 양국 사람의 잡종이 있으니 유대인과 동등하지 못하니라 (3) 직업은 농부와 목자가 많고 유대인들은 해상에서 장사하는 일을 잘하여서 오늘까지 상업에 종사하고 다마스쿠스, 애굽, 아라비아, 바벨론에 무리로 다니는 장사와 각국의 장사하는 사람들이 이 땅에 자주 왕래 하였느니라 (4) 정부는 로마 정부에 참석하여서 로마인 빌라도가 세사리아의 사령 장관으로 유대국의 감사가 되어 다스렸고 헤롯 안디바가 디베랴에서 갈릴리의 감사가 되었으니 저희의 다스림은 모두 전제 정치인 까닭에 국민들이 분열하여 구원할 사람을 바랐느니라.

연습공부 제2장 주일학당 조직

주일학당을 조직하는데 몇 가지 조건이 있으니 첫째는 지휘 즉 관리하는 것, 둘째는 사무의 각 부분이요, 셋째는 부분 혹은 계급이니라.

제1절 지휘

(1) 당국자   교회에서 권한을 맡아 무슨 일이든지 주일학당에서 자유로이 못하되 다만 우연히 되는 일 즉 선교 혹은 연합 학당에서 공식적으로 되는 일은 권도로 할 수 있을 것이며 교회 목사는 주일학당의 감독이요, 주일학당 교회의 직원이니라.

(2) 관할   주일학당 관리하는 법은 반복 무상히 하지 말 것이요, 반드시 다스리는 계책이 있어 직무와 회원의 관계를 결정할지니 이것을 공포한 후

시행할지니라.

(3) 임명　주일학당의 교사나 직원을 임명하는 것은 그 교회 목사나 임원 또는 그 학당의 교사나 임원들이 공회를 열고 임명할지며 다만 목사나 학교 장이나 혹은 그 학당이 혼자는 하지 못하느니라.

(4) 직원　주일학당의 직원은 그 학당에 따라 교원은 다소가 있으나 어떠한 학당이든지 목사, 학장, 서기관, 서적 관리인, 회계, 인도자는 반드시 요구할지니라.

제2절 부분

(1) 전도　집마다 심방하여 교인을 얻고 교화하게 하되 반드시 법칙을 쫓아 질서있게 할 것이오, 급박하게 하면 돕는 것보다 못하게 되느니라.

(2) 통계　등록하는 것, 반을 분배하는 것, 집과 학당에서의 기록과 보고 등이니라.

(3) 재정　보통 영수한 것과 사용한 증거 외에 각 반과 각 학도와 함께 계산할 자를 두는 것이니 그것은 즉 한 해 동안 매 주일 연조한 총액을 알게 하는 것이니라.

(4) 음악　좋은 노래는 주일학당의 생명이니 모두 일제히 노래하는 것이 좋은 노래요, 비록 곡조를 잘모르더라도 모든 사람이 노래하게 하는 것이 좋은 인도자라 할 수 있느니라.

(5) 도서　책, 신보, 그리고 도움될 만한 것들을 포함하였으되 낭독 등의 방해를 관리해야 하므로 학당에 유쾌하거나 명예로운 것은 아니니라.

(6) 교훈　가장 중요한 일이니 만약 교수하는 것이 비열하면 그 학당은 쇠약할 것이요, 유효한 것은 두 가지가 있으니 매주 공과를 돕기 위하여 교사회와 교수할 인재를 택하기 위하여 연습반을 설치할지니라.

(7) 주장   학교장이나 그의 보좌원이 교회의 직분으로 주장할 때 모든 것을 듣고 보며 현명하고 주의 깊은 교장과 함께 하는 것이므로 간섭이 아니니라.

제3절 부분

공립학교처럼 학교의 계급 혹은 학생 연령에 맞게 할 것이며, 자질의 발달에 따라 규정하되 자유권이 많게 하고 연습반 외에는 항상 4가지를 요구하나니 만국공과를 교수, 시험을 시행, 개인적 진보를 토대로 진급, 숙제와 건실함을 볼 것 등이며, 그리고 각 계급의 같은 공과에 맞추어 만국회의나 사람의 명칭으로 설립 된 부가적 계급도 마땅히 실행할지니 각 계급은 다음과 같으니라.

(1) 초등 유치반은 세 살부터 여섯 살까지 초학자를 포함하였고 유년반은 여섯 살부터 아홉 살까지요 (2) 소년반은 아홉 살부터 열두살까지요 (3) 중등반은 열두살부터 열여섯살까지요, 고등반은 열여섯살 이상으로 정할지니라.

성경공부 제3장 거룩한 성

제1절 위치

(1) 거리　서쪽은 요파항에서 백오리요, 동쪽은 여리고에서 사십팔리요, 북쪽은 나사렛에서 칠십리요, 남쪽은 베들레헴에서 십팔리이니라.

(2) 고도　바다에서 평균 이천오백척되는 산 다섯 위에 지었고 깊은 협로로 삼면을 에워쌓느니라.

(3) 정치　유대인의 정치와 종교의 도성인 까닭에 그리스도 때에는 성전 손님이 백만명이나 되었나니라.

제2절 주위

(1) 골짜기　골짜기 셋이 있으니 여호사밧은 성전을 지나서 동에 있으며 힌놈 골짜기는 서남에 있고 티로포에온은 북으로부터 남까지 이 성을 통과하여 세 골짜기가 동남에서 합하여 사해로 들어가니라.

(2) 담　큰 담도 셋이 있으니 하나는 다윗의 것이니 시온과 오펠이 주위에 있고 옛날 에부스 성을 에워쌌으며 둘째는 히스기야의 담이니 아크라와 모리아를 에워쌌고 세째는 헤롯 안디바의 담이니 예수강생 후에 쌓은 것이라. 북으로 베제싸를 지나가며 이 근래 담은 400년 전에 터키인들이 쌓았느니라.

(3) 문　예전 성은 바깥문 여덟이오, 가장 큰 것은 북으로 사마리아와 갈릴리로 향하여 열린 다마스크스 문이요, 서로는 요파와 베들레헴으로 인도하는 문이요, 남으로는 실로암 못으로 열린 성문이요, 동으로는 케드론을 건너 베다니와 여리고로 인도하는 성전의 백합문이 있나니라.

(4) 거룩한 곳　가장 유명한 곳은 남에 있는 다윗과 선지자들의 무덤이오,

동에 있는 겟세마네와 베데스다요, 북쪽으로는 해골, 임금과 법관의 무덤이
니라.

제3절 도형

(1) 크기　바깥 담의 장은 십오리 가량이오, 인구는 이십만이니라.

(2) 모양　이 성은 불규칙한 사각형으로 되어 있고, 아크라, 베제싸, 모리
아, 오펠, 시온 등 다섯 산을 포함하였나니라.

(3) 구역　남으로 오펠과 시온 두 산에 있는 시온 즉 위의 성이 있고 또
아크라에 아래 성이 있으니 성전있는 모리아 산까지 포함하였으며 베
제싸 즉 해롯의 새 성은 북쪽으로 멀리 있느니라.

(4) 건축　예전 서기관이 예루살렘을 대리석 성이라 하고 금성이라고도 하
더라. 그리스도 때에 그중 유명한 것은 천육백평되는 헤롯의 성전, 또
그의 대궐과 안토니아의 탑, 그물 같은 여러 연못과 땅속에 있는 운하
니라.

제4절 역사

(1) 이름　아브라함 때 이 성을 멜기세덱왕의 도성 살렘이라 하더니 다윗
왕 시절에 이르러 예루살렘이라고 고쳤나니라.

(2) 상고　이 성이 사천년 되었을 때 세계에서 가장 오래된 성이라, 솔로몬
왕과 헤롯대왕 시절에는 굉장하였나니라.

(3) 변화　이 성 주인은 예수 강생 전에 여섯번 바뀌었고 강생 후에는 열여
덟번 바뀌었으며 네부카드네자르와 티투스에게 두 번이나 멸망을 당했
고 수백만 명이 피격될 때와 방비하다가 피살되었으며, 한 번의 포위에

서 백십만명이 죽음을 당하였나니라.

(4) 근래 예루살렘　지금은 팔만 인구의 터키성이 되었는데 아름다운 것이 별로 없고 예전 영광은 겨우 자취만 있나니라.

연습공부 제3장 주일학당 직원

직원을 선택하는데 마땅히 해야 할 네 가지가 있으니 (1) 영혼상과 심지상으로 합당한 것이 가장 중요하고 교회 권도로는 못할지며 (2) 진실한 자를 학당에서 승급하는데 문학을 채용하여 질서를 익숙하게 알게 할지며 (3) 규칙대로 선택하는 것을 학교에만 위탁하지 말지며 (4) 교사를 겸한 각 직원에게 속는 것을 예방하기 위하여 해마다 서로 바꿀지니 그 직원에게 목록은 학교와 함께 변경하되 이 아래 몇 가지는 바꾸어서 암시할지니라.

(1) 영접인　학교 문에서 기다려 학생을 맞이하고 새로운 학생은 학교장에게 소개시키며 손님을 좌정케 하고 보호할지니라.

(2) 서적 검인　책이 어디 있는 것을 알지며 학생이 선택할 것을 보호 지휘하고 찬미가 책과 월보 종이 등을 미리 제자리에 예비하고 떨어지고 잘못된 책을 간수하여 주의하고 허비하는 것을 방비할지니라.

(3) 회계　학교의 일반 재정을 회계하여 교당에 보내고 또 학교의 인원과 함께 개인 장부를 심사하여 학당을 잘 지탱하고 유지할 묘책을 가질지니라.

(4) 서기관　책을 한번 본 후 세 가지를 행하니 즉 각 학생의 출석, 공부, 그리고 연조이며 둘째는 유명한 사적을 넉 달씩 장려하기 위하여 존경함을 표하는데 특별히 학교장 앞에서 하고 셋째는 그 학생의 부모들에게 항상 이를 보고할지니라.

(5) 찬미인도자　첫째 신중히 곡조를 선택할지며 둘째는 노래를 일치하게 인도할지며 셋째는 곡조와 뜻을 설명하고 해석할지며 넷째는 모두 일제히 같이 노래할 수 있게 학당에서 가르칠 것이오, 다섯째는 반드시 모두 노래하는 것을 목적으로 삼을지니라.

(6) 목사는 첫째 할 수 있는 데로 매 개회 날 참석할지며 둘째는 선교하는 구역 내에 주일학당 전도 의장이 될 것이오 셋째는 학당이나 강단에서 직원과 교사를 칭찬할 것이오 넷째는 교사 회의에 항상 참석할지며 다섯째는 장래 교사를 선택하기 위하여 청년 연습을 예비할지니라.

(7) 학교장　집사의 장이 되어 교육법과 질서를 담당하되 가장 중요한 자격 세 가지가 있으니 첫째는 신앙이오 둘째는 청년과 함께 동정을 표하는 것이오 셋째는 처리하는데 익숙한 것이며 또 그의 의무는 다섯 가지가 있으니 다음과 같으니라.

(1) 교당에 대하여는 모든 권리를 자기가 가지고 목사들과 의논도 하고 도를 존경할지며 직무에 출석함을 장려할지며 일찍이 학생들을 연습시켜 예수교 일군으로 졸업시킬지니라.

(2) 집에 대하여는 무슨 곤란이 있을 때 심방할지며 잘못한 학생을 살펴서 아무쪼록 교화케 할지며 그 학생 부모와 서로 교통할지니라 (3) 학당에 대하여는 평안한 것과 준비할 물건을 볼지며 중요하지 않고 방해될 것은 방비하되 반에서 공부할 동안은 특별히 할 것이오, 학당을 질서있게 유지하기를 구할지니라 (4) 교사들의 일을 주장하여 저희가 잘못하는 것을 도와줄지며 각 교사에게 큰 모범이 되니라 (5) 자기에 대하여는 전진하는 예수교인으로 자기가 배우는 것과 학당을 근심할지며 성품은 공정한 교인으로 기쁘게 다스릴 것이오, 노는 마당이나 가무나 잡기 등에 간섭하지 않고 진실로 열심히 하는 사람이 될지니라.

시험공과 (1) 성경공부 제1장에서 제3장까지

(1) 신약전서의 역사책을 말하라.

(2) 신약전서의 기록한 8인의 이름을 말하라.

(3) 도를 기록한 책은 어떻게 분류되었는가.

(4) 어느 해에 마태복음과 묵시가 기록되었나요.

(5) 어느 나라 말로 신약을 기록하였으며 왜 그랬나요.

(6) 무슨 목적으로 요한이 복음을 기록하였나요.

(7) 사도행전의 능히 아는 바를 설명하라.

(8) 거룩한 땅의 이름 넷을 차례로 설명하라.

(9) 언제 유대인의 나라가 망했나요.

(10) 너희 나라의 체재와 인구를 팔레스타인과 비교하라.

(11) 팔레스타인에서 농사지어 수확하는 가장 중요한 두 가지를 말하라.

(12) 이 나라의 풍토를 자세히 설명하라.

(13) 이 땅의 특별한 것과 위치를 설명하라.

(14) 예수 시절에 누가 이 땅을 다스렸나요.

(15) 예루살렘으로부터 나사렛지방까지 거리와 방향을 설명하라.

(16) 예루살렘에 가장 가까이 있던 미국성이 있나요.

(17) 그 성 어느 편에 겟세마네와 해골이 있나요.

(18) 예루살렘에 있는 다섯 산의 이름을 말하라.

(19) 담과 골짜기의 수효를 말하라.

(20) 예수 시절에 유명한 집을 말하라.

(21) 최근 예루살렘에 대해 설명하라.

시험공과 (1) 연습공부 제1장에서 제3장까지

(1) 언제 일제히 같은 공부가 시작되었나요.

(2) 주일학당의 뜻을 설명하라.

(3) 주일학당과 교당의 긴요한 관계를 설명하라.

(4) 교당의 학당에 대한 의무가 무엇인가.

(5) 주일학당과 집과는 어떤 관계인가.

(6) 주일학당이 나라를 위하여 무엇을 하는가.

(7) 각 주일학당이 마땅히 해야 할 가장 중요한 목적이 무엇인가.

(8) 목사와 주일학당은 무슨 관계인가.

(9) 교사나 직원을 임명할 권리가 누구에게 있는가.

(10) 주일학당의 가장 중요한 직원을 말하라.

(11) 전도부의 하는 일은 무엇인가.

(12) 통계부에서 마땅히 보존할 기록이 무엇인가.

(13) 주일학당에서 가장 중요한 부서는 어느 곳인가.

(14) 주일학당은 어떤 기준으로 위계를 정하는가.

(15) 주일학당의 위계를 차례대로 설명하라.

(16) 교사나 직원의 피선 기한은 어느 정도이며 왜 그러한가.

(17) 주일학당 서적관리인의 의무를 설명하라.

(18) 주일학당에 대하여 목사의 의무를 설명하라.

(19) 학교장의 가장 중요한 자격은 무엇인가.

(20) 또 학교장이 모든 학생의 집에 대하여 어떤 의무가 있는가.

(21) 또 모든 교사에 대한 의무가 무엇인지 설명하라.

성경공부 제4장 성전

헤롯왕의 성당에 대해 특별히 말함

유대인의 성전을 타키투스가 세 개의 굉장한 것 중의 하나라 말하고 또 요세푸스는 이 성전을 눈으로 덮힌 산으로 비유하여 말하기를 이 집이 무거운 금조각으로 되어 있어 그 집의 빛나는 모양이 모든 사람의 눈이 돌아가게 하였느니라.

제1절 역사

성전 둘이 있는데 하나는 다른 것을 본 따서 지은 것이고 둘 모두 유대국 성막을 본 따서 지은 것이며 그 성막은 하나님께서 모세에게 그 모형을 주시어 지은 것이다.

(1) 솔로몬의 성전은 예수 강생전 1천년에 지었는데 4백년을 유지하다가 네부카드네자르에게 멸망하였다.

(2) 둘째 성전은 스룹바벨이 점령하여 뺏은 후에 그 전원 기초와 원형으로 지었으나 먼저 성전만 못하다.

(3) 헤롯대왕이라 하는 성전은 예수 강생 전 수년 전에 크게 확장되었기 때문에 자기 이름으로 명명하였나니 굉장한 것은 솔로몬 성전보다 웅장하나 가장 영광스러운 성약의 궤가 없으며 예수 강생 후 칠십년에 로마인에게 멸망되었다.

(4) 회회교인의 성당 오마르의 모하메단은 그 예전 기지에 천이백년을 서 있었으며 솔로몬 성전의 원 기초가 지금까지 남아 있다.

제2절 건축

(1) 성전 있는 곳은 아브라함이 그 아들 이삭을 하나님께 바치던 모리아산에 있으니 즉 예루살렘의 동쪽이요 여호사밧의 골짜기가 보이고 동편을 향하였으며 감람산은 그 골짜기 너머 이백보나 높게 있고 높은 네 산 위에 거룩한 성이 둥그런 큰 연희장과 같이 있느니라.

(2) 장대 서편 끝에 성전이 있으니 그 장대는 사방 이십 에이커의 뜰이 평평하게 있고 산골짜기 위에 지은 것이며 남편과 동편에는 중대한 돌담이 깍아지른 듯하게 오백보를 내려왔나니라.

(3) 재료는 십사보에서 륙십보되는 큰 백석과 기둥은 길이가 사십보되는 파리안국 대리석이요, 재목은 향목, 종나무, 소나무 등을 절묘하게 새기였으며 금, 은, 코린트식 주석으로 꾸몄고 다만 성소의 천정만 꾸미는데 금이 서른 돈이니라.

(4) 세간의 사치스러운 것은 말을 할 수가 없으며 백만 개의 은과 금 그릇이 있고 또 값진 제사장의 의복이 십여만 벌이나 쌓여 있느니라.

제3절 부옥 (방)

(1) 마당 그 성전의 담은 사각형으로 되어 있고 바깥문은 일곱이오, 그 안에는 사각형 마당이 셋 있고 위에 하나씩 담으로 구별하였는데 모두 대리석 담으로 둘레를 만들었고 바깥에 있는 마당은 외방사람의 마당이므로 환하게 열리고 이 안에는 육십보 높은 문 아홉을 들어가면 유대인을 위한 이스라엘 마당이 있으니 금과 은으로 도배하였으며 그 동편으로 절반은 여편네 마당이 있고 높은 곳 위에는 제사장의 마당이 있느니라.

(2) 사원은 일백이십보라, 제사장 마당 서편 끝에 높고 평탄한 곳에 있으며

주석으로 된 제단과 마주하며 그 앞은 현각이 있으니 일백팔십보가 높으며 금과 귀한 돌로 되어 있고 이 뒤에는 성소가 있어 모든 성소와 통하였느니라.

(3) 예배는 제사장 이만명과 이 수의 갑절되는 레위족이 이십사열로 일주일식 차례로 복종하니 레위족은 보호자, 짐꾼, 음악가 등이었다. 오직 제사장만 제사를 지내며 향을 태우고 나라 예배는 하루에 두 번씩 상오 9시와 하오 3시에 모여서 하고 규율을 정한 제사는 단에 올리고 향이 거룩한 곳에서 탈 때는 성당 안에 있던 무리들과 성내 집 위에 있던 무리들이 절하며 기도드리니 그 제사들에는 나팔소리와 큰 성당 안의 소리가 한데 합창되어 때를 고한다 하니라.

연습공부 제4장 주일학당 교사

제1절 사무

(1) 교사들은 교회 목사 아래에 있고, 그 사무를 위하여 청년을 예비하고 도를 가르치며, (2) 자기들도 학당에 직분이 있으므로 학당을 담임하고 교육시키는 법을 학교장과 나눌 것이며, (3) 자기들도 합심 동역하는 사람이므로 그 권리를 실행하고 바르게 가르치는 것을 주장할 것이고, (4) 자기도 교사 겸 학생 외 연습하는 사람이므로 자신의 생각을 알리고 모범적인 행동을 해야 하느니라.

제2절 예비

주일학당 교사의 행동은 공과보다는 육신상 예비하는 것과 아울러 정신적 예비도 특별히 중요하다. 육신상 예비는 예수 그리스도의 은혜에 의해 자유롭게 할 것이며, 정신적 예비는 공부와 경험으로 누구든지 분명히 하려는 자에게 올 것이며, 조그만 체계적인 공부에 성실한 교사는 크게 권세를 얻을 것이니라.

육신상

(1) 주일학당 교사는 거의 확실한 예수교 경험을 요구하여 경험한 것으로 가르치는 진리를 알지만 만일 회개하지 않으면 다른 사람을 회개시킬 수 없느니라. 그러므로 조금 알던지 혹은 많이 알던지 간에 이것 하나는 반드시 알 것이니라. 즉 예수그리스도는 육신상 구세주시다라고 한 말씀이니라.

(2) 사회적 사회의 권리를 길러 육신의 권세를 삼되 신앙만 있고 사회 권리가 없는 교사는 교의가 부족한 교사가 되느니라.

정신적

(1) 지식으로는 교사가 반드시 가르치는 바를 알 것이며 교과서로 성신은 거룩한 선생이라 한 성경으로 할 것이며 또 반드시 작문, 지리, 역사, 그리고 도를 공부할 것이니라. 예비하는 것은 반드시 일반적인 것으로 하지만 특별한 것도 아울러 해야 하느니라. 성경공부를 계속 하는 것이 필요하며 주일공과 하나씩 교수하는 것이 바람직하니라.

(2) 재주로는 교사가 반드시 어떻게 가르칠 것을 아는 것이고 가르치는 기예는 다른 기예와 같이 단련으로 크게 성취할 수 있느니라. 가르치는 이치는 가장 쉽게 다른 교사를 통해 배울 수 있느니라.

제3절 돕는 것

돕는 것은 수만에 이르니라. 그러나 교사에게 위험한 것은 이것이 과다한 것이며, 부족한 것이 아니니라. 하인으로 쓸 것이며 주인으로 사용해서는 안 되느니라. 최후 수단이며 최초는 아니니라. 가성적으로 사용할 것이며 목적으로 해서는 안되느니라.

(1) 성경공부에서 첫째는 사목, 조목, 그리고 지도 등이 있는 교사의 성경이니라. 둘째는 간단하고 간략한 성경자전이니라. 셋째는 연습하는 공과의 순서이며, 그 다음으로 표준 공과 해석이니라.

(2) 가르치는 데 첫째는 교사 연습반이니라. 그 다음은 적절한 교사 모임이니라. 그리고 연습하는 제도이며 마지막으로는 좋은 주일학당 월보이니라.

제4절 의무

(1) 목사는 종교를 위하여 학생을 심방할 것이며 교제상 목적으로만 할 것이 아니고 반 안에서 잘못한 사람을 교화시키고 그 부모와 함께 자제에 대해 상의할 것이며 학생을 회개시키는데 노력할 것이니라.

(2) 학당의 직원은 출석을 성실히 하며 반 안의 차서를 보전하고 학당운동으로 각 반을 공부하게 하고 정밀한 기록을 해야 하니라.

(3) 연습자는 교당사무로 관습상 출석할 것이며 교당회원을 예비하고 학생의 글 읽기를 올바르게 인도할 것이며 실제 도덕과 안식일 지키는 것, 신체를 올바르게 하는 것, 그리고 좋은 국민이 될 수 있게 연습시켜야 하니라.

(4) 교사는 공과를 예비하며 주의를 가지고 그 공과의 진실한 것을 마음속에 넣고 있어야 하며 친히 이것을 행적에 사용해야 하니라.

성경공부 신약전서 제5장 역사상 지방

무슨 신약전서와 지도든지 보아라.

제1절

거리를 가리키는 써클이라. 이 아래 그은 줄은 예루살렘으로부터의 방향과 거리 수를 가리키는 것이니라.

제2절 거룩한 산

(1) 예루살렘과 사해 사이의 광야에서 시험받으셨다고 하는 유혹의 산이 있고 (2) 갈릴리 바다 서편에는 복음산이 있으니 즉 전도하시던 산이오 (3) 갈릴리 바다 북쪽으로 구십리되는 데는 예수께서 형상이 변하시던 헤르몬산이 있고 (4) 예전 예루살렘 북쪽 문밖 십자가에서 고난받으신 고든의 갈바리아라는 곳이 있으니 성 바깥이오 (5) 예루살렘 동편 담을 넘어 케드론 시냇물을 지나 예수께서 승천하시든 감람산이 있느니라.

제3절 거룩한 물

(1) 요단강은 헤르몬산에서 근원하여 남으로 삼백구십리를 갈릴리 바다를 지나 사해로 흐르니 물이 좁고 빨라 가끔 여울이 되더라 (2) 갈릴리 바다는 장이 삼십구리오, 광이 이십사리가 되는 데 밀접한 인구로 인해 팔레스타인에서 배가 다닐 수 있는 물은 이것 하나뿐이라 하더라 (3) 케드론 시냇물은 성전과 겟세마네 사이로 흐르다가 지금은 매년 반년식이나 말라 있고 (4) 예루살

렘 동편과 남편에 베데스다와 실로암 못이 있고 (5) 지중해는 서편으로 팔레스타인이 있고 예전 장사하던 곳과 여행하던 곳이며 (6) 예루살렘 동남편으로 6십리 거리에 있는 사해는 장이 일백삼십팔리오, 광이 삼십리며 깊이는 지중해보다 삼천구백보가 얕으니라.

제4절 예수씨가 사시던 곳

예루살렘 남편으로부터 십팔리되는 유대국 베들레헴은 예수를 마구에 두었을 때 집이니 즉 그의 조상 다윗 왕의 도성이오, 나사렛은 북으로 갈릴리 바다에 이르기까지 이백십리니 예수 영아 때 집이오, 그의 부친 요셉 목수의 도성이며 가버나움은 갈릴리 바다 북편 끝에 있으니 예수가 갈릴리에 전도할 때 집이오, 팔레스타인의 주요한 장사 성읍인 다마스쿠스의 건너편에는 바벨론과 애굽이 있고, 올리브 산을 넘어 베다니가 있으니 예루살렘 동남편의 육리에 위치하고, 나중 유대인에게 전도할 동안 예수께서 나사로 집에 계셨느니라.

제5절 장사하던 성

(1) 요파는 예루살렘에서 서북쪽으로 일백팔리가 되나니, 이 성은 팔레스타인의 가장 중요한 해항이오 (2) 가자는 아프리카인들이 여행하고 장사하든 지중해 항구라 하나니, 서남으로부터 일백오십리가 되고 (3) 돌레마이는 가버나움 서편에 있으니 갈릴리의 가장 큰 항구요 (4) 티레는 페니카아 도성이고 항구니 가버나움 서북으로부터 일백십이리요 (5) 여리고 혹은 종려나무 성은 예루살렘 동북으로부터 사십팔리가 되며 사해의 앞쪽 가까이 있으며 (6)과 (7) 갈릴리 바다 건너편 끝에 디베랴와 가버나움성이 있느니라.

제6절 도성

(1) 예루살렘이 상업상, 정치상, 종교상 도성이 되었더니 네부카드네자르가 이 성의 상업을 퇴락하게 하고 폼페이가 예수 강생 전 육십여년에 정치상 최고의 대권을 가져갔으며 종교상 권세는 예수 강생 후 칠십년에 티투스에게 멸망할 때까지 남아 있었느니라 (2) 세사리아는 예루살렘 서북으로부터 일백 륙십이리가 되고 로마의 지방 정부에 속하며 즉 빌라도의 집이요 (3) 디베랴는 갈릴리 서쪽 해변에 있으니 즉 소왕 헤롯의 도성이니라 (4) 가다라는 디베랴 동남에 있으니 즉 페레아의 도성이오 (5)사마리아는 예루살렘 북편으로부터 일백팔리가 되니 예전 열 종족의 도성이오, 명칭으로는 사마리아의 도성이라 하며 (6) 헤브론은 남으로 칠십오리가 되나니 즉 예전 유다의 도성이니라.

제7절 중앙교회

(1) 예루살렘은 멸망하기까지 유대 예수교회의 위치요 (2) 안디옥은 시리아에 있으니 외방 예수교회당 중 가장 큰 중앙교회요 (3) 아프리카에 있는 나일강 어구의 알렉산드리아는 희랍 예수교의 중앙이요 (4) 바벨론은 점령한 후로 흩어진 유대인의 중앙 성이 되었나니 베드로가 전도하고 여기에 있었느니라 (5) 로마는 라틴 예수교의 중앙이니 거기에서 바울과 베드로가 전도하다가 순교하였느니라.

연습공부 신약전서 제5장 주일학당 학도

제1절 학도당되는 것

학도되는 것에서 주일학당은 양육원과 같으며 다음 4가지를 포함하니라. 첫째는 어린이들이니 그 무리를 위하여 최초로 성립하였으며, 둘째는 아이들과 계집아이들이 추하고 위태한 때가 이르면 너무 쉽게 이 문을 지나며, 셋째는 청년들과 여자들이니 그들이 주일학당 안에서 특별히 중요한 것과 예수교 활동의 발달을 얻는데 재미를 못 본 이들에게 예수교 이외에 청년 사회를 조직하는 것이고, 넷째는 장성한 예수교회 회원들이며 주일학당이 다만 어린이들만 위한 것이 아니며 주를 만나기에 요긴한 곳이니라.

제2절 출석

강제적으로 따르게 하는 보통학교는 학생의 출석이 필요하며 주일학당에는 이익이 없으며 (1) 정숙하고 정기적으로 출석하는 것은 마땅히 필요한 것으로 학교장과 교사가 칭송하고 장려할지며 (2) 바깥 사정은 은혜 있고 편안한 방을 공급할 때 학교 사무를 위하여 근래 사용물도 함께 할지니라 (3) 교사나 직원이 학생을 진실히 영접하는 것이 출석을 고정하는 것이오 (4) 잘못한 학교는 편지나 혹 몸소 교화할 때까지 심방하여 끈기 있게 살필 것이며 (5) 어떻게 하든지 그 중 가장 나은 것은 확정된 출석의 표준을 세워 잘 다니는 학생은 반드시 학당과 교당에서 모두 공정하게 존칭하고 장려할지니라.

제3절 분류법

(1) 공립학교의 현존 분류법을 기초로 삼아 승인하고 일치되게 모을지니라 (2) 심재, 도덕, 그리고 종교와 비록 학생의 교의적 상태라도 마땅히 고칠지며 (3) 직업을 정하는 데 학생의 무상 부정하는 것보다 차라리 학교의 좋은 일을 의논할 것이오 (4) 어린아이들은 남녀를 분간 말고 분류하되 큰 아이들은 분간하고 소년과 부인은 각각 반을 둘 것이며 (5) 요구하던 일이 성취되었으면 공경함으로 더불어 승급시키고 없으면 말지니라.

제4절 집에서 공부하는 것

(1) 각 학생의 읽는 공과를 포함한 단순한 문제를 미리 앞서 일주일 것을 분배할 지며 (2) 그 다음 공과를 보는 데 오 분을 주어 재미를 깨닫게 할 것이고 (3) 집에서 공부하는 것을 권장하여 각반 각 학생의 미리 문답하는 것을 주의하도록 할지며 (4) 학생을 찾아다니며 공부하는 방침을 일러줄 것이고 (5) 완전한 학교의 예비할 공과의 표준을 지속적으로 단순하게 정하게 할지니 즉 독서공과를 주일동안에 한 번씩 읽게 하고 표준된 것에 의하여 각 반을 질서 있게 하며 어떤 학도든지 이것을 마치면 학위를 줄 것이니라.

제5절 연습

연습을 잘하는 것이 잘 가르치는 것보다 낫기 때문에 알아듣는 것을 열고 문자를 본떠서 잘 받을지니 (1) 학생은 어떻게든지 전도할 때 정제하고 순종한 출석으로 연습할지며 출석은 반드시 명령적 의무로 교사나 학교장이나 목사가 할지며 (2) 학생들로 하여금 학교로 교당에 질서 있고 쉬운 표준을 의지

할지니 즉 학생들이 도합 연조한 것보다는 잘못된 것을 주의할지며 (3) 학생들이 음악, 기도, 상고, 복습, 학교운동 등을 민첩히 하는 것을 주장할지니 공경하고 정성스러운 교당 예배의 습관을 주일학당에서 할지며 (4) 학당이나 반에서 신실히 영혼을 가르치고 배양할지니 이런 까닭에 성실한 주일학당 교사의 동작이 귀하며 (5) 학생들에게 예수교 예배를 연습시킬지니 지혜롭게 인도하면 어린이들이 직원들과 찬성원을 모집하여 학생의 출석, 질서, 공부, 순종하는 것, 거듭나는 것 등을 얻을지라. 규모있는 학당은 육신상 일을 각 학생에게 담당하게 할지니라.

성경공부 제6장 예수의 행적

이 그림의 각 네 줄은 예수가 전도하던 한 해이니라.

다섯 시대

예수그리스도께서 강생 전 오년십이월에 유대 땅 베들레헴에 나시사 삼십사년되시던 해 사월삼십일에 본디오 빌라도에게 죽으셨나니 예수의 가장 중대한 사적이 다음과 같으니라.

(1) 예비하시던 해니 예수 강생 전 봄에 마리아에게 예언한 때로부터 강생하신 후 이십칠년 즉 예수의 세례받을 때까지니 이것이 즉 여러 무리에게 전도하신 시초니라.

(2) 전도하시던 처음 해니 강생하신 후 이십칠년이라, 이때 역사가 자세하지 않는 까닭에 이르기를 불분명한 해라 하느니라.

(3) 민심을 맞추어 온 해니 강생 후 이십팔년되시던 해라, 이때 예수께서 모든 권능으로 일을 하시와 백성에게 큰 은혜를 베푸셨느니라.

(4) 셋째 해는 항거하시던 해니 바리새인과 제사장들과 싸우던 유명한 때니라.

(5) 넷째 해는 돌아가시던 해니 강생 후 삼십년일월부터 오월까지 넉달을 포함하였느니라.

제1절 예비시대

이때를 혹 고요한 해라고도 하니 즉 어릴 때부터 삼십되시던 해까지라, 이 동안에 중요한 사건은 (1) 마리아에게 고지함과 (2) 예수씨의 강생하심과 (3) 애굽으로 도피하심과 (4) 성전을 심방하시고 나사렛에 사시면서 지식이 발달하심과 (5) 나사렛에 십팔년을 지낸 후에 세례 요한이 기독의 소식을 전파함으로 고요한 것이 소동되었느니라.

제2절 불분명한 해

강생 후 이십칠년 세례를 줌으로부터 귀족의 아들 병 고치신 때까지니라.

땅　　처음으로 유대국

사건　(1) 세례와 시험이오 (2) 가나에서 이적이요 (3) 첫째 유대인의 유월절이니 그때 성전을 청결하게 하였고 니코데모에게 나타나셨으며 (4) 사마리아에 심방하셨고 (5) 갈릴리로 도로 물러가셨나니 다만 이적 둘을 행하셨고 비유로 말씀하신 것은 기록한 데가 없느니라.

제3절 민심에 마추던 해

강생 후 이십팔년이라

요한이 갇힘으로부터 나사렛 지방에서 두 번째 배척을 당하던 때까지니라.

땅　　갈릴리 지방 동쪽과 남쪽이라.

사건　(1) 요한이 갇힘이오, 그리스도가 널리 전도하신 암호며 (2) 두 번째 유대인의 대제를 행함이오 (3) 제자 넷과 함께 갈릴리로 순행하신 것이오 (4) 선택한 열두제자가 산 위에서 전도한 것이오 (5) 열두제자의 순행이니라.

이적을 베푸신 것은 무력한 사람, 백부장의 종, 과부의 아들, 폭풍이 고요하고 까다로운 마귀들린 사람을 고치시고 야이로의 딸을 낫게 하신 것이니라. 비유로 말씀하신 것은 여덟개의 호수, 씨뿌리는 것, 가라지씨 등이니 처음 비유로 말씀하신 것이니라.

제4절 항거하시던 해

강생 후 이십구년이라
세례 요한의 죽음으로부터 나사로가 죽을 때까지니라.

땅　　갈릴리 북방이니 페레라에 가까운 곳이니라.

사건　(1) 요한의 죽음이오 (2) 티레, 시돈, 데카폴리스를 순행함이오 (3) 형상이 변하신 것이오 (4) 칠십명을 전도함 (5) 페레아에 전도하심이니라. 이적은 오천명을 먹이신 것과 수로보니게인의 딸, 간질하는 아이, 장님, 그리고 병든 여인을 고치심이니라.

비유로 말씀하시기는 좋은 사마리아인, 어리석은 부자, 큰 잔치와 잃어버린 양, 패자와 나사로 등이니 둘째 번 비유하신 것이니라.

두 번 잔치와 시월 예배당과 십이월 제사 등도 말씀하셨나니라.

제5절 돌아가시던 해

강생 후 삼십년이라. 나사로가 일어남으로부터 천당으로 올라가실 때까지니라. 일월에서 오월

땅　　페레아와 유대라

사건　(1) 에브라임에서 물러가심과 (2) 페레아로 가신 것과 (3) 예루살렘으로 도로 들어가신 것과 네 번째 유대인의 유월절이요 (4) 가아파, 헤롯, 빌라도 앞에서 재판받으심과 (5) 십자가에 돌아가심과 다시 살아나심과 천당으로

올라가심이니라.

이적은 일어나는 나사로, 문둥이 열사람, 바디매오, 마른 무화과 나무, 제사장의 종을 고치셨나니라.

비유로는 바리새인과 세리, 은전, 포도원에 노동하는 사람들, 처녀 열사람의 재간 등이니 즉 세 번째 비유하신 것이니라.

연습공부 제6장 주일학당 교육법

주일학당 교육법은 가장 긴요하고 엄정한 문제입니다만 학생 많은 것, 좋은 교사, 그리고 아름다운 준비가 아무리 있더라도 규율이 없는 무리와 같으면 말할 것도 없으며, 교당의 전도라든지 다른 일에 문란한 것은 주일학당의 잘못함으로 나오는 것이니 교당이 무엇이든지 잘되기를 바랄진대 주일학당 교육법의 표준을 잘 삼을지니라.

제1절 담당

교육법은 원래 학교장이 담당하는 것이므로 활발하고 재질있는 학교장을 요구할 것이고 학당 외에 다른 사무 없는 것이 교육법에 요긴하며 교사들은 담당을 나누어 학교장의 도움을 얻을 것이며 반을 잘 다스리지 못하는 교사는 마땅히 그 직분을 금할 지니라.

제2절 방해

참 방해되는 것은 (1) 직원이나 교사가 규칙대로 출석하지 않는 것과 사무를 잘못 처리하는 것과 (2) 완전하지 못한 외모, 좋지 못한 태도, 비천한 지식, 복잡한 반, 불편한 좌석이오 (3) 개회 시기를 위반함과 (4) 합당치 못한 교사와 (5) 학도들과 정해진 약속을 지키지 못하는 것과 (6) 나이와 재질 등을 잘못 분류하는 것이니라.

제3절 교정

(1) 교사나 직원에게 진실히 출석하는 것을 응원하고 (2) 할 수 있는 대로 개회하기 전에 불참자를 위해 대체물을 예비할 지며 (3) 찬미가 책과 다른 공급할 것을 개회 시간 전에 분배하여 나누어 줄 것이며 (4) 개회할 때를 주의하여 승리의 가부를 오 분 동안에 할지며 (5) 시간을 어기지 말고 개회와 폐회를 꼭 제 시간에 할지니라.

반으로는 (1) 긴요한 경우에 학당 한방에 모일 때는 큰 반들보다 차라리 작은 반이 나으며 명수는 열 사람이 마땅할지며 (2) 실행할 수 있는 대로 학도들은 교사와 쉬운 담화를 할지며 (3) 반에 교사를 정하되 어린이를 위하여 어머님의 성품 있는 이를 두며 아이들을 위하여 동정을 표하며 참을성 있는 여인으로 계집아이들에게는 사나이보다 여인이 하는 것이 나으니라.

학도에게는 (1) 육체적 기상을 위하여 야성적 충동을 허용하며 이것을 악의로 하게 하는 줄로 오해하게 하지 말지며 (2) 잘못한 것과 인색한 것을 공중에게 말하고 (3) 만일 해로운 일이 있더라도 노하거나 성내지 말고 숨길지니 성을 낼 때는 다스리는 권리가 없느니라 (4) 문란함을 살펴 그치게 할지며 (5) 곤란한 학생을 조용히 사사로이 일러서 신체상으로 자복하게 할지며 (6) 어느 때든지 학교의 질서가 위태할 때는 학생들에 의한 것이니라.

제4절 감정

(1) 이긴 자는 적고 진자가 많으면 상 주는 것이 옳지 않으니 이것은 많은 자를 낙심하게 하는 것이요 (2) 학교 즉 도를 권장하여 공부를 잘하고 행위를 잘 하게 할지며 (3) 교장이 인자하게 특별한 주의를 사용하여 학생들로 최상의 행위를 하도록 하고 (4) 완전한 학당에 이르는데 진실한 표준을 정할지니 가령 출석, 공부, 그리고 행위 등이며 여기 잘 도달한 이는 학당과 교당에서 칭송할 지니라.

제5절 목양적 권리

감화하는 권리는 주일학당 교사의 사랑함으로 얻은 것이니 즉 목사로 심방하고 몸소 학생 집에 심방하여 관계를 얻음으로 권리가 생기는 까닭에 외인 학교의 권리를 이길지라. 만일 교육법이 잘못될 경우에는 학생을 집에서 교화시키며 사랑함으로 동심 협력함을 얻을지며 저의 무리를 위하여 같이 혹은 비밀히 기도드리고 예수의 인연으로 저희의 교의를 구할지니 이것을 실행하는 바 교사나 직원은 성취할지니라.

시험공과　성경공부 제4장에서 제6장까지

(1) 성당의 모범은 무엇이며 누가 주었나요.

(2) 언제 성당을 지었으며 어느 해에 멸망했나요.

(3) 성당의 위치와 주위를 설명하라.

(4) 무슨 재료로 지었나요.

(5) 바깥마당에서부터 마당 넷을 차례대로 설명하라.

(6) 길이, 높이, 성전의 구분 등을 설명하라.

(7) 매일 성전에서 하는 일을 설명하라.

(8) 예루살렘에서 요파와 여리고까지의 거리와 방향을 설명하라.

(9) 예수씨께서 전도하시던 산들을 설명하라.

(10) 요단강을 설명하라.

(11) 갈리리바다와 사해의 장광을 설명하라.

(12) 예수씨의 집을 차례대로 이름과 있는 곳을 설명하라.

(13) 가자와 티레는 어느 곳에 있으며 그것이 무엇인가.

(14) 빌라도와 헤롯의 도성 위치를 말하라.

(15) 예수께서 언제 탄생하셨으며 어느 해에 돌아가셨는가.

(16) 언제부터 예수씨께서 백성에게 전도하심을 시작하셨으며 얼마나 오래
연속적으로 하셨는가.

(17) 예수씨의 다섯 시대를 차례로 설명하라.

(18) 전도하시던 처음 해에 무슨 이적들을 행하셨나요.

(19) 어느 해에 열두 제자를 택하셨나요.

(20) 예수씨께서 전도하실 때에 비유하신 말씀을 말하라.

(21) 언제 이 사건이 있었나요. 나사로의 일어남, 사마리아의 심방하심, 형
상이 변하신 일 등에 대한 것이니라.

시험공과   연습공부 제4장에서 제6장까지

(1) 무슨 까닭으로 교사들이 주일학당의 직원이 되나요.

(2) 주일학당 교사의 첫째되는 자격은 무엇이며 그 까닭을 설명하라.

(3) 그들의 성경 지식은 무엇이요.

(4) 가르치는 재주는 몇 가지나 되나요.

(5) 교사의 공과 돕는 것은 무엇인가.

(6) 성경공부에 도움되는 것은 무엇이요.

(7) 주일학당 가르치는 데 도움되는 것이 무엇이요.

(8) 불참한 학생을 교화시키려면 무엇을 해야 하나요.

(9) 무슨 까닭에 장성한 교당회원이 주일학당에 다니나요.

(10) 학생들을 어떻게 반으로 분배하고 남녀의 구별이 있게 하나요.

(11) 집에서 공부하는 방법의 두 가지만 설명하라.

(12) 학교를 위하여 예비공과의 표준으로 무슨 말이 있나요.

(13) 주일학당 학생에게 어떠한 습관이 있어야 하는가.

(14) 주일학당의 옳은 표준이 무엇이요.

(15) 교사들이 주일학당 교육법을 방해하는 것은 무엇인가.

(16) 주일학당 교육법의 보통 두어 가지 방해되는 것을 설명하라.

(17) 각 반 최대 수는 마땅히 몇 명이 될지며 좌석은 어떻게 정해야 하는가.

(18) 학생에게 상주는 것이 마땅한 지 그 까닭을 설명하라.

(19) 문란한 학생을 어떻게 마땅히 해야 하는가.

(20) 출석, 공부, 질서를 잘 시행하는 데는 어떤 계책이 좋은가.

(21) 목사 직분으로 교사들이 학생들을 위하여 무엇을 해야 하는가.

성경공부 제7장 예수씨의 끝날

제1절 마지막 주일

3월 30일   예배 5일부터 사월칠일 예배 5일까지니라.

예배 5일   페레아에서 베다니에 도착하심

예배 6일   유대인의 안식일을 베다니에서 지내심

예배일   왕의 모양으로 예루살렘으로 들어가심

예배 1일   성전을 두 번째 깨끗하게 하심

예배 2일   성전에서 마지막 가르치심

예배 3일   베나니로 물러가심

예배 4일   하오 6시에 유월절을 지내신 후 성만찬을 베푸시고 겟세마네 동산에서 잡히심

예배 5일   대제일 시험받으시고 십자가에서 돌아가심이니라.

제2절 시험

종교상 시험

(1) 구 대제사장 안나스에게 시험받으시고 (2) 대제사장 가야바에게 또 받으시고 예배 5일 새벽 전에 유대교회의 무리에게 받으셨으며 (3) 새벽에 정식 시험을 받으시고 유대 공의회 회원들이 예수씨를 참람한 사람으로 죄를 선고하니 그 무리는 총 70명이라. 제사장, 서기관, 그리고 장로들이라.

정치상 시험

(1) 종교상으로 시험받으신 이튿날 이른 아침에 로마 총독 빌라도 앞에서

예수씨를 대역죄인으로 정죄하니 빌라도 혼자만 예수씨 죽이는 권리를 가진지라 (2) 갈릴리 통치자 헤롯 안디바가 예루살렘으로 가니 빌라도가 갈릴리 출신 예수씨를 보내니라 (3) 다시 빌라도 앞에서 법관 두 사람이 예수씨가 무죄함으로 판결하니 빌라도가 유대인을 두려워하여 예수씨를 십자가에 못박아 죽이기로 선고하니라.

제3절 십자가에서 못 박혀 돌아가심

(1) 십자가에서 돌아가신 땅은 성문 밖 해골이니 성 가까이에 있느니라 (2) 예수께서 상오 9시 십자가에 못박히시고 하오 3시에 돌아가셨으니 그때는 성전에서 제사 지낼 때니라 (3) 정오부터 3시까지 온 땅이 캄캄하고 돌아가실 때 성전에 친 휘장이 둘로 찢어졌고 지진이 일어나 여러 무덤이 모두 터졌느니라 (4) 예수씨도 돌아가실 때 말씀은 십자가의 일곱 말씀이니 다음과 같이 기록하니라.

(1) 원수를 위하여 하나님께 사하여줄 것을 구하심이니 아버지시여 저희 무리를 사하시옵소서.

(2) 회개한 도적을 안위케하심이니 네가 나와 같이 있으리라.

(3) 마리아를 위하여 효도를 하심이니 여인이여 아들을 볼지어다.

(4) 무한한 영혼상의 괴로움을 한 시간 동안 견디심이니 즉 온 세상의 죄라, 하나님이시여 하나님이시여 어찌하여 나를 버리셨나이까.

(5) 인간 고생이니 내가 목마르외다.

(6) 이기심이니 다 이루었나이다.

(7) 하나님께 의지하심이니

아버지시여 아버지 손에 나의 영혼을 위탁하나이다 하시니라.

제4절 부활하심

(1) 아리마대와 니고데모에 사는 요셉이 예수씨의 신체를 저녁에 장사하였더니 (2) 무덤에서 예배 5일, 6일, 7일 사흘 동안 유대인의 관습에 따라 계시니라 (3) 관가에서 예수씨의 무덤을 봉인한 후 로마 병정이 주야로 지키더라 (4) 4월 9일 예배일 새벽에 부활하셨는데 그때 큰 지진이 일어나고 주의 천사가 내려와 돌을 굴려 보내고 지키는 병정처럼 있더라.

제5절 사십일 4월 9일 예배로부터 5월 18일 예배 4일까지니라

예수씨의 열한 번 나타나신 것을 기록하였으니 처음 다섯 번은 부활하시던 예배일 예루살렘 안과 근처에 나타나심이니라.

(1) 무덤 근처에서 막달라 마리아에게 나타나시고 (2) 다른 갈릴리 여인에게 나타나시고 (3) 베드로에게 나타나시고 (4) 엠마오로 가는 두 제자에게 나타나시고 (5) 예배일 저녁에 모든 사도에게 나타나시고 (6) 그 다음 예배일 모든 사도에게 나타나시고 (7) 갈릴리 바다에서 고기잡는 일곱 사도에게 나타나시고 (8) 갈릴리산에서 모든 사도에게 나타나시고 (9) 오백 명 형제에게 나타나시고 (10) 주의 동생 야고보에게 나타나시고 (11) 베다니에서 승천하실 때 모든 사도에게 나타나셨느니라.

연습공부 제7장 주일학당 순서

주일학당 순서는 세 가지가 있으니 (1) 예배와 (2) 교훈과 (3) 직업이니라.

제1절 예배

개회 시에 간단하고 활발하며 공경스러운 예배가 준비 중 첫째가 되느니라.

기도   (1) 교장이나 교사나 학생의 개회하는 기도로 더불어 공경하고 조용하게 시작할지며 (2) 개회하는 기도를 할 때 일제히 같이 할 성경의 무슨 말씀이든지 할지니 가령 주기도문이라든지 행복이든지 혹은 시편 제1과 제23 같은 것이며 (3) 주일학당 기도는 반드시 단순한 말과 간단하고 시기에 합당하여 학당에 긴요하고 공부에 중심될 말씀만 하고 (4) 교당풍속 즉 서 있는 것과 앉는 것 등을 반드시 모두 일제히 할지니라.

노래   (1) 학당노래로 더불어 교당찬미를 연합할지며 (2) 경건한 예배의 표준은 학당에서도 교당과 같이 할지니라.

제2절 교훈

교훈은 학당의 제일 큰 일이니 개회나 폐회를 교훈에 따라 하게 할 것이니라. 이 교훈은 이 아래와 같이 특별한 공과와 보통 성경 학문이 있느니라.

(1) 미리 공과 보는 것은 학교장이 오분 동안 하되 각 반에서 먼저 하여 재미를 일으킬지니 미리 공과보는 것은 두 가지 목적이 있나니, 첫째는 지리와 역사의 관계에 대한 것이며 둘째는 공과의 속 뜻을 명백히 설명하는 것이니라.

(2) 공부는 직원이나 오는 손님으로 말미암아 방해되지 말게 할지며, 둘째는 각 반이나 각 반 각 학도로 하여금 마땅히 일정한 약속을 지키게 할지며, 셋째는 어린 학도에게 기한을 정할지니라.

(3) 복습

학교장이나 혹은 능한 사람으로 복습하게 하여 마땅히 차서를 따라하되 각 반을 직접 문답하여 공과의 가장 요긴한 점을 뽑을지니라.

(4) 일반연습

완전한 학당은 성경 역사, 지리, 언행록과 교당 역사, 언행록과 도를 목록의 각 부분으로 삼아 오분을 넘기지 말고 연습하면 이것이 부가적 공부의 순서를 조직할지니라.

제3절 사무

개회하기 전에 성경과 책 등을 분배하여주고 폐회할 때는 책과 종이를 분배하기 위하여 시간을 남길 지니라, 둘째는 목록 순서에 연보를 설명하고 찬송도 할지며, 셋째는 사무의 긴요한 조목이니 마땅히 (1) 수전 (2) 직원의 책무 (3) 전도의 광고, 다른 교당과 학당예배 (4) 학당장이나 목사의 말 (5) 책과 종이의 분배(폐회 후)니라. 폐회 동안은 마땅히 모두 엄격히 하고 폐회 말은 진실되고 인자하게 할지니라.

폐회는 조용히 질서있게 하여 나중에 겸손한 품행을 가지게 할지니라.

제4절 근래 순서

(1) 고요히 함 (2) 청구 기도(간단히) (3) 노래(교당찬미) (4) 학교 전체로 그날 공과까지 매월공부로 표제, 제목, 요지를 강송할지며 (5) 오분 동안 성경을 문답할지며 (6) 삼십분 동안 각 반을 공부시킬지며 (7) 매일 공과를 복습할지며 (8) 이분동안 성경 문답할지니 즉 성경책들로 할지며 (9) 서기관의 책무이오 (10) 목사의 말이오 (11) 주일광고요 (12) 노래요 (13) 고요히 할지며 (14) 폐회 할지며 (15) 책과 월보 등을 분배할지니 이상 모든 순서를 한 시간에 할지니라.

성경공부 제8장 예수의 도

그리스도의 큰 필요한 도는 자기와 자기나라, 하나님, 죄, 성신, 기도, 부활하심, 그리고 심판에 대한 것이니라.

제1절 자기에 대하여

(1) 신으로는 하나님의 아들이시니(요한복음 5장 18절에서 19절) (2) 인류로는 사람의 아들이시니(요한복음 5장 27절) (3) 메시야로 예언하던 구주니(누가복음 24장 27절) (4) 제사로는 예수씨의 돌아가심으로 모든 죄악을 대속하심이니(마가복음 10장 45절) (5) 목적으로는 잃어버린 자를 찾아서 구하심이니 누가복음 19장 10절에 있느니라.

제2절 자기나라에 대하여

(1) 천리로 사람의 본 마음을 다스리는 영혼상의 나라이니(요한복음 18장 12절과 37절) (2) 크기로는 모든 나라와 온 땅을 포함한 이 세상나라니(마태복음 8장 12절) (3) 신민들은 성신으로 거듭나는 사람이니(요한복음 3장 3절) (4) 법률은 산 위에서 교훈하심이니 즉 법전이라. 이것은 예수의 큰 계명들이니라(마가복음 12장 30절과 31절) (5) 예법은 천국으로 가는 영혼상 감화의 표시로 물로 세례주시고 성만찬은 왕의 기념이니 마태복음 28장 19절과 누가복음 22장 19절에 있느니라.

제3절 천의에 대하여

(1) 일반 신의로는 선한 자와 악한 자을 같이 복을 주심이니(마태복음 5장 40절) (2) 특별 천의로는 자기나라의 신민을 살피심이니(마태복음 6장 26절) (3) 만물의 대주재자니 천국을 직접 관리하심이니라(마가복음 4장 39절) (4) 인간의 수요와 일용할 양식을 아심이니(마태복음 6장 32절) (5) 내일을 걱정하지 않고 사는 것은 예수교인의 의무이니 마태복음 6장 25절에 있나니라.

제4절 죄악에 대하여

(1) 세상 사람들은 자연적으로 밝은 곳보다 어두운 곳을 사랑하나니(요한복음 3장 19절) (2) 사탄은 모든 육신과 영혼의 죄악을 만든 자니(요한복음 8장 44절) (3) 있는 곳은 인자의 마음 가운데니(마태복음 15장 19절) (4) 죄악을 고치는 것은 품질을 청결케 하여 좋은 나무를 만드나니(마태복음 12장 33절) (5) 죄 형벌은 이 세상에만 필요한 것이 아니요, 이후 어느 때든지 해를 받을지니라, 누가복음 13장 3절에 있나니라.

제5절 성신에 대하여

(1) 성신께서 계심이라(요한복음 16장) (2) 새로 거듭나게 하는 이라(요한복음 3장 8절) (3) 권세를 나누어 주는 이니 특별히 이적을 행하는 사도와 진실하게 맺는 자에게 주심이니(요한복음 7장 39절) (4) 교회의 가장 높으신 인도자시며 선생이시고 안위하시는 이시니라(요한복음 14장 16절과 17절) (5) 죄를 책망하는 것은 사람의 믿지 않는 것을 책망하는 것이니라, 요한복음 16장 8절에 있느니라.

제6절 기도에 대하여

(1) 보통 모든 사람의 특권으로 할지니(누가복음 18장 9절에서 14절) (2) 각 진실하게 믿는 기도의 대답이니(요한복음 14장 13절) (3) 예수 안에 머무는 것이 기도의 유효함이니(요한복음 15장 7절) (4) 연합하여 간절히 기도하는 특별 효력이니(마태복음 18장 19절) (5) 직접 대답은 항상 주시지 않나니 누가복음 18장 1절에 있느니라.

제7절 부활

(1) 우주간 선악의 부활이니(요한복음 5장 28절과 29절) (2) 꼭 그 무덤에 있던 몸이 부활함이니(요한복음 5장 28절) (3) 부활할 때는 천사와 같으니라(마태복음 22장 30절) (4) 그리스도는 부활을 한 자시니라(요한복음 11장 25절) (5) 죽을 때 영혼의 낙원이니라, 누가복음 23장 43절에 있느니라.

제8절 심판

(1) 이 세상 창조된 만물을 그리스도께서 종국에 심판을 하시리라(마태복음 25장 31절과 32절) (2) 심판은 이 세상에 생명 빛을 받은 대로 할지니(누가복음 12장 48절) (3) 상은 의인에게 영원히 사는 것을 줄 것이오, 악인에게는 영원히 죄를 줄지니(마태복음 25장 46절) (4) 아버지 외에는 그때를 알지 못하리라(마가복음 13장 32절) (5) 두 번째 구원을 얻을 기회가 없느니라, 누가복음 16장 26절에 있느니라.

연습공부 제8장 학과공부

교사는 반드시 두 가지 목적으로 주일학당 공과를 공부할 지니 첫째는 자기를 위하여 배움이오, 둘째는 반에 적당히 사용하려는 것이니 전자는 공부할 계책이오, 후자는 가르칠 계책을 포함함이라.

제1절 공부를 돕는 것

공부를 돕는 것은 두 가지가 있으니 교육상과 영혼상이니라 (1) 교육상으로는 책들이 넉넉하니 즉 지도있는 성경, 성경자전이나 혹은 주석있는 공과라, 일을 잘하는 사람은 기계를 작게 쓰나니라 (2) 영혼상 교육은 아볼로처럼 성경을 잘 가르칠 능력이 있어야 하되 오히려 하나님의 참 옳은 길을 가르치기는 이 보다 더 자세할지니라. 그러나 자기가 아는 바 영혼을 밝히는 공과 외에는 다른 것이 긴요치 아니하니라, 어찌하여 그런고 하니 이 영혼을 깨닫게 하는 공과는 직접 하나님으로부터 온 것이니 마치 육신상 음식을 먹으려면 세 가지 명백한 방법이 있으니 즉 씹는 것, 소화하는 것, 그리고 동화하는 것이라. 이와 같이 성경공부에도 세 가지 있으니 첫째는 성경을 공부하는 것이니 이것이 즉 육신상 씹는 것과 같고 둘째는 기도로 묵상함이니 즉 소화하는 것과 같고 셋째는 진실함으로 진리를 받아들이는 것이니 이것이 동화시키는 것과 같으니라.

시간으로는 매일 이십분씩 할 것이니 비록 적으나 안식일 전 날 밤 몇 시간 하는 것이 값지며 둘째는 고명한 교사니 그의 설명을 우리가 잘 따라가되 매일 아침에 몸과 정신이 가벼울 때 시간을 잘 지킬지니라.

제2절 가르치는 계책

주요하게 할 일은 반드시 간단히 배열하며 전일 흭도의 정도를 평균적으로 예비할 지며 또 가르칠 바와 버릴 것을 생각해서 각 공과를 담임할 지며 가르치는 것으로는 교사가 반드시 작정할 것이 몇 가지 있으니 (1) 무슨 방법을 쓸 것이냐는 것으로 즉 문답이나 혹은 성경문답이오, 또 학도의 이해와 함께 진행하고 분석적으로 가르치며 (2) 공과의 도와 사실의 상관되는 것을 정할 지며, (3) 가르칠 공과의 차서를 완전히 하고 학도의 배울 바를 알지니라.

학생으로는 몇 가지를 마음에 기억할 지니 즉 (1)은 자기의 예비가 무엇이며 저희의 가장 긴요한 것이 무엇이며 (2)는 무슨 설명이 저희를 가히 돕고 무슨 진리가 특별한 문제를 요구할 지며 (3)은 어떻게 건실함을 얻을 것인가, 무엇을 할 것인가, 어떻게 공과를 영혼상으로 사용할 것인가 이니라.

성경공부 제9장 큰 선생

제1절 선생의 모범

(1) 자기의 행적   그가 자기의 행적을 가르칠 때 최대한 시험법을 삼고 또 자기를 가르쳐서 행적과 성실한 길이라 하나니 그의 하는 바는 그가 말한 바를 한 바니라.

(2) 발달   인간 공부의 제한은 우리에게 있는 것 같이 그에게도 있나니 그가 지력상과 영혼상으로 총명을 넓히고 또 기록, 사회와 정부의 자연적인 현상도 공부하였느니라.

(3) 그가 기도를 좋아하는 마음   밤과 새벽 동안 기도드리시나니 원래 큰 선생은 기도의 습관이 됨이오, 또 그의 기도는 우리 모범의 이유가 아니오, 그의 권세와 비밀한 세력의 원인이니라.

(4) 활동   그가 좋은 일하려고 다니며 시간의 기회를 잃지 아니하였나니 하셨으되 내가 아버지의 일하는 것을 너희는 모르느냐, 나는 나를 보내신 내 아버지의 일을 반드시 할 지니라 하셨나니 그의 비밀한 활동을 묵시하였나니라.

제2절 그의 특질

(1) 권세   그의 말씀이 제사장 같지 않고 무슨 권세 있는 사람과 같이 말씀하여 자기가 가르친 영혼상 진리를 자기의 영혼으로 시험한 까닭에 그가 니고데모에게 말하기를 우리는 우리 아는 바를 말하며 우리 본 바를 증명한다 하더라.

(2) 명백   사람들이 그의 말씀듣기를 좋아하며 저희들이 그의 단순한 말은

능히 알아 들으며 산 위에서 교훈하신 것은 12살 된 어린이에게도 명백하게 하였으니 진리를 명백히 가르치는 교사는 사람들이 기쁘게 듣나니라.

(3) 공평   그리스도의 교훈은 직집 마음 가운네 심어시며 그의 성직한 복적은 영혼을 구원함이니 그가 구원하라고 가라치시고 다만 구원만 하심이니 가라사대 너희들이 진리를 알면 진리가 너희를 자유케 하리라 하시니다.

(4) 열심   예수의 눈물 흘리셨다는 이야기는 있으되 웃으셨다는 바는 없으니 하늘을 보는 것과 함께 지옥이 그의 눈앞에 열리니 한 영혼의 구원함이 무한한 것이라. 가라사대 내게 주신바 저들을 내가 보호하여 영원히 죽는 아들 외에는 잃어버린 것이 없습니다 하시니라.

(5) 자비   이는 자비하시사 회개자를 위하여 하신 말씀이 모두 온유하시며 또 나중 십자가에 못박을 도성을 위하여 울으시니 그의 자비한 것과 인애하신 것이 고초와 죄악을 불러오니라. 예수께서 돌아가실 때 마지막 기도는 사형집행자를 위하심이니라.

제3절 그의 방법

(1) 묻는 것   예수의 가르치심은 문답이 되었나니 그가 어려서부터 의사들과 같이 저의 말을 들으시고 혹은 물어도 보셨느니라. 예수께서 문답으로 가르치시고 시험도 보셨으며 문답하는 것을 장려하여 이 사람 저 사람과 서로 묻고 대답하셨으니, 이 문답은 직접적이고 개인적이며 민첩하여 주일학당의 관념적 문답에 영원히 사용하게 될지니라.

(2) 설명하는 것   그는 비유 아니고는 말을 하지 않으며 실험적으로 가르치나니 그가 유형적 설명이 아니면 영혼상 진리를 알아듣기 어려운 줄 알고 설명하는 바가 집안으로 비유하여 알아듣게 일반 생명의 목적과 우연히 만나는 일을 말하나니 즉 물, 떡, 백합나무, 새, 초목, 집, 길 등이니 이것이 가르치는

데 빛나게 하나니라.

(3) 신체접촉   그가 이것의 권세를 아시며 또 자기가 좋은 목자가 되었기 때문에 이름으로 자기의 양을 아시고 그 무리들도 자기의 목자를 알더라. 사마리아 여인을 개인적 권면으로 구원하시었으며 세리의 생명이 위험할 때 죄인으로 더불어 진지를 잡수셨으며 또 베드로의 약하심을 알으시고 그를 위하여 몸소 기도하시고 교사의 목사 직분을 가르치셨나니라.

(4) 성경을 사용   가라사대 너희가 기록한 것을 읽지 못하느냐 하시니 그의 말이 구약의 기록에서 문답도 하시고 또 설명과 사건을 끄집어내시며 이 구절들을 자연스럽게 설명함으로써 그의 밝고 아름다운 주석으로 듣는 자를 기쁘게 하였으니 모든 학문의 주이며 큰 선생으로서 거룩한 책 하나로 자기와 자기 제자의 교과서를 삼았더라.

연습공부 제9장 강술

주일학당 강술하는 데 네 가지 계급이 있으니 (1) 학생을 시험함 (2) 공과를 가르침 (3) 공과를 개량함 (4) 공과를 사용하는 것이니라.

제1절 시험

(1) 주의할 시험

교사의 첫째되는 목적은 각 학생에게 주의를 하게 하는 것이니 만약 주의를 아니하면 짐작도 못하고 연속하여 하지도 못하나니 이것이 가르치는 데 불가불할 것이니라. 그런 까닭에 교사는 반드시 주의를 견고히 하여 지나간 것과 지금 쓰는 공과의 단순하고 쉬운 문답을 하되 첫째 명백한 교과서를 시험하되 글자 뜻과 말과 사건 등을 설명할지니라.

(2) 예비시험

연습한 외인교사는 학생이 집에서 공부하는 방법을 잘 알아서 생각하기를 저희들이 모두 공부했다 하고 문답하기를 직접으로 하나니 그런 까닭에 주일학당 교사는 반드시 굳게 시험보는 것으로 예비하게 할지니라.

제2절 가르치는 것

주의를 한 번 온전히 일으켜서 학생의 예비를 시험하고 명백히 가르치기를 시작하나니 교사는 무엇을 가르칠 것, 어떻게 가르칠 것, 몇 시 동안 할 것을 알지니라.

(1) 사실에는 세 가지 오착이 있으니, (갑) 범위 밖을 가르치는 것과 교사의 언어와 의사가 지나친 것이오, (을) 과다히 가르침이니 즉 지리, 역사, 연대학의 긴요한 사건이라, 학생들에게는 배우려다가 도리어 해가 되느니라, (병) 혼잡하게 가르치는 것이니 즉 시작도 없고 중간도 없고 끝도 없는 공과니라.

두 가지 긴요한 계급이 있으니 첫째는 무슨 말이 공과에 있느냐 함이니 즉 명백한 사실과 말이오, 여기 글자의 뜻과 정밀한 주석도 함께 할 것이오, 둘째는 그 공과가 무엇을 가르치느냐함이니 즉 윤리상과 영혼상 진리니라.

(2) 방법은 학생에게 직접 문답하는 방법이 제일이요, 교훈과 분석적 방법은 다만 고등반 학생에게만 적당하니라. 여기도 세 가지 오착이 항용 있으니 (갑) 대답할 바 문제만 묻고자 의사상은 요구치 않는 것이요 (을) 총명한 학생에게만 문답하고 우둔하거나 혹 겁내는 학생에게는 문답하지 않는 것이오 (병) 학생에게 문답하는 기회를 주지 않는 것이오.

지혜있는 교사는 학생의 문답을 자기 것보다 더 값지게 여기고 질문의 영혼을 일으키는 것에 최상의 교육적 목적을 삼고 문답을 다한 교사는 의무를 다한 것이니라.

(3) 개작

교사가 학생이 배우고자하는 바를 가르친 후 학생이 다 배운 것을 반드시 알지며 자기가 가르친 것 즉 학생이 배운 것과 또 개작한 것을 시험하며 또 학생을 하나씩 불러 그 공과를 다시 진술케 하고 다른 학생에게는 빠진 것을 채우게 하거나 그렇지 않으면 개작을 계급대로 여러 학도들로 하게 할지니 저희가 배운 바는 능히 개량하되 배우지 않은 것은 못하느니라.

개작하는 것은 마땅히 세 가지 있으니, 첫째는 이 점으로 쫓아 저 점까지 차례로 완전히 처음은 문학으로 하고 다음은 영혼상으로 할지며, 둘째는 자세히 할지니 자세히 배운 것의 시험은 자세한 말로 함이라. 셋째는 학생들의 말이니 이것이 다만 저희가 기억한 것인가 참 배운 것인가 시험할지니라.

시험공과 성경공부 제7장에서 제9장까지

(1) 그리스도 생명의 미지막 주일 날짜를 말하라.

(2) 어느 날 이기시고 들어오셨으며 십자가에서 돌아가신 날을 설명하라.

(3) 그리스도의 종교상 심문받으신 세 계급을 차례대로 설명하라.

(4) 십자가에 못 박혀 돌아가신 때와 자리를 자세히 설명하라.

(5) 십자가의 일곱 말씀 중 세 가지만 설명하라.

(6) 그리스도께서 무덤에 누워계신 것이 언제인지 자세히 설명하라.

(7) 부활하신 날 그리스도가 다섯 번 나타나신 것을 자세히 설명하라.

(8) 그리스도가 자기에 대하여 말씀하신 것 중에 두 가지를 설명하라.

(9) 자기 나라의 신민이 누구인가, 증거를 말하라.

(10) 그의 나라의 의식은 무엇이며 그 뜻을 설명하라.

(11) 일반 천의와 특별 천의의 구별이 무엇인가.

(12) 그리스도가 죄악에 대하여 말씀하신 것 중 두 가지를 말하라.

(13) 그리스도가 성신에 대하여 무슨 진리를 가르치셨나요.

(14) 부활에는 무슨 진리가 있나요.

(15) 예수께서 중간 상태로 무슨 말씀을 하셨나요.

(16) 무슨 표준으로 사람이 심판을 받으며 또 그 증거를 설명하라.

(17) 큰 선생의 모범을 우리가 가히 본받을만한 원소가 무엇인가.

(18) 그리스도께서 왜 기도하셨으며 누구를 위하여 기도하셨나요.

(19) 그의 가르치신 특성을 말하라.

(20) 그가 가르치는 데 사랑하는 방법이 무엇이며 또 어떻게 사용했나요.

(21) 그리스도와 기록에 대해 무슨 여론이 있는가.

시험공과 연습공부 제7장에서 제9장까지

(1) 각 주일학당 목록의 세 가지 원소가 무엇이요.

(2) 어느 것이 가장 요긴하나요. 그 까닭은 무엇인가요.

(3) 주일학당 기도자는 무슨 말을 했나요.

(4) 훈계하신 일의 네 가지 부분을 차례로 대답하라.

(5) 일반 훈계로는 무슨 말을 하나요.

(6) 매 주일 의연금과 종이 등 분배의 좋은 계책이 무엇인가요.

(7) 주일학당 목록은 어떻게 마땅히 시작하며 어떻게 폐회하나요.

(8) 공과공부의 두 가지 목적이 무엇인가요.

(9) 간단한 공부의 계책을 말하라.

(10) 주일학당 교사가 교육상으로 무엇을 요구하나요.

(11) 그의 가장 필요한 것이 무엇이며 어떤 까닭인가요.

(12) 공과를 공부하는데 영혼상 세 계급이 무엇인가요.

(13) 공과를 가르치는 계책에 무슨 세 가지를 반드시 지켜야 하는가요.

(14) 어떠한 것에 더 조심해야 겠나요. 공과를 공부하는 것과 가르치는 것
    중에서 말하라.

(15) 매우 간단히 공과 예비하는 계책을 설명하라.

(16) 강술할 때의 네 가지 계급을 차례로 말하라.

(17) 학생의 주의는 어떻게 얻겠나요.

(18) 학생이 집에서 공부하는 것을 어떻게 시험하며 왜 그렇게 하나요.

(19) 가르치는데 항상 오착되는 것이 무엇인가요.

(20) 가르치는데 가장 좋은 방법을 설명하라.

(21) 공과를 사용할 때 무슨 말을 하나요.

성경공부 제10장 큰 사도

사도 바울은 그리스도와 예수교회당 사이를 연결한 사람이니라.

제1절 바울의 예비

(1) 생일   이는 구세주 탄생하신 후 한 육년만에 태어났으니 이곳은 예루살렘 북쪽으로 일천오십리 거리되는 소 아시아에 있는 희랍국 타르수스라하는 곳이니라. 원래 그는 청렴한 희랍 혈족으로 그의 일가는 유명한 부자라. 로마인의 권리를 모두 가졌느니라.

교육   그의 연습은 타르수스의 유명한 희랍학교에서 시작하였나니 이 학교는 가말리엘이라는 사람이 예루살렘에 설립한 것이니라.

종교   바울은 독실한 바리세인이라. 예수교인을 잔학하게 핍박하는 자로 있다가 강생 후 38년에 회개하여 사도된 것이 기이하니라. 아라비아에 온 지 3년 만에 그 땅에서 직접 계시를 그리스도에게 받았으며 나이 35세와 49세에 사도의 직분을 시작하였느니라.

제2절 전도여행

예루살렘을 떠나 타르수스에 가서 전도한 후 안디옥에 가서 사도 본부를 설립하니 예루살렘 북편에서 구백리가 되는지라. 외방사람 예수교의 중앙을 삼으니라.

전도여행 제1주   예수 강생 후 48년에 시작하여 2년을 전도하였나니

(1) 행로는 사이프러스와 소아시아를 지났고 또 거기서부터 주 강생 후 50년에 유명한 예루살렘 공의회에 이르니 이곳은 그의 노력으로 외방사람 예수교

당 문을 의식적으로 열고 설립하였나니라. 여기 유명한 사건은 처음으로 소아시아에 외인 교당 넷을 조직한 것이니라.

전도여행 제2주　강생 후 51년부터 3년을 전도하였으니

(1) 행로는 소아시아를 완전히 지났고 거기서 서유럽 큰 도성 넷을 전도하였으니 즉 빌립보, 데살로니가, 아테네, 고린도 등이니라. 이때 큰 일한 것은 유럽 예수교인을 심음이니라.

전도여행 제3주　주 강생 후 54년에 시작하여 4년을 지냈으니

(1) 행로는 다시 소아시아를 지나 거기서부터 서 아시아의 에베소와 고린도, 그리고 다른 유럽에 전도하셨고 여행 중 가장 큰 일은 아시아와 유럽 교당을 설립한 것이니라.

주 강생 58년에 예루살렘으로 돌아왔다가 이단교인으로 공의회 앞에서 심문당하고 로마지방 도성 세사리아로 압송되어 2년을 갇혔다가 벨릭스, 페스투스, 그리고 아그립바의 심판을 받고 종말에는 로마로 보내졌는데 거기서 네로 황제 하에서 2년 동안 갇히셨나니라.

전도여행 제4주　주 강생 후 63년부터 시작하여 3년을 지내셨나니라. 네로에 의해 석방되어 마케도니아와 서반아로 다니다가 또 다시 로마에 갇혔으며, 로마를 거쳐 오스티아 가도라하는 길에서 네로 황제에게 참수 당하니 주 강생 후 66년 혹은 67년이라 하며 그의 나이는 65세라 하더라.

제3절 바울의 도

그의 큰 도는 다음과 같으니 즉 (1) 유대인과 외인을 물론하고 예수교인 믿음이 일반적인 것이오 (2) 믿음으로 정직한 것이 도의 본질이오 (3) 유대인의 예언과 제물에 그리스도가 있는 것이오 (4) 그리스도의 부활하신 것이 예수교의 근본이오 (5) 우리 주가 두 번 오심이니라.

제4절 바울의 편지

교훈편지 21권 중 14권은 다음과 같으니라.

이름	강생 후	지명	속 뜻
로마	58년	고린도	믿음으로 구원을 얻음
고린도 전	57년	에베소	예수교 윤리학
고린도 후	57년	마케도니아	사도의 권세
갈라디아	57년	고린도	예수교의 자유
에베소	62년	로마	교회가 일체됨
빌립보	62년	로마	예수교인의 자비
골로새	62년	로마	그리스도의 최대권
데살로니아 전후	52년	고린도	그리스도의 두 번 오심
디모데 전서	65년	마케도니아	전도 직분
디모데 후서	66년	로마	전도 직분
디도서	65년	마케도니아	교당의 처리
빌레몬	63년	로마	교우
히브리	63년	로마	그리스도의 제사 직분

연습공부 제10장 복습

주일학당 복습이 가장 요긴하나 오히려 주일학당 일에는 좋지 못한 원소가 있느니라.

제1절 요소 즉 필용물

이것은 마땅히 각 공과 교사나 학교장으로 더불어 변하지 않는 각 공과의 부분으로 하고 조심하여 예비하되 다만 입만 따라하는 것은 가치가 없으니

간단히 긴요한 것만 가르치되 반에서는 오분을 넘기지 말고 학당장이 매 주일 복습하는 것은 십 분을 넘기지 말고 매월 복습은 이십오분 가량으로 하되 마땅히 쉽고 단순히 하여 모든 학생을 다 성공케할 지며 다만 기억 훈련 외에는 함께 하도록 하고 개인적 신체상으로 하되 복습시키는 자를 따라 하게 하며 방조는 하지 말지니라, 다만 학생으로만 마땅히 복습케 할지니라.

제2절 목적

학생에게는 (1) 저희들이 진실히 잘 배웠나 시험할 것이오 (2) 저희의 배운 바를 기억하게 할 것이오 (3) 공과의 이해할 의사를 줄 것이오 (4) 깊이 명심하게 할 것이니라.

교사에게는 (1) 잘 가르치나 시험할 것이오 (2) 게으르고 주의하지 않는 교사는 권면할 지며 (3) 가르치는데 좋지 못한 방법을 고칠 것이오 (4) 가르치는 것을 합일하게 할지니라.

학교에게는 (1) 공과의 큰 진리 중심으로 모일 것이오 (2) 각 반과 각 학생에게 경쟁심을 기르게 할 것이오 (3) 학생이 집에서 공부하는 것을 추동시킬 지니라.

제3절 방법

성경문답이 쉽고 첫째 되는 것이니 (1) 개인 개인 문답하여 첫째 물은 후에는 한 사람을 지명하여 대답하게 할지며 (2) 온 학교에 처지를 따라 신학생 변론은 피할지며 (3) 가끔 의문을 써서 학생으로부터 문답을 일으킬지며 (4) 알아듣기까지 대답을 거듭할지니라.

제목

(1) 칠판에 공과의 요지를 쓰고 학생으로 문답하게 할 것이오 (2) 공과 즉 지리, 언행록, 역사 등을 이용하여 복습을 할 것이오 (3) 각반 즉 학교로 하여금 기억하는 것으로부터 글자를 더하여 요지를 개작하게 할지니라.

기억 연습

(1) 지나간 공과의 지명, 명칭, 시, 요지, 진리, 기억할 절을 복습하고 (2) 돕는 것은 다 그만두고 일반연습을 할 것이오 (3) 명칭과 요지 등의 머리 글자를 칠판에 쓰고 이것으로 연습할지니라.

제4절 복습 계책

각 반 복습

(1) 처음은 각 반 강송에 오 분을 주어 전 공과를 복습하게 하되 지금 공과로 더불어 같이 할지며 (2) 나중에 또 지금 공과를 복습하기 위하여 오 분을 주되 첫째는 사실 둘째는 진리를 구할지니라.

학당복습

(1) 교장이 하학하기 전 오분이나 십분 동안 복습시키되 공과의 단순한 사실과 진리만 한정하여 간단히 할 것이며 (2) 매 월 공과는 이십오분 동안 분명히 복습하며 칠판을 쓸지니라 (3) 복습하는데 할 수 있는 대로 각 학과를 연합하여 기억력을 돕게 하고 (4) 작은 조건은 피하고 각 공과의 관계만 가르칠지니라.

제5절 필기 복습시험

이것은 매년 매월 복습이오, 정식적으로 필기하는 것이니 보통학교에서는 실행할 만하고 도울만할 것이니라 (1) 이것은 정밀함과 온전함을 줄 것이오 (2) 분류와 승급에 가장 편한 기초요 (3) 이것은 학교장이 마땅히 주장할지며 (4) 평균 각 학생의 삼십분을 지내지 말게 할지며 (5) 이것은 매우 단순히 할 것이라, 그래도 오히려 사상과 기억하는데 도움이 될 것이며 (6) 이것은 마땅히 주일 구술 복습을 따라 공과의 정열을 이해하게 할 것이오 (7) 학생을 위하여 연필과 종이로 종이 조각에 베껴 쓰거나 칠판에 써서 문답하는 것이 긴요한 것이니라.

성경공부 제11장 상고 예수교당

예전 예수교회당 역사는 연대기로 구분되었느니라.

제1기 예비

예수교 시작하는데 다섯 가지 사정이 있었나니 (1) 구세주의 바라심이요 (2) 구세주 오실 때에 온 세계에 화평이 유행함이오 (3) 로마 권세가 온 땅을 지배함이오 (4) 각 처에서 희랍국 말을 일반적으로 사용하는 것이오 (5) 유대인이 흩어짐이니 그 때 저희의 구약성경, 교당, 유일신을 섬기는 예배도 함께 없어졌느니라.

제2기 조직 (즉 예수교 기초니라)

주 강생 전 5년에 세례 요한이 날 때부터 강생 후 30년 오순절까지이니 그 중 중요한 일은 (1) 요한이 주의 길을 예비하기 위해 전도한 것이오 (2) 예수께서 친히 유대 고을로 수삼차 전도하신 것이오 (3) 열두 사도들로 교회를 조직하라고 하신 것이오 (4) 예수교 처음 전도사 70인의 전도요 (5) 부활하신 주의 종말 명령이시니 (마태복음 28장 19절) 이때부터 온 나라들에 예수교가 퍼졌나니라.

제3기 (예수교 변화니라)

주 강생 후 30년에 오순절로부터 50년까지이니 (1) 오순절 날 예루살렘에서 처음으로 유대 예수교당을 조직한 것이오 (2) 강생 후 37년에 공의회로부터 처음으로 교인들이 핍박을 받았으나 결과는 사마리아, 안디옥, 그리고 또 다른 아시아까지 복음을 전파하였더라 (3) 주 강생 후 40년에 세사리아에서 고넬료의 베드로와 그의 집까지 교에 들어오니 이때 처음 외방 예수교인이더라 (4) 안디옥에서 주 강생 후 45년에 바나바와 바울이 외인 예수교당을 조직하였고 (5) 주 강생 후 50년에 예루살렘에서 유명한 공의회에 고지하기를 외인들은 유대식을 지키지 않으면 예수교인이 되지 못한다 하니라.

제4기 확장 (즉 사도 주장으로 발달됨이니라)

주 강생 후 50년에 예루살렘 공의회로부터 강생 후 100년 즉 요한이 죽을 때까지니 (1) 이때는 예수교당이 아시아, 유럽, 아프리카 큰 도성에 설립되었으니, 바울은 소아시아와 유럽에 설립하고 베드로는 바벨론에 있는 흩어진 유대인 가운데 설립하였으며 요한은 아시아 서편에 설립하였고 마가는 아프리카 알렉산드리아에서, 다른 사도들은 아시아 각 성에 설립하였다하며 (2) 강생 후 62년에 예수교의 배척이 예루살렘에서 있었는데 이때 처음으로 예수교당 목사 야고보가 죽었느니라 (3) 주 강생 후 66년 처음으로 이단교인의 핍박을 받을 때 바울과 베드로가 로마에서 죽었느니라 (4) 주 강생 후 70년에는 예루살렘이 멸망했고 유대국이 망했으며 (5) 사도 중 살아 남았던 요한이 주 강생 후 100년까지 교회를 다스리다가 에베소에서 죽었나니라.

제5기 핍박

주 강생 후 100년 요한이 죽던 때로부터 321년 콘스탄틴이 예수를 믿을 때까지니 (1) 나라에서 예수교 3세기 동안에 열 번을 핍박하였는데 그 중 가장 잔학한 것은 네로왕에게 당한 것이니 처음 1세기는 또 도미티아누스에게 당하고 그 다음 제2세기에는 아우렐리우스에게 당하고 제3세기는 디오클레티아누스에게 당하였는데 수만 명이 죽었나니라 (2) 그 핍박받던 연고는 우상을 섬기는 제사장의 욕심과 청렴한 예수교의 도덕에 반대함이오 (3) 제3세기 끝에는 예수교가 세계 각 큰 성에 완전히 설립되어 영국까지 먼 북쪽까지 퍼졌더라 (4) 주 강생 후 321년에 처음 예수교인 황제 콘스탄틴이 우상 성전을 닫고 선포하기를 로마제국의 종교는 마땅히 예수교라 하였나니라.

연습공부 제11장 교사회

목적

(1) 예비를 시험하며 (2) 교사를 교습하여 보충하며 (3) 가르치는 것을 쉽고 일치하게 하며 (4) 학당에 필요품을 생각할 지며 (5) 약한 곳을 전심으로 도울 지니라.

방법

(1) 이것은 교사회요, 성경반이 아니요 (2) 공과의 예비는 성취하는데 먼저 필요품이 되며 (3) 무엇을 가르칠까 하는 것보다 어떻게 가르칠까 하는 것이 여기 본분이며 (4) 이것은 인도자로 나타내는 것보다 교사를 발달시키는 것이니라 (5) 이것이 학교장의 의논 방이오, 교당의 학술 맡은 사람이니라.

날짜와 처소

날짜는 예배 오일 전이 좋고 좋은 곳은 안정된 예수교당 방이나 그렇지 않으면 그 다음은 회원의 집에서 할 것이오, 돌아다니지는 말지니라.

회원

이는 목사의 명령적 의무로 출석하고 직원과 교사들은 부득불 회원이 될 것이오, 젊은 예수교 사람, 여자, 학당교사 될 듯한 사람은 불가불 참예하되, 장성한 회원은 예빈과 같이 대접할 지니라.

회장

학교장은 자기 책임으로 회장석을 정하고 교당 교사 중 나은 이가 공부를 인도하되, 회장이 합당하거든 바꾸지 말지니라.

준비품

항상 쓰기 위하여 좋은 칠판과 성경 지도, 사목, 성경자전, 공과주석, 주일학당 신문 두어 장을 예비할 지니라.

목록 시간은 1시

회원을 호명하여 출석과 예비의 두 가지를 기록하여 해마다 교당에 보고할 지니라.

경배 십분

개인으로나 학교로나 특별한 요구로 특별히 기도할 지며 인도인은 차제로 임명할 지니라.

사무 십분

학당장이 미리 공포한 학교 사무를 연구하여 간단 민첩히 의논할 것이오, 친히 전도나 목사 자격이라든지 교훈이나 재정이나 음악이나 서적이나 혹 관계되는 의논 등의 보고를 필담이나 말로 하되 입만 따라하게 하지는 말지니라.

공과 사십 분

성경 책을 덮고 돕는 것 없이 인도자가 관계되는 문답 두어 마디로 예비를 시험할 것이 이 아래 몇 가지가 있느니라.

(1) 관련문이니 첫째는 중간 사실이오, 둘째는 시간과 처소요, 셋째는 공과의 사람 이름이오, 넷째는 서로 같은 절이니라.

(2) 다시 짓는 것이니 한 회원으로부터 공과를 다시 편술하게 하고 거기 오착과 탈루된 것을 다른 회원으로 보게 하여 고치게 하는 것이니 이것이 단련도 좋고 좋은 시험도 되느니라.

(3) 분석이니 회원에게 가르치는 공과를 분석하게 하고 서로 비교하고 의논한 후 장원을 선택하여 칠판에 쓰고 선택한 이유를 설명할 지니라.

(4) 비유는 성경 역사와 세상 역사를 설명하게 하여 우등을 선택할 지니 지도, 칠판, 그림, 이야기 등으로 비유할 지니라, 비유는 두 가지가 있으니 첫째는 눈으로 하고 둘째는 귀로 하되 그리스도의 하시는 것과 같이 가까운 집안이나 일가로 비유할 지니라.

(5) 적합한 것

초등반, 중등반, 장성반을 가르칠 바와 어떻게 가르칠 것을 암시할 지며 가르칠 바 공과의 요긴한 진리에 대해서는 똑같이 할 것이며 학당에 필요한 진리를 중심으로 할지니라.

성경공부 제12장 예수교 증거

제1절 선지의 증거

(1) 신약전서의 그리스도는 유대 선지 메시아로 가득차 있으니 즉 예수의 조상, 탄생하신 땅과 때, 성품, 고초와 돌아가신 것 등이니라 (2) 유대인 요세푸스, 타키투스 두 사람이 예수교 제1세기에 단언하기를 저희 시대와 특별히 유대국에서는 구주 강생하시기를 바란다하였으니 그때는 예수가 이 세상에 오신 때니라 (3) 이 두 기록자가 또 티베리우스 왕 때 본디오 빌라도에게 고초를 당하고 돌아가신 예수의 역사를 기록하였으며 (4) 기억할 예언은 (창세기 49장 3절에서 10절) "실로가 왕 앞에 와서 유대인으로로부터 떠나리라" 하였나니 이것이 예수 그리스도에 있지 않으면 능히 있기 어려우니 왕권이 떠나 유대 민족과 계통적 족보는 멸망되었나니라.

제2절 그리스도의 행적

(1) 예수의 신위는 역사와 짝할 이가 없는 것은 왕의 계통으로 처녀에게 나시고 목수의 아들이라. 선생과 책도 없이 유대 이단교인에서 3년 동안 전도로 자기 나라를 진동하였으며 교회상과 정치상 권도로 말미암아 핍박을 당하시고 33년에 죄인으로 돌아가셨다가 죽은 가운데 일어나시어 오백인에게 나타나서 보이시고 증거하게 하시며 19세기 동안 100만여 명의 성인에게 경배를 받으셨으며 (2) 그리스도의 성질은 청렴하고 위엄함으로 하나님의 높은 증거요 (3) 가르치시는 것은 누구하고도 비교할 수 없이 단순하고 권세가 있어 역사상 진보를 세상에 가득하게 하셨으며 (4) 그리스도의 이적은 다른 이적과 다르며 모든 무리 앞에서 알아듣도록 여러 종류의 주의로 행하시어 자기 원

수에게 진실함을 시인하게 하느니라.

제3절 신약전서 기록자

(1) 이 사람들은 거의 유대 향촌인이니 (2) 저희가 예수의 가르치신 말씀을 친히 듣고 기록하여 예수의 이적을 눈으로 본 증거를 단언한지라. 특별히 부활하신 큰 이적에 대해 설명하기를 예수가 십자가에서 돌아가신 후 저희들이 보고 먹고 이야기도 같이 하였다 하며 (3) 저희의 생명이 위급할 때는 저희들이 예수께서 며칠 전 십자가에서 돌아가신 성에서 예수의 부활하심을 용맹히 전도한 까닭에 수천 명 유대인의 믿음을 얻어 처음으로 예수교당을 설립하였고 (4) 이런 이상한 이야기를 증거하기 위해 어려움과 핍박을 많이 당하고 목숨을 교에 바치었으며 (5) 만일 악인이 자기의 악함을 속죄하고 죽어 능히 거룩한 생명이 된다는 것을 믿지 못할 지니 이 사람들이 선인인 줄 알지니라.

제4절 역사상 직접 증거

(1) 신약전서의 기록이 확실한 것은 그때 사도와 지금까지 연속하여 내려오는 사도로 말미암아 의심이 없고 (2) 또 저희의 증명은 주 강생 후 170년에 실제적으로 법전을 준 바 이단교인 마르키온의 조목과 제2세기, 제3세기에 페시타와 이태리인 번역본과 처음 4세기에 예수교 조상을 기록한 책의 신약 말씀을 인증함으로 명백하니라 (3) 제1세기, 제2세기에 로마 이단교인들이 오늘날 예수교인으로 하여금 그리스도의 믿음과 정한 예배와 청렴하심과 고초 받으심을 증명하였나니 여기 유명한 자는 플리니우스와 수에토니우스니라 (4) 제2, 제3, 제4세기에 첼수스와 포르피리오, 그리고 예수교를 적극적으로 반대한 이단교인 율리아누스가 신약전서가 확실한 것이라고 증명하였으나

예수의 이적을 요술이나 그렇지 않으면 악한 권세로 여기더라.

제5절 예수교인의 행적

예수교가 인간 경력으로 성공할 증거가 되었나니 (1) 악한 행적이 변한 것과 (2) 인간 사회에 개화하는 권도와 (3) 고통에 대한 잘못된 지지와 (4) 인간의 가장 두려운 원수인 죽음을 이기는 것 등이니라.

연습공부 제12장 초학부문

제1절 초학 교사

초학교사의 일은 가장 요긴한 것이니 그 까닭을 말할진대 (1) 처음 가르친 것을 이후에 본받을지요 (2) 어린이들은 나이가 이후에 이십여 세 될 때보다 십세 안에 더 배울 것이오 (3) 아이들은 교사나 성경에 의심없는 진리를 가질 것이며 (4) 어린이 때가 큰 영혼상 활발할 때요 (5) 이때가 선한 태도나 그렇지 않으면 악한 태도로 들어가는 문이니라, 초학 교사의 자격은 마땅히 (1) 육신상 믿음은 어린이가 예수 그리스도에 대함과 같고 (2) 어린이를 위하여 하는 일을 괴로워하지 말고 어머니 본능과 같이 할지며 (3) 설명하여 가르치는 재능을 가질지니 항상 목적물, 그림, 이야기 등을 사용할지며 (4) 조그만 일을 처리하는 데는 여자의 지각이 있을지며 (5) 회화와 신앙으로 어린이에게 믿음을 붙이게 할지니라.

제2절 조직

계급

두 가지 계급이 있으니 첫째는 초학자 혹은 독본없는 자니 세 살부터 여섯 살까지요, 둘째는 심상 초등반이니 여섯 살부터 아홉 살까지라, 이 두 계급이 다 한가지로 처리될 지니 (1) 반을 나누어 명수는 여섯에서 열 명까지 하면 잘 가르칠 수 있을 것이오 (2) 전체 부문은 일반 강습할 때 함께 할지니 즉 음악, 기도, 복습, 기억과 다른 훈련이오 (3) 규칙대로 일반 학당과 같이 개회하되, 폐회는 따로 각각 할 것이오 (4) 주일학당이 만일 방 하나만 쓰는 경우에 초학부는 개회 강습할 때 딴 부분을 취하여 폐회 공과 복습을 할 것이오 (5) 각각 다른 방으로 못하는 경우에 일반 강습할 때는 이 초학반의 위치는 마땅히 교장 앞이 될 것이오, 각각 자기 반 공부할 때는 휘장이나 칠판으로 가릴지니라.

준비품 (1) 칠판이니 그 대상 그림을 그리는 것이 아니오, 간단한 지도나 강연이나 암시할 글자를 쓰기 위함이니 가르치는 대로 따라할 것이요, 여기서 더하지는 못할 것이니라 (2) 공과 그림이니 시간을 절약하여 마음에 기억할 것이요 (3) 그림 공과 종이나 혹은 조각이니 집에서 공부하는 것을 장려할 것이요 (4) 찬미족자는 (교사가 지은 것이 좋은 것이라) 좋은 노래 즉 곡조 들기 위함이니 명백히 쉬운 뜻의 글자로 지을 것이요 (5) 곡조 나팔을 사용할지니라.

제3절 공부의 순서

주일공과 (1) 단순한 실상과 요지에 있는 말 같은 중심되는 진리는 시간을 넉넉히 하고 (2) 반 공부 십오분, 복습 십분, 교사 권면이 시간상으로 넉넉히 하고 (3) 거듭 복습 아니할 것을 가르치는 것은 장려하지 않으며 (4) 귀로 더 불어 눈으로 보는 방법은 적절하고 (5) 한 번에 조금씩 훈련과 복습으로 말미암아 명백히 알 것이니 이것이 항상 표준이 될 지니라.

기억 연습 첫째는 주기도문, 계명, 항목, 바울의 사랑 등의 요지, 교회문답, 찬미요, 둘째는 잘못 기억하는 것을 조심하며 다만 기억하여 두는 것을 가르치는 것이 아닌 줄로 명심할 지니라.

부가적 순서 (1) 단순한 순서를 예비할 지니 즉 성경책, 이 책 언행록의 문자, 지리상 표점, 그리고 찬미 등을 3개년으로 계획하고 칠판과 지도를 사용하여 매주 훈련과 복습을 오분씩 가르칠지며 (2) 이것을 승급의 기초로 삼아 학위를 줄지니라.

제4절 특별연습

(1) 확정한 교육법대로 처신을 겸손하게 가르칠지니 초학과가 마땅히 차서로 고등급이 될 것이오 (2) 기도를 연습시키되, 유쾌한 연설과 같이 여기지 말고 육신상 습관으로 가르칠지며 어떻게 기도할 것도 가르치고 (3) 교당에 출석하는 습관을 연습시켜서 매 주일 예배를 찬양할 지며 학도로 하여금 예물을 학당장에게 일신상으로 드리고 (4) 성경을 집과 학당에서 연습시키게 할 지며 문답도 할지니라.

제5절 어린이가 거듭나는 것

초학부 교사의 신앙은 마땅히 (1) 하나님의 적법한 계책에 따라 어린이를 구원하심이요 (2) 오세된 어린이들은 정성스러온 교인이 될 것이오 (3) 어린이들의 신령한 행적은 활발하고 명심을 잘할 지며 (4) 인자로 거듭난 어린이는 비록 참되고 근본되나 장성한 자의 거듭나는 것보다 많이 단순하고 쉬울 지며 (5) 주일학당 초학부 공부가 기도나 성경공부할 때 장난으로 뜻함이 아니요, 다시 살아나는 것과 의로 사는 것으로 목적하느니라.

제6절 암시하는 초학과 목록

(1) 호명 (2) 교당찬미 (3) 기도 (성경의 요긴한 절을 본 뒤나 혹 미리 함) (4) 신학생을 인도함 (5) 공과를 복습함 (6) 어린이의 찬미 (7) 성경을 비롯하여 매일 공과 독서 (8) 십오분 각 반 공부 (9) 동의 찬미 (성경의 실상과 진리로 함) (10) 칠판이나 공과 그림으로부터 공과를 복습함 (11) 성경훈련 즉 성경, 언행록, 지리이니 오분 동안이오.

(12) 연보요 (13) 매주일 보고와 광고요 (14) 목사의 말이요 (15) 병있는 자와 불참한 자를 질문하고 (16) 폐회 기도요 (17) 폐회요, 종이 등을 분배하나니라.

시험공과 성경공부 제10장에서 제12장까지

(1) 큰 사도라 하는 이는 누구며 왜 그렇게 부르나요.

(2) 바울의 계통과 교육 중에서 무엇이 유명한가.

(3) 몇 살에 바울이가 회개하고 어떤 성에서 처음으로 전도하였나요.

(4) 바울이 처음 전도한 곳을 설명하라.

(5) 바울이 몇 번이나 어디에 갇혔나요.

(6) 바울의 첫번 편지 쓴 것과 나중 편지 쓴 날짜를 말하라.

(7) 로마 사람에게 한 편지의 중심 사상은 무엇이며 히브리 사람에게로 보 낸 편지의 중심 사상은 무엇인가.

(8) 예전 예수교 역사의 다섯 시기를 차례로 설명하라.

(9) 예수교 입문 중 두 가지 형편을 설명하라.

(10) 예수교가 확장되던 날짜는 어느 때인가.

(11) 언제 어디서 유대인 예수교회와 외인의 예수교당이 조직 되었나요.

(12) 예루살렘 공의회의 큰 사건이 무엇인가.

(13) 무슨 까닭으로 예수교가 핍박을 당하였나요.

(14) 무슨 결과로 핍박받던 시대가 끝나나요.

(15) 예수교 증거의 다섯 원인을 차례로 설명하라.

(16) 실로가 온다는 예언에 대하여 무슨 말들이 있나요.

(17) 그리스도씨의 이적이 어떻게 구별되었나요.

(18) 신약전서 기록한 자로부터 증거 둘을 말하라.

(19) 우리 신약전서 기록의 명확한 것이 어떻게 확정되었나요.

(20) 이단교인 역사가의 증거는 무엇인가.

(21) 예수교 하나님 권능의 나타나는 증거를 설명하라.

시험공과 연습공부 제10장에서 제12장까지

(1) 복습하는 데 두 가지 요긴한 목적을 설명하라.

(2) 각 반 복습에 대하여 무슨 말이 있나요.

(3) 매 주일과 학교 공부 복습의 권면을 몇 시나 할고.

(4) 복습하는 데 마땅히 포함할 점은 무엇이며 배척할 것은 무엇인가.

(5) 복습시키는데 좋은 방법은 무엇인가.

(6) 어떻게 학당에서 복습할 때 어떻게 문답할고.

(7) 복습하는 데 피할 것은 무엇인가.

(8) 교사회의에 세 가지 목적을 설명하라.

(9) 교사회의 중요한 본분은 무엇인가.

(10) 이 회에 회원은 누가 마땅히 될고.

(11) 누가 이 회를 인도할고, 그 연고를 설명하라.

(12) 무슨 준비품이 요긴한가.

(13) 이 회의 마땅히 해야 일은 무엇이며 어떻게 처리될고.

(14) 공과 발달의 마땅히 할 바 계급을 차례로 설명하라.

(15) 초학 부문에서 하는 일의 긴요한 연고를 적게 잡아도 둘이라도 설명하라.

(16) 초학교사의 자격은 무엇이 될고.

(17) 초학반과 원방이 어떻게 관계될고.

(18) 초학반에 요긴한 준비품은 무엇인가.

(19) 공과를 얼마나 가르치며 또 어떻게 가르칠고.

(20) 초학과 부가적 일에 대하여는 무슨 말들이 있는가.

(21) 무슨 목적으로 어린이들을 연습시키는가.

원문

교사량셩 쥬일학당 교과셔

▌저자 | 하밀(H.M. Hammill)

1847년 미국 앨라배바 론데스버러(Lowndesboro)에서 출생했으며, 앨라배마 대학교에서 학사와 석사 학위를 취득했다. 1885년 감리교 목사가 되었으며, 그 후 주일학교 교사 양성에 한평생을 보냈다. 1915년 테네시(Tennessee)에서 세상을 떠났다.

▌편역 | 크램(W.G.Cram)

1875년 미국 켄터기(Kentucky)주에서 출생하였으며, 에즈베리대학교(Asbury University)를 졸업하였다. 1902년 남감리교 선교사로 내한한 이후 강원도 철원, 금화, 금성구역 감리사로 활동하였다. 1926년부터 1940년까지 남감리회 해외 선교부 총무로 재직하면서 한국 선교를 지원하였다. 1944년 은퇴한 후 1969년 미국 내쉬빌(Nashville)에서 세상을 떠났다.

▌현대역·해제 | 윤정란

숭실대학교 사학과를 졸업하고 같은 대학교 대학원에서 「일제시대 한국기독교여성운동연구」라는 주제로 2000년 문학박사학위를 받았으며 이후부터 한국근현대사에서 여성사, 독립운동사, 기독교사 등의 연구에 전념했다.

현재는 숭실대학교 한국기독교문화연구원에서 HK교수로 재직하고 있다.

주요 저서로 『한국 기독교 여성운동의 역사』(2003), 『19세기말 서양선교사와 한국사회』(공저, 2004), 『전쟁과 기억』(공저, 2005), 『종교계의 민족운동』(공저, 2008), 『서북을 호령한 여성독립운동가 조신성』(2009), 『혁명과 여성』(공저, 2010), 『왕비로 보는 조선왕조』(2015), 『한국전쟁과 기독교』, 『나주독립운동사』(공저, 2015) 등이 있으며, 다수의 논문이 있다.

교사량셩쥬일학당교과셔

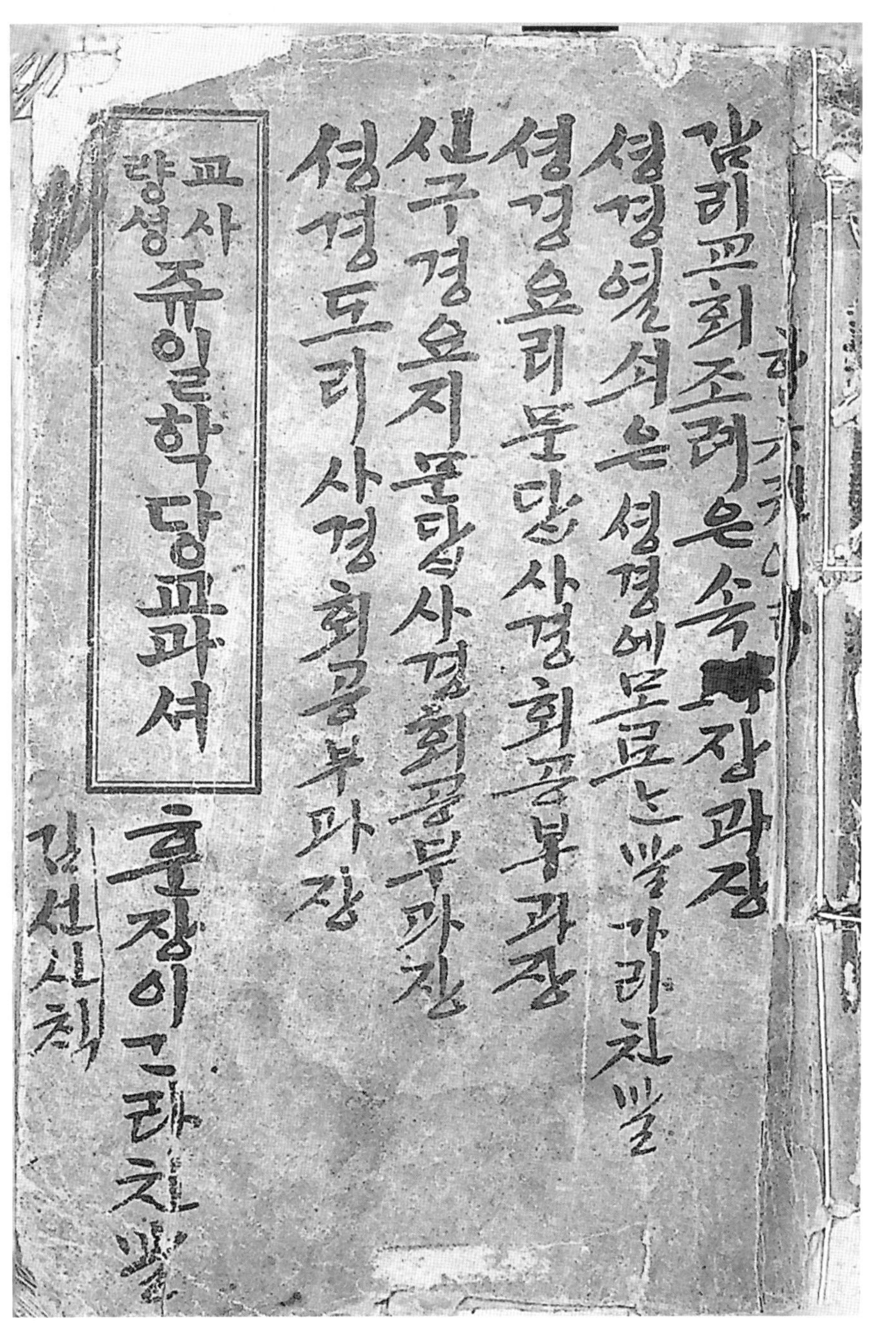

숭실대학교 한국기독교박물관 소장 교사량셩 쥬일학당 교과셔 · 6

구쥬강셩 一九○九년 、

대한 륭희 三년 八월 일

교사
량셩 쥬일학당교과셔

미국 감리회교사량셩소쟝 신학박亽 하밀 져술

만국쥬일학당총위원쟝

김서신착

TEACHER TRAINING LESONS

BY

Prof. H. M. HAMILL, D.D.

Price : Boards 30 sen

,, Paper 20 ,,

Translated under the supervision of Rev. W. G. GRAM, A.M.

쥬일학당교과셔목록

셩경공부뎨일쟝구약젼셔　뎨일쟝

연습공부뎨일쟝주일학교쟝　뎨철쟝

셩경공부뎨이쟝구약젼셔디지　뎨십쟝

연습공부뎨이쟝목사　뎨십오쟝

셩경공부뎨삼쟝구약젼셔사긔챵죠흘씩브터읙급셔지　뎨십팔쟝

연습공부뎨삼쟝주일학교쳐리　뎨이십삼쟝

셩경공부뎨ㅅ쟝구약젼셔사긔츌익굽브터그리스도셔지　뎨이십구쟝

연습공부뎨ㅅ쟝주일학교목양　뎨삼십오쟝

셩경공부뎨오쟝모셰의법젼　뎨삼십구쟝

연습공부뎨오쟝학셩의츌셕　뎨ㅅ십이쟝

셩경공부뎨륙쟝모셰의례식　뎨ㅅ십오쟝

연습공부뎨六쟝학셩들이집에셔ᄒᆞ는공부　뎨ㅅ십구쟝

셩경공부뎨칠쟝유대국죠례　뎨오십오쟝

목　록　　일

목 록

이

목록

목 록

교사
량성 쥬일학당 교과셔

성경공과 뎨일쟝 구약젼셔

뎨일졀 분류법

구약은삼십구권으로되엿스니신약젼셔와갓치근리는구약젼셔의분류도

역스샹과교훈경비샹과예언샹으로난호왓느니여좌ᄒᆞ니라

一 사긔척십칠권이니창셰긔로브터에스다셔지라ᄒᆡ긔첫지오권은유
명훈를법이오

二 교훈혹경비척오권은욥과시편과잠언과젼도와솔로몬아가요

三 예언척십칠권은오권과십이권두길노난호와ᄂᆞ니즉큰예언척과쟉
은예언척이라ᄒᆞ느니라

뎨일졀 분류법

력사척 (열일곱권)은모셔가긔록ᄒᆞᆫ것이니창셰긔출이급례위긔와민수긔

일

뎨이졀 긔록훈쟈

이

와신명긔니합오권이오나죵긔록훈것은여호수아와사사긔와룻과삼우엘

샹권하권과열왕긔샹하권과력디지략샹하권과에스라와네헤먀야와에스

다니합십이권이오

교훈칙(오권)은욥과시편과잠언과젼도셔와솔로몬아가칙이니합오권이

오

예언칙(십칠권)은두가지로난호와ㄴ니큰예언은이사야와예례미야와이

가와에스결과단이엘합오권이오자근예언은호셰아와요엘과암으스와옵

아듸야와요나와미가와나훔과합박국과세반이야와학가와세가리야와말

나긔니합십이권이니라

뎌이졀 긔록훈쟈

긔록훈쟈와 칙은여좌훈듯ᄒ니라

력사칙으로는 률법즉구약에쳣졔오권은모셰가긔록ᄒ엿고여호수아는

여호수아가칙을긔록ᄒᆞ엿고사사긔와룻은삼우엘이긔록ᄒᆞ엿고삼우엘샹권으로력ᄃᆞ지하권서지는삼우엘과나단과쉼메이아와셰도와아이도와예례미야와쏘다른저작자들로긔록되엿스니동모다셔긔판에스라가편찬ᄒᆞ야판ᄒᆞ엿고에스다는에스라혹은모듸캐이로가긔록ᄒᆞ엿다ᄒᆞ엿ᄂᆞ니라

교훈칙은욥은모세가긔록ᄒᆞ엿고시편은싸윗과쏘다른사롬들이긔록ᄒᆞ엿고잠언과젼도칙과아가는솔로몬이긔록ᄒᆞ엿ᄂᆞ니라

예언칙으로는이가는예례미야가긔록ᄒᆞ엿고쏘다른여러칙들은모다긔록흔자혹져작자의일홈으로편찬ᄒᆞ엿ᄂᆞ니라

뎨삼졀 긔록흔쎄

모든칙의긔록흔쎄롤오긔에분비ᄒᆞ엿ᄂᆞ니라

뎨일긔

쥬강성젼일쳔사빅구십일년으로브터일쳔구십육년서지라모세로브터사울서지니욥과률법칙오권과여호수아합칠권이긔록되엿고

뎨삼졀、긔록훈찌

쥬강성전

一 일쳔사빅구십일년　일곱권
二 일쳔구십육년　여닯권
三 구빅칠십육년　여닯권
四 륙빅륙년　여닯권
五 오빅삼십육년　여닯권
六 삼빅구십칠년　여닯권

뎨이긔

일쳔구십육년으로브터구빅칠십륙년션지라사울로브터나라이난홀씨지니사사긔와룻과삼우엘상하권과시편과잠언과뎐도칙과아가합팔권이오

뎨삼긔

구빅칠십륙년으로룩빅륙년셔지나라이난호와진찌브터유티국속박될씨지니요나칙과요엘과암오스와호세아와이사야와미가와나훔과세반이야칙들이니합팔권이오

뎨사긔

룩빅륙년으로브터오빅삼십륙년서지라빠벨론이속박될씨니렬왕긔상하

권과옵아듸야와예례미야와의가와합박국과에스결과단이엘쳑들이니합

팔권이요

뎨오고

오빅삼십륙년으로브터삼빅구십칠년이라빠벨론속박될씨브터여언이완

결될씨서지라력듸지략상하권과에스라와례헤미야와에스다와학가와세

가리야와말나긔등합팔권이니라

뎨사졀 긔록훈연고

역사쳑

쳣졔오권은창죠훌씨브터가나안을이길씨서지사룸의사긔니유틱신쳐국

(神治國)으로더부러특별훈관계가잇고둘졔는여호수아로삼우엘상권서

지는법관열다셧밋히잇든유틱의사긔오셋졔눈삼우엘상권으로에스다서

지포함훈것은유틱국의사긔니사십이왕이다사리고속박될동안이니라

교훈쳑

뎨사졀 긔록훈연고

오

뎨사졀 긔록ᄒᆞ연고 류

욥은하ᄂᆞ님ᄭᅦ셔특별히보호ᄒᆞᆫᄯᅳᆺ을나타닉엿고시편은미일경비ᄒᆞᄂᆞᆫ칙이

오잠언은미일힝위ᄒᆞᄂᆞᆫ칙이오젼도칙은이셰샹의유쾌ᄒᆞᆫ것과경영의허실

과허망을셜명ᄒᆞ엿고아가ᄂᆞᆫ진실ᄒᆞᆫ종교의아름다온것과복을비유ᄒᆞ야긔

록ᄒᆞ엿ᄂᆞ니라

　　예언쳑

큰션지쟈로ᄂᆞᆫ(일)이사야ᄂᆞᆫ메시아를예언흠으로젹당ᄒᆞᆫ복음션지라고부

르고(이)예리미야ᄂᆞᆫ그의인가롤포함ᄒᆞ엿ᄂᆞ니ᄲᅡ벨론의운수불힝ᄒᆞᆫ것과

유틱인의도로옴을미리말ᄒᆞᆫ자즉속박의우ᄂᆞᆫ션지쟈라ᄒᆞ고(삼)에스결과

단이엘은브통격션지혹은졍치샹션지라고ᄒᆞᄂᆞ니그가죵말이스라엘의회

복과그리스도의온셰샹다사릴ᄯᅢᄭᅥ지외인나라의흥망을미리말ᄒᆞ엿ᄂᆞ니

라

자근션지쟈들의모다예언ᄒᆞᆫ것은(일)아시리아국과갈나듸아와에돔과

ᄂᆞ니비와이듸으피아들의멸망과(이)유틱국의위급ᄒᆞᆫ운슈와(삼)죵말회

복ᄒᆞᆫ것과(사)구셰쥬의강림과그리스도의나라롤모다미리말ᄒᆞ엿ᄂᆞ니라

연습공부 뎨일쟝 쥬일학교쟝

뎨일졀 션틱

쥬일학교쟝은목소와교당직원과교소가맛당히션거호되첫지결졍홀것은 사룸의령혼샹합당훈것과둘지눈지질이오셋지눈교육샹능력이며 (이)학 셩들은션거치못홀지니져희들은판결호기에익숙호지못호며 (삼)학교쟝 은교당관리국에회원이될지며 (사)학교쟝의효력을미년션거에셔시험호 야다시기림홀지니라

뎨이졀 쟈격

지원으로눈 쥬일학교쟝이소불하이아리멋가지롤가질지니 (일)관리호 눈데익숙훈것과 (이)연습호눈데참눈것과 (삼)졀셔롤직히고소무물쳐리 호눈되용단호눈것과 (사)교소나학셩의과실을의인호눈것과 (오)모든일 을보눈데근신훈것이니라

뎨일졀 션틱

칠

교육상으로는자긔가맛당히학교의쟝이될지니 (일) 부지런흔셩경연구쟈가될것이요 (이) 학교관리의가랍될일을알지며 (삼) 공과롤구르치고복습호눈딕능히감당호야교사들의관계롤감독홀지니라

일신상으로눈 학교의가장고명흔모범이될지니 (일) 교사나학셩으로더부러진실흔천구가될지며 (이)자긔눈일과학교롤온젼히사룡홀지며 (삼) 방탕흠을삼갈지니즉연희딕와화토국이나춤이나담비등이니라

뎨 삼졀 방법

(일) 쥬일학교쟝은구르철만호야회에나학회에참셕호고사무의조흔방법을비홀지며 (이) 학교쟝은공변될것이오한고집쟈는되지말지라고로건리쥬일학교사무호눈딕밋을것이오 (삼) 무삼일이던자남압헤뵈이랴고호지말고써닷는계칙을학교에버려셔츙분이흘지며 (사) 이약이눈조금호고쇽짓거나셩을닉지말고 (오) 교육법의얼킨문졔롤잘못혼쟈로더부려사사로히일신상으로분히홀지니라

뎨사졀

학당에딕ᄒ야ᄂᆞᆫ목ᄉᆞ와교당직원을존경ᄒ고ᄯᅩ져회의롭요구ᄒᆞᆯ지며 (이)교당ᄉᆞ무에진실히춸셔ᄒ야교당춸셕부룰가지고권면ᄒᆞᆯ것이오(삼)예수교회원을위ᄒ야쥬일학당젼도ᄉᆞ무룰고춸ᄒ야동심협역ᄒᆞᆯ을을엇을것이며(ᄉᆞ)각기회날교당례비롤광고ᄒᆞᆯ지니라

학교에딕ᄒ야ᄂᆞᆫ공긔와빗과더운것등쳔면형틱와학교와각반열에쥰비룰주의ᄒᆞᆯ지며(이)샹학과하학을시간딕로ᄒᆞᆯ지며(삼)이런지존ᄒᆞᆫ의무룰총돌이되지안토록모든일을감독ᄒᆞᆯ지며(ᄉᆞ)불참ᄒᆞᆫ쟈룰솗혀져셔회로ᄒᆞᆷ야금즉시우러러보게ᄭᅦᄒᆞᆯ지며(오)학ᄉᆡᆼ들이엇더케비왓나보기위ᄒᆞ야모든반열을다시험ᄒᆞᆯ지며(육)각공과을ᄀᆞᄅᆞ쳔후에학도룰복습시키고시험ᄒᆞᆯ지며(칠)쥬의날파쥬의집에합당ᄒᆞᆫ길로학도룰인도ᄒᆞᆯ지니라

집에딕ᄒ야ᄂᆞᆫ교ᄉᆞ나학ᄉᆡᆼ들이병이잇거나곤란ᄒᆞᆯ쌱롤아라셔가심방ᄒᆞ야져회롤위로ᄒᆞᆯ지며(이)이것을필요ᄒᆞᄂᆞᆫ쟈의게쳔ᄒᆞ게시간을읻씀을줄지니즉가련ᄒᆞᆫ쟈와외로운쟈와방탕ᄒᆞᄂᆞᆫ쟈들이오(삼)학ᄉᆡᆼ의부모로더부러

뎨ᄉᆞ졀

구

뎨오졀 목졔

편지로나 혹쳔이말로 샹의ᄒ야 져 회의 동심협력과 츌셕을 엇어 불참ᄒᆫ학셩

을 교화ᄒ며 신학셩을 모집ᄒ지며 (사) 이것을 ᄒ기에 쳥년예수교인의 일ᅙ

즉 하속이잇스니 그들을자긔 사용의 죵사ᄒ지며 (오) 학교쟝이ᄒ슈잇ᄂᆫ 디

로복음젼ᄒᄂᆫ 학문을학셩으로좃ᄎ 모든집에 젼파ᄒ지니라

뎨오졀 목졔

령혼샹일의 요긴ᄒᆫ셩질노조ᄒᆫ학교 만들지며 (이) 자긔학셩을 모다 본문셩

경학셩이되게ᄒᆯ지며 (삼) 학셩을 교화ᄒ야ᄒ슈잇ᄂᆫ 디로 일즉이 유효ᄒᆫ교

당회원을 삼을지니라

셩경공부 · 뎨이쟝 구약젼셔 디지

뎨일졀 거리원계

예루살렘으로브터 방향과 거리라

십

뎨 일졀 거리원게

십일

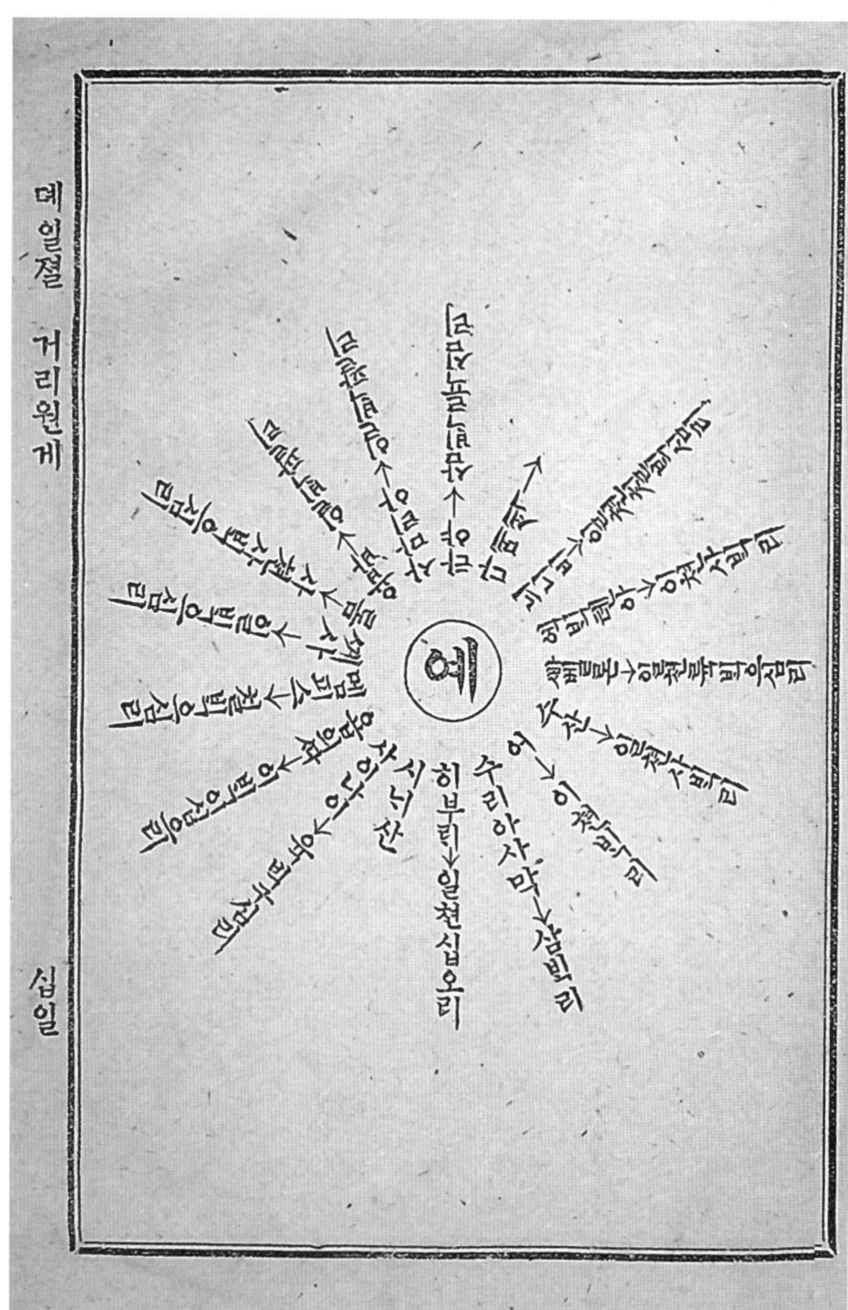

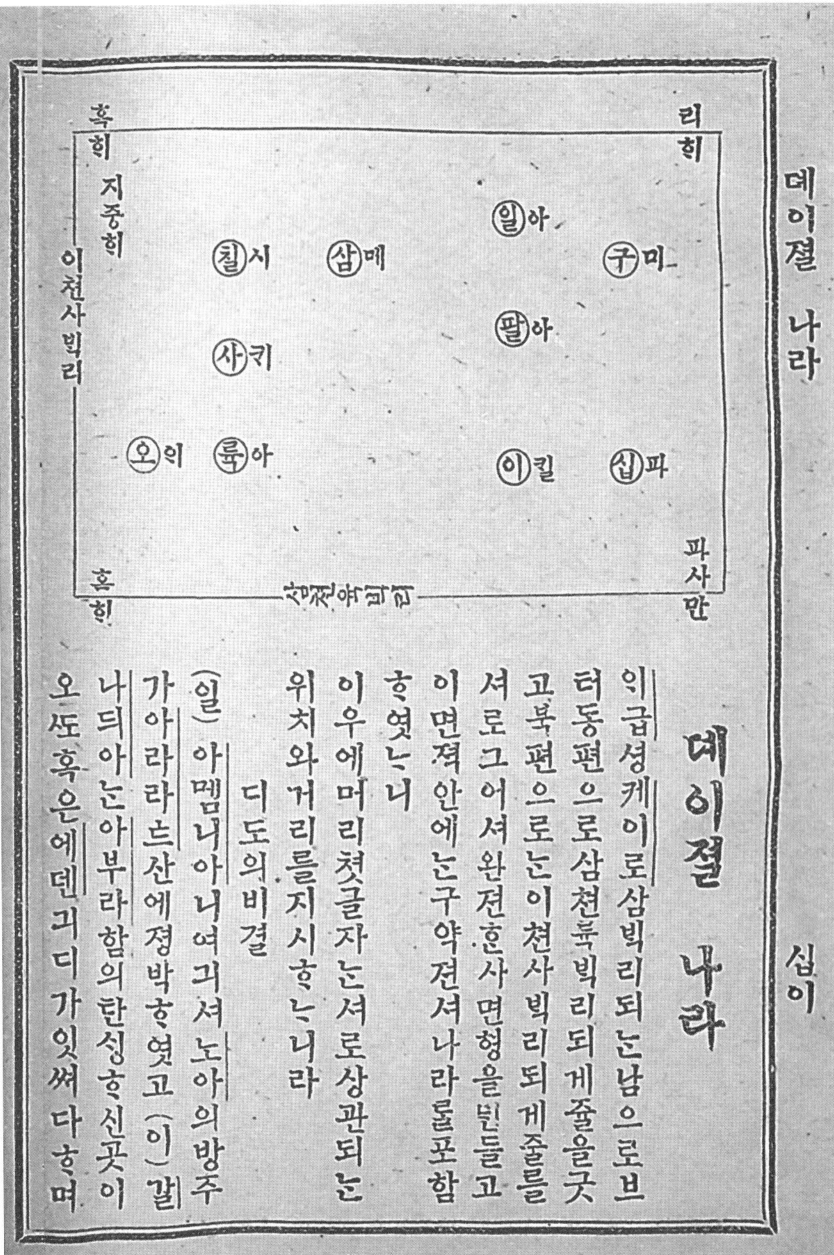

뎨이졀 나라

이급셩케이로삼빅리되는남으로브터동편으로삼쳔륙빅리되게줄을긋고북편으로눈이쳔사빅리되게줄를셔로그어셔완젼혼사면형을빈들고이면젹안에눈구약젼셔나라롤포함호엿느니

이우에머리쳣글자눈셔로샹관되눈위치와거리를지시ㅎ느니라

디도의비결

(일) 아몜니아녀긔셔노아의방주가아라라쓰산에졍박ㅎ엿고 (이) 갈나듸아눈아부라함의탄셩ㅎ신곳이오쏘혹은에덴그디 가잇쎠다ㅎ며

(삼) 메소브다미아ᄂᆞᆫ아부라함의우거ᄒᆞᆫ시든ᄯᆞ이오 (사) 하ᄂᆞ님ᄭᅦ셔언약ᄒᆞ신가나안ᄯᆞ이오 (오) 의굽이니희브랴사람이노예되든ᄯᆞ이오 (륙) 아라비아피추리아이니즉광야오 (칠) 수리아ᄂᆞᆫ이스라엘의가쟝큰변방원수요 (팔) 아시라이니열족속의속박되든ᄯᆞ이요 (구) 와 (십) 미듸아와파사국이니유리사름의속박을노와준ᄯᆞ이니라

뎨삼졀 디지

위치ᄂᆞᆫ (일) 아셰아와아불리가와구라파의련락된즈음이오 (이) 경션은삼십도로브터둥으로오십도ᄭᅡ지오위션은삼십도로브터북으로사십도ᄭᅡ지오 (삼) 쟝광 면젹은쟝이삼쳔륙빅리오광이이쳔샤빅리니거진삼쳔만방리나되ᄂᆞᆫ지라가량합줌듕국의삼분지일과ᄀᆞᆺ고혹가나다의삼분일보담젹으니라

포면 (일) 아멘니아와수리아와가나안과아리비아에ᄂᆞᆫ산이만코 (이) 미듸아와파사와아시리아에ᄂᆞᆫ광활ᄒᆞᆫ고원이잇고 (삼) 메소보다미아와갈나듸아와이굽에ᄂᆞᆫ덜과특별히기름진산곡들이잇ᄂᆞ니라

데사뎔 력사　　　　　　　　　　　　　　　섭소

물 (일)사방에잇스니 (디도롤보라) 홍히와흑히와리히와파사만이니라

(이)셔편에눈일쳔이빅리나되눈디히즉디즁히가잇고 (삼)가나안에눈사

히와갈닐녀바다가잇고 (사)타이그리스와유푸레틔스강이잇스니아멘니

아에셔근원이나셔메소보다이아와갈나듸아롤에워셔파샥만으로려합호

야드러가고 (오)요단강은가나안동편디경에잇고나일강은북으로익굽을

쑤러셔듸즁히로흘너드러갓느니라

뎨사뎔 력사

큰나라열이이싸에셔연속호야일어나셔외국통치자가되엿스니 (일)갈나

듸아즉어미되눈나라니도셩은어요 (이)익굽이니도셩은멤페스요 (삼)포

니시아니도셩은타야요 (사)이스라엘이니도셩은예루살렘이요 (오)아시

리아니도셩은늬니븨요 (룩)미듸아니도셩은엑쎅틴아요 (칠)빠벨론이아

니빠벨론이도셩이오 (팔)파사니수산혹은수사가도셩이오 (구)마게도니

아니알렉산더듸왕이요 (십)로마국이니오거스터스가이사니라

연듸학초셔로력사상긔록혼싸눈여좌호니라

(일) 갈나듸아에 잇는 쎄뻴은 각 민죡의 흣터진 싸이오 (이) 혹은 읍의 거쥬ㅎ
던 이 둠이 아요 (삼) 예루살렘 북편에셔 구십리 거리 되는 쉬쳄이니여 긔셔 하
ㄴ님쎄셔 야부라 함과 언약 ㅎ셧고 (사) 나일강어구 근쳐에 잇는 쎄쉔이니 히
부리사람의 로에 되던 싸이오 (오) 이라비아국 시닉산이니여 긔셔 모세의 률
법과 셩막이 셜립되엿고 (륙) 필리스틔아 도셩쎄사요 (칠) 포너시아 도셩타
야요 (팔) 예루살렘 남편으로브터 철십오리 거리 되는 혀쎈론이니 유틱인의
쳐음 도셩이요 (구) 영원불변되는 도셩예루살이오 (십) 사마리아는 난혼후
열죡속의 도셩이니라

연습공부 뎨이쟝 목사

목사와학교의관계는밀졉히영향되야목사가유익홀것갓흐면학당은자연
셩취될지니라
비록목사가교당의보통직원으로권리는쥬일학교쟝보다지닉나학당쳐리
와힘사에눈둘지되는것이올흐니목사가학당에되혼관계는이아리와갓치
네가지가잇느니라

뎨일쟝 목사

십오

직무샹

목사눈교당뎨일직원으로학교쟝과관계되눈것이맛치졍부되신이각부딘신의게딕흠과공립학교쟝이자긔의보좌원의게딕흠과갓흐니라(이자긔의의무눈교당의모든일을쥬쟝흐눈쟈로여일히학당에츌셕흐눈것이오만일긔도회나강단에불참흐면용셔흘슈업눈것굿치용셔흘슈업스며(삼)교당목록에샹당훈시간을졍흐야목사가젼도흑권면을흘지며(사)학교의직원과교사눈목사의동의업시눈피쳔되지못훈것이오(오)학교쟝의의무눈간셥지말지니셔로관계눈직무샹이요쏘학교쟝이자긔목사롤놉훈직원으로존경치안커나그러치안으면목사가자긔학교쟝위로권리롤오로지흐면학교쟝이던지목사던지자긔직분을감당치못흐느니라

뎨이졀 젼도샹

쥬일학교눈교당을위흐야잇눈고로목사가맛당히교사의츙의롤아울너교훈의맑은것을보호흘지며(이)학교눈교당으로좃차유지되눈고로학교눈교당으로인도흐야돈을쓰기도흐고슈젼도흘지며(삼)학셩들을교회사긔

나 도록그르치는데맛당히쥬의ㅎ야총명ㅎ예수교회원되는것과예비ㅎ는데연습시킬지며(사)학교와교당의양편의무와출셕의건션홈을가다듬어ㅎ샹목젹ㅎ기록학교에딕ㅎ야완젼ㅎ교당이되고학교는교당에딕ㅎ야완젼ㅎ게홀지며(오)쥬일학교의특별ㅎ례비와학교의직원이나교사의직분에드러오는것과범위안에젼도ㅎ는것과학싱들과더부러동경을표ㅎ는것으로말미암아강단에셔학교를존경홀지니라

뎨삼졀 교육샹

목사는셩경훈칙만공부ㅎ는사롬으로공부홈과그르침을쳥명과교당으로좃차난홀지니이갓치ㅎ야공부ㅎ는데와그르치는데교육샹합당ㅎ인도자가될것이며

(이)교사들의게특별ㅎ보조원이되고교당에교사와교사회의에출셕자가될지며(삼)공과롤복습시키기에주의ㅎ야학싱의진보롤져당히시험홀것이며(사)만일목사가한반을그르칠지경이면그반은그르칠예비ㅎ는쳥년예슈교인의연습반이라홀지며(오)교사회롤셜립유지와쳥년사회와쥬일

뎨삼졀 교육샹

십칠

학교를련락ᄒ야기에용의ᄒᆞᆯ지며ᄒᆞ마다거록ᄒᆞᆫ날을직히고공잇ᄂᆞᆫ학싱은샹을줄것이니뎨일언ᄒᆞ고맛당히참쥬일학교목사가될지니라

뎨사졀 목사직분

어린아ᄒᆡ들이교당라학교에단이기를져희의부모를권ᄒᆞ되아ᄒᆡ들은남녀를분변ᄒᆞᆯ것이업스며 (이) 밋지안는집에쥬일학교젼도ᄒᆞᄂᆞᆫ일을다른사ᄅᆞᆷ과난훌지며 (삼) 학싱들의일홈을맛당히알어셔져희들노쳔밀ᄒᆞᆫ일신샹과령혼상관계를삼을지며 (사) 학싱들을집으로심방ᄒᆞ되특별이병이잇슬ᄯᆡ나곤란훌ᄯᆡ훌지니라 (오) 목사가맛당히어린양을먹길지며긔회쥬심을일신샹으로져희들과긔도ᄒᆞ고이약이도ᄒᆞ야그리스도씨와교당과학당에디ᄒᆞ야져희의본분을셜명훌지니라

셩경공부 뎨삼쟝

구약젼셔사긔뎨일쟝죠훌ᄯᆡ브터출이급셔지라
(쥬의) 이년디눈어쓰박스가졍ᄒᆞ거슨쟈셰치못ᄒᆞᆫ공부ᄒᆞ기ᄂᆞᆫ편리훌

지니리

년딕학권션(圈線).

아담으로브터그리스
도셔지니사분지일은
즉일쳔년식이니라

룩셰긔

구약은상고역사의가
쟝오릭되고밋을만혼
칙이라틱초에는션틱
혼그리스도의나라와
게동의거룩혼긔록
홍엿더니우연이동시
외인역사의요긴혼사
건도긔록되엿느니이
사긔가자연이여셧에

뎌사졀 목사직분

셩구

뎨사졀 목사직분

난호와ᄂᆞ니여좌흠

(일) 시험 창죠ᄒᆞ딕브터홍수ᄭ지니아담의도라갈ᄯᆡ브터시쟉ᄒᆞ야인죵멸망ᄒᆞᆯᄯᆡ맛쳐엿ᄂᆞ니라

(이) 예비 홍수ᄯᆡ브터츌이굽ᄭ지니션턱된나라의긔쵸로향ᄒᆞ던의에감동을좃차나니라

(삼) 이긔심 츌이굽브터왕국될ᄯᆡᄭ지니이동안에유틱국사람들이하ᄂ님의언약ᄒᆞ신ᄯᆞ를졈령ᄒᆞ랴고ᄡᅡ왓ᄂᆞ니라

(사) 권셰 쳐음임군사울이왕위에오를ᄯᆡ브터솔로몬죽은후나라이하ᄂ와질ᄯᆡᄭ지니가쟝광딕ᄒᆞ고번셩ᄒᆞ든시딕니라

(오) 쇠약 나리이난호왓슬ᄯᆡ브터유틱인의속박과국민자유롤일엇슬ᄯᆡᄭ지니이것은우상을셩김과졍치상반틱의결과니라

(륙) 로예 유틱인의속박될ᄯᆡ브터예수강싱ᄒᆞ실ᄯᆡᄭ지오유틱국민이졀멸될ᄯᆡ를겨ᄒᆞ야예수도라가신후사십년이라이동안에파사국사람과희랍인파로마사람들이연속ᄒᆞ야다사렷ᄂᆞ니이사셔이외인역사에도ᄒᆞᆫ부분이잇ᄂᆞ니라

이십

뎨일졀 시험

씨
주강성젼사쳔년즉창조홀씨브터동이쳔삼빅사십팔년에딕홍수서지니일쳔륙빅오십륙년이니라

싸
유푸레틱스강북편과동편이니라

사건
(일)셰상을엿서동안에창조하셧고(이)사람을죽게하심과에덴에셔방축출심이오(삼)홍수젼민족의게속홈이니아담으로브터셈서지열혼시디오(사)하느님과갓치동힝하든에록의승텬이요(오)빅년동안을노아의게홍수가잇슬줄로경계하심이니일로브터노아의족속만구원을엇어느니라

사람
(일)최쵸사람은아담이오(이)최쵸션지는에록이오(삼)늙은가죡은미두실라요(사)노아는방주를지엇느니여긔주의홀것은아담과미두실라와셈셰가죡의셩명이창조브터이샥선지이쳔일빅오십여년을거반동시인으로지닉넌지라아담은미두실라와이빅사십사년을동시인으로잇셧고미두실라는셈과빅년을함셔잇셧고셈은아보라

뎨일졀 / 시험   이십일

흠과일빅십오년이요이삭과오십년이라이갓치창죠의 이약긔를가히쉬옵게졍밀히 ᄒᆞ엿느니라

뎨이졀 예비

ᄯᆡ　주강셩젼이쳔사빅사십팔년홍수씩브터동일쳔사빅구십일년출애굽ᄭᅡ지니팔빅오십칠년동안이니라

ᄯᅡ　유푸레틔스들과가나안과익굽이니라

사건　(일)갈나듸아쎄벨에셔흣터짐이니인죵을각각부동ᄒᆞ심이오(이)갈나듸아써어로브터아부라함을부르심이요(삼)예수강셩젼이쳔년에아부라함과이삭과야곱이가나안에우거ᄒᆞᆷ이요(사)야곱과모든족속들이일곱으로갓느니이는자긔ᄋᆞᆯ익굽왕의쥬무딕신요셉이가부름이요(오)이빅오십년을익굽사람의로예로잇다가큰지앙열가지로익굽에셔나와셔유틱국이참되엿느니라

사람　(일)니모로뜨는함의손자니혹은쎄벨건츅ᄒᆞᆫ자라ᄒᆞ며(이)멜기셋덱은살렘즉예루살렘의왕이니아부라함의천구요(삼)아부라함과

이샥과 야곱과 요셉을유틱국션조로존경하엿고 (사) 바로니의급왕이니

동시나라 ᄂᆞᆫ걸나듸아와 쌔벨론과 아시리아와익급이니라

연습공부 뎨삼쟝 쥬일학교쳐리

쥬일학교율성취ᄒᆞᆯ쳐리ᄂᆞᆫ다셧가지에달엿스니즉사무의젹당ᄒᆞᆫ준비와순셔의자미잇ᄂᆞᆫ것과직원의근신홈과쥬의흠이요교사의진실ᄒᆞᆫ밋음과학셩의조흔ᄒᆡᆼ위니라

뎨일졀

(일) 조흔칠판은업지못ᄒᆞᆯ것이요 (이) 명빅히잘뵈이ᄂᆞᆫ바신구약싸의간략ᄒᆞᆫ디도요 (삼) 모든학셩의찬미가요 (사) 셩경을아니가진학셩이나방쳥을위ᄒᆞ야공급ᄒᆞᆯ셩경이요 (오) 직원의편리ᄒᆞᆯ영원히둘긔록쳑이니라

초학부문의특별히필요ᄒᆞᆫ것은첫지큰주일공과그림과둘지ᄂᆞᆫ각회원의ᄒᆡᆼ겨을말ᄒᆞᆫ공과율긔록ᄒᆞ미주일어린아ᄒᆡ의신보니라

뎨이졀

뎨이졀 순셔

(일)시간은맛당히한시십오분을넘길써가드물며(이)시간을맛당히겨당흥게번긔흥야불변흘거시니자죠변흥면방히될지며(삼)긔폐회식을간단흠과쾌활히흥되공부흘것을위흥야사십분을온젼히남겨예비흘지며(사)수젼과월보와칙을분급흥기위흥야순셔에완뎡흔시간을예비흘것이오(오)무삼강습이던지즉찬미던지긔도던지북습이던지훈련이던지일체로언약흘지니라

뎨삼졀 직원

(일)직원은학셩의준비와안위흠을예비흥기위흥야긔회젼소불하십분에츌셕흘지며(이)모든직원은맛당히각각자긔의의무롤명빅히알아셔엄흥게자긔롤졈져희들의게졔한흘것이오(삼)모든직무상사무롤학교즉각반열에방히업시쳐리흥되례비나공과시간은특별히더쥬의흘지며(사)두어가지암호롤가질지니고요히동의흥는것과상셰흔사무의순셔로더부러일

졍히의졍흔쥬의라이것이맛당히각직원의모든일흥는특질을표흘지나라 (오)직무샹보단즉셔긔관이나회계의보단이라모힐씩마다학교에셔공포흘지니라

데사졀 교사

교사도직원과갓치긔회젼의출셕흥야자긔학싱을영졉흥고즉시공부에비쳐흘것이요 (이)교사는각각자긔반열에규측을담당흘지라한번에규칙이문란흥면젼쳬학교의명예가손샹될것이요 (삼)규칙을잘직히는반은모든학싱을흥샹일식히게흠이오 (사)교사의예비는반다시자긔반에온젼흔쥬의룰흘것이오 (오)교사는맛당히학교쟝의암호을응답흥는데와일반강습을연합흥는데민첩흥는모범이될지니라

데오졀 학싱

질셔의규칙은간단흥고단순이흥되강졔력으로실힝흘지니 (열)공립학교갓흔학당은여일흥고시간직히는학싱의출셕을쟝여흥고특별히공경흘

뎨오졀 학셩

이십륙

지며 (이) 훈박게셔방황ᄒ며문안에셔힝위롤편ᄒ디로자유로ᄒᄂᆫ것을맛
당히금홀지니학셩이오거든잘다사리고규칙잇ᄂᆫ외인학교와갓치졍좌ᄒ
고공부롤시작홀지며 (삼) 담화휴식시간을학교장이뎡ᄒ야교사가실힝홀
지며 (사) 각반열공부에ᄂᆫ공과도업ᄂᆫ것을물너치고다만셩경이나단공과
교과셔만교사나학셩들의손에가졀것이요 (오) 학셩들은맛당히학당안에
셔죵용ᄒ고공경히동자ᄒ야졍돈히폐회ᄒ게연습시킬지니라

시험공과뎨일 셩경공부뎨일로뎨삼

(일) 신구약젼셔두칙이무삼등급으로나호왓ᄂᆞ뇨

(이) 구약젼셔의완젼흔분류롤셜명ᄒ라

(삼) 교훈칙과큰션지자롤차셔로일홈을외오라

(사) 욥의칙을누가긔록ᄒ엿ᄂᆞ뇨

(오) 삼위엘이무삼칙을긔록ᄒ엿ᄂᆞ뇨

(륙) 구약젼셔의긔록된다셧ᄯᅢ의날싸롤셜명ᄒ라

(칠) 잠언과단이엘칙을어늬ᄯᅢ에긔록ᄒ엿ᄂᆞ뇨

(팔) 무삼칙들이유티국임군의사긔롤표함ᄒ엿ᄂᆞ뇨

(구) 예루살렘으로브터사나이와에와타야와사마리아의거리롤셜명ᄒᆞ라

(십) 구약젼셔싸의광티홈을셜명ᄒᆞ라

(십일) 즁요ᄒᆫ열나라의일홈을셜명ᄒᆞ라

(십이) 구약젼셔싸의폭면을그려셔셜명ᄒᆞ라

(십삼) 이싸의무삼강들이흘너가ᄂᆞ뇨

(십사) 쇠쉔과다마셕과쌔베론이어듸잇ᄂᆞ뇨

(십오) 이싸에셔멧나라이다사럿스며첫지된나라와나죵나라의일홈을셜명ᄒᆞ라

(십륙) 유틱국의역사의싸롤차셔로셜명ᄒᆞ라

(십칠) 쳐음두싸의날짜를셜명ᄒᆞ라

(십팔) 쳐음싸의큰사건을셜명ᄒᆞ라

(십구) 아담과미두실라와셈을틴ᄒᆞ야무슨말이잇ᄂᆞ뇨

(이십) 예비ᄒᆞ눈셰긔라ᄒᆞ눈싸를엇지ᄒᆞ야여차히일홈ᄒᆞ엿ᄂᆞ뇨

(이십일) 이싸에큰사름들은누구뇨

시험공과데일 연습공부데일로데삼

데오졀 학셩   이십칠

데오졀 학셩

(일) 쥬일학교장을누가맛당히션틱ᄒᄂ뇨

(이) 누가맛당히학교장을쳔거치못ᄒᄂ뇨   왜그러ᄒ뇨

(삼) 학교장션거롤얼마나자주ᄒᄂ뇨   왜그러ᄒ뇨

(사) 직원과갓치무삼자겨을학교장이가지ᄂ뇨

(오) 학교장이주일학교에ᄃᆡᄒ야무슨의무가잇ᄂ뇨

(륙) 학교장이자긔의무예학교울위ᄒ야맛당히홀일다셧가지롤셜명ᄒ라

(칠) 학교장이집에ᄃᆡᄒ야ᄂ눈무삼의무가잇ᄂ뇨

(팔) 학교장의즁요된복겨은무엇이되ᄂ뇨

(구) 학교장과목사서이에직무상관게롤셜명ᄒ라

(십) 목사가학교에츨셕ᄒᄂ눈데무삼말이잇ᄂ뇨

(십일) 목사가직원과교사예ᄃᆡᄒ야무삼관게롤가졋ᄂ뇨

(십이) 목사가학교에ᄃᆡᄒ야죵교상관계가무엇이뇨

(십삼) 목사가가르치ᄂ눈방법으로무엇을맛당히ᄒᄂ뇨

(십사) 목사가학셩의게ᄃᆡᄒ야무슴관게가잇ᄂ뇨

(십오) 쥬일학교준비즁불가훌필요훈조건을셜명ᄒ라

(십륙) 초학부에 무슴두가지롤맛당히공급ᄒ겟ᄂ뇨

(십칠) 순셔의시간과교수ᄒᄂ시간은얼마동안이나되ᄂ뇨

(십팔) 수젼과셔칙의분비롤위ᄒ야순셔롤엇더케맛당히예비ᄒᄂ뇨

(십구) 쥬일학교롤잘쳐리ᄒᄂ데디ᄒ야직원이맛당히홀바셰가지롤셜명ᄒ라

(이십) 학교쳐리ᄒᄂ데교사들은엇더케도와주ᄂ뇨

(이십일) 쥬일학교학셩을위ᄒ져당ᄒ규칙즁아모것시던지둘만말ᄒ라

셩경공부 뎨사쟝

구약젼셔사긔뎨이츌ᄋ급으로브터그리스도셔지라 년ᄃᆡ학권션(圈線)

아담으로브터그리스도ᄭᅥ지사분지일은각각일쳔년이니라

뎨오졀 학셩

이십구

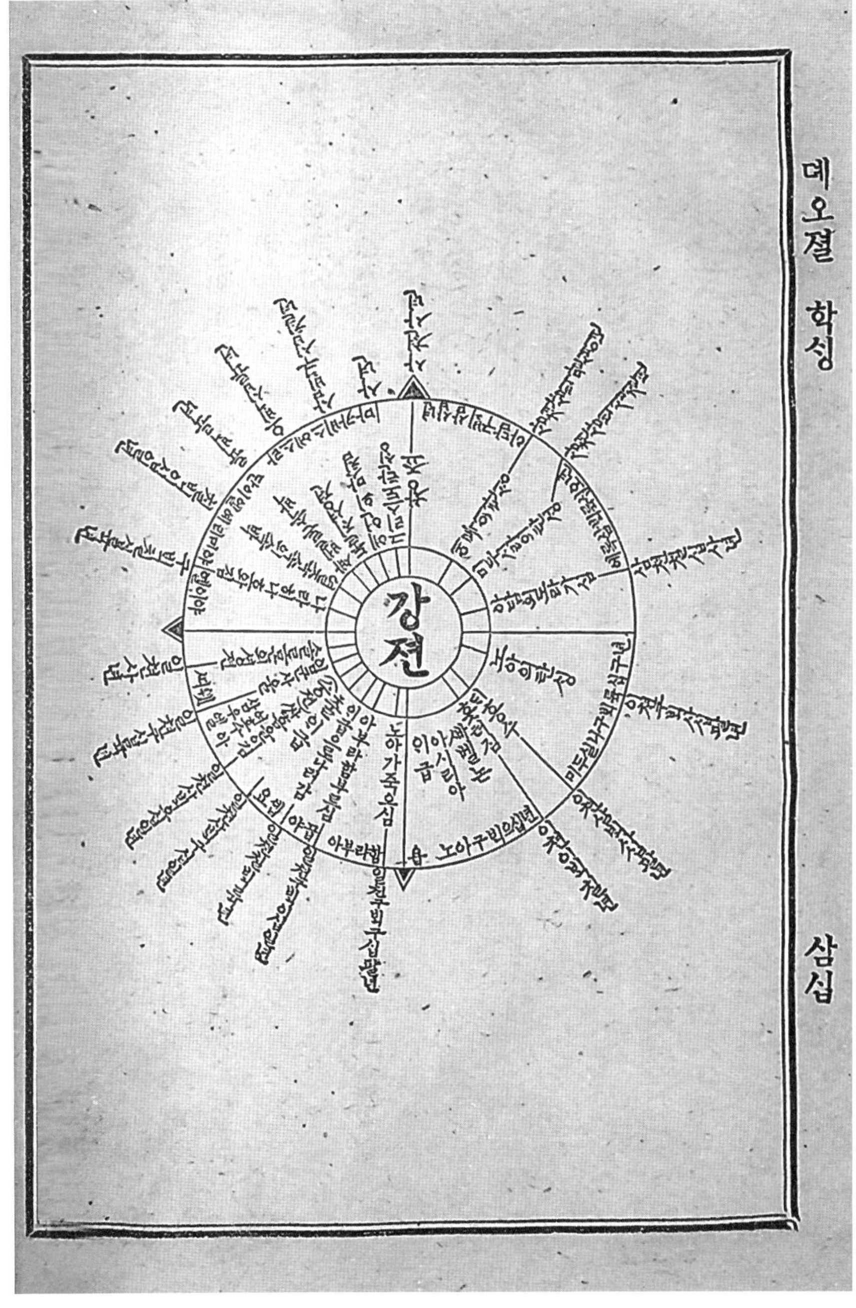

뎨오졀 학셩

삼십

뎨삼졀 이긘셕

씨 쥬강싱젼일쳔사빅구십일년출의급흔씨브터동일쳔구십륙년히브리왕국씨지니삼빅구십오년동안이니라

싸 아라비아북편과가나안이니라

사건 (일)시닉산에셔유틱국사람의민법과예법의졔도요(이)사십년을유틱인이광야에셔방황흠이요(삼)쥬강싱젼일쳔사빅오십일년에여호수아가인도흠야가나안에드러감이요(사)이십오년동안에가나안을반씀익겻스며그씨이긘셕은열두족속의분비흠이되엿고(오)법관열다셧의게속흠야다스리다가쳐음으로임군사울씨브터법관은폐지되엿느니라

사름 (일)모셰는유틱국을조직흔자요쏘겸흠야립법자요(이)모아론은종교상법칙의어른이요(삼)여호수아는모셰의게속나안을이긘자요(사)듸브라와기듸온과옙다와삼손은법관의흔자요(오)삼우엘은법관에는말지요국가의큰션지자로는쳣지가

동시사긔되느니라

히랍국이창립되엿스며추로잔싸홈과홈어라ᄒᆞᄂᆞᆫ시인(詩人)이잇섯느니라

뎨샤졀 권셰시딕

씩

쥬강싱젼일쳔구빅륙년사울이즉위ᄒᆞᆯ씩브터동구빅칠십륙년나라 히난호와졀씩션지니일빅이십년동안이니라

따

유틱국이니유푸레틔스강으로브터디즁히션지수리아로브터셔지확쟝되엿느니라

사건

(일) 길보아에셔사올이필이스틔아의게피ᄒᆞ야죽엇고 (이) 싸웻이가예루살렘을옛부싯ᄂᆞᆫ에게ᄲ아셔셩막과도셩을그리로옴기고 (삼) 싸웻이가필이스틔아와모압과수리아와이돔과아몬을이긔엇고 (사) 모리아산우에솔로몬의셩젼을셰웟고 (오) 솔로몬이가우상을셤김과열죡속이비반홈이니라

사람

(일) 사울과싸웻과솔로몬셰사름은유틱국딕왕이니각각사십년을

왕노릇ᄒᆞᆼ엿고 (이) 션지자ᄂᆞᆫ나단이요 (삼) 히람은타아왕이요솔로몬은둥밍자니라

동시사긔 아덴이아왕아곤스와고린도와삼오스와사마리아에다사럿든자허리쿨익듸가잇셧ᄂᆞ니라

뎨오졀 쇠약시ᄃᆡ

ᄯᆡ 쥬강셩젼구빅철십륙년에나라이분파될ᄯᆡ브터둉륙빅년유듸국ᄉᆞ람의속박될ᄯᆡᄭᅥ지니삼빅철십년동안이니라

ᄯᅡ 가나안과아시리아와ᄲᅡ벨론이니라

사건 (일) 이스라엘사ᄅᆞᆷ들이단과볘뎐에셔우상을숭ᄇᆡᄒᆞᆷ이요 (이) 익굽쉬삭이유듸국을침빌ᄒᆞᆷ이요 (삼) 에듸오피아와필이스틔아와아비아가유듸왕아사와예호삿피ᄂᆞ의게핍ᄒᆞᆷ이요 (사) 수리아왕벤히듸드가이스라엘도셩사마리아롤에워쌋고 (오) 열쥭속이아시리아왕사꾼의게속박되엿고 (륙) 유듸임군히싀키아ᄯᆡ에아시리아사ᄅᆞᆷ신녁크립의거나린군사들이크이히ᄒᆞ게멸망되엿고 (칠) ᄲᅡ벨론왕

뎨오졀 쇠약시ᄃᆡ　　　　　삼십삼

메류졀 로예시디 　　　　　　　　　삼십소

사룸
네쌕키나사의게유티국이속박되엿고예루살렘이멸망되엿느니라
유티국에척호왕아사와여호사밧과요아스와아메시아와유시야와
요담과헤스기야와요시야요이스아엘렬왕열아홉사룸은모다악호
니라

동시사긔
키다쥐는창립되엿고느비는멸망되엿느니라

메류졀 로예시디

씨
쥬강셩젼륙빅륙년유티인의속박될씨브터동사년에수강셩호실씨
신지니륙빅이년동안이니라

싸
지금유티국이라고브르는가나안이니라

사건
(일)쥬강셩젼오빅삼십륙년에유티인이속박된지칠십년후에다시
회복호엿고 (이)쥬강셩젼오빅십뉵년에둘지셩젼을봉호은호엿고
(삼)쥬강셩젼사빅오십팔년브터에스라와레헤미야가셩젼을다시
지여긔량호엿고 (사)말나긔씨에에언도완결되고구약젼셔사긔도
맛쳐느니라

사름 (일) 싸벨론에 속박될씩션지자는예레미야와에스겔과다이엘이오

(이) 로예롤노아구원호쟈는사이러스딍왕이요 (삼) 유팅국을회복

호고기량혼쟈는에스라와레헤미야요 (사) 아스몬이아사름방셔쟈

눈유다스마카비어스요 (오) 헤롯의게둉을쳐음으로치고들어안진

헤롯딍왕이니라

동시사긔 파사와마게돈니아와로마셰큰나라이게속호야이럿낫느니라

연습공부   뎨사쟝   쥬일학교 목량

뎨일졀   목젹   호는일

(일) 쥬일학교구르치는데능히단닐만혼져당훈학싱을츌셕부에일홈을올

일지니이것이즉쥬일교당의목량져의무니라

(이) 학교에셔호눈일과쳐리호눈데부모나집에동심협력홈을엇는것이쥬

일학교직원의목량져주의니라

뎨일졀 목젹   삼십오

뎨이졀 교회가홀일　　　　삼십륙

(삼) 령혼상목뎍으로쳔히각학싱의교의롤심으는것이쥬일학교교사의목양젹이니라

뎨이졀 교회가홀일

교회가임숙히더필요ᄒ게싱각ᄒ홀것은(일)쳥년의종교상교육을담당ᄒ는것과(이)쥬일학교ᄂᆞᆫ쳥년을교육ᄒᆞᆫᄃᆡ가장겸박ᄒ고유력ᄒᆞᆫ운동력이되눈갓과(삼)은혜잇ᄂᆞᆫ사회의쳥년이거진반이나쥬일학교박게잇ᄂᆞᆫ것과(사)교회의목양ᄒᆞᆫᄂᆞᆫ일과젼도ᄒ는열은다만학싱담님을엇ᄂᆞᆫ것이니라

이방향을ᄯᅡ라셔교회에홀일의방법이만히잇ᄂᆞ니(일)밋ᄂᆞᆫ집이던지아니밋ᄂᆞᆫ집이던지이두집의어린아ᄒᆡ의이익을위홈으로목사의특별히힘쓸일팍(이)교당직원이나회원의합력ᄒᆞᆫ일이니이들의목양젹주의로말미암아쥬일학교을맛당히위탁홀것이오(삼)학교이익으로집접마다심방ᄒ일이니히마다영원ᄒ고법식잇ᄂᆞᆫ계쳑으로홀지며(사)쥬일학교에단녀안ᄂᆞᆫ자와다닐슈업ᄂᆞᆫ자를위ᄒᆞᆫ야션교학당을셜립ᄒᆞᆫ는것이요(오)쥬일학교에단녀ᄂᆞᆫ바모든어란아ᄒᆡ들의단졍ᄒᆞᆫ쥰비품이니라그러나져희부모의

빈핍홈과 방탕홈으로 말미암아 방히되기가 쉬오니라

뎨삼졀 직원의 홀일

학성의 부모게는 (일) 쥬일학교의 직원들이 맛당히 학성들의 부모들과 셔로 인사ᄒᆞ야 알것이요 (이) 능히 홀슈잇는디 로 심방홀지며 (삼) 교육법의 모든 사실을 셔로 의론ᄒᆞ고 자졔의 이익을 말홀지며 (사) 하교계칙에 자미잇게ᄒᆞ 고 츌셕홈을 장여홀지니라

학성외게는 (일) 져원들이 학성의 일홈을 맛당히 알아 셔각기 회날학성들을 신실히 영졉홀지며 (이) 불참훈학성을 ᄒᆞ상 치우고 병든자을 심방홀지며 (삼) 특별히 학교을 학성들이 ᄆᆞ음을붓쳐 유인ᄒᆞ게ᄒᆞ도록만 달기롤힘쓸지 며 (사) 모든거 회롭타셔 학성들과 의론ᄒᆞ고 동심협력ᄒᆞ야 구홀지며 (오) 학 성들이 미쥬일 (즉철일) 홀일을맛당히게 교홀지니라·

뎨사졀 교사가 홀일

쥬일학당교사는 강단과 집셔이에 련락훈쟈니 양편에 다 유익훈자라 만일 미

뎨사졀　교사가홀일

일일신상친밀ᄒᆞᆫ관계가아니면안식일셩경ᄀᆞ르치ᄂᆞᆫ한시간이낭피될지라
교사의목양ᄒᆞᄂᆞᆫ일이다셧가지가잇스니(일)자긔반의각학싱힝젹을비홀
지니즉일신상습관과민쳡과친결과질거워ᄒᆞᄂᆞᆫ비니이것을올케교훈ᄒᆞᄂᆞᆫ
데열시가되고(이)학싱의집안일과교의샹과죵교샹둡ᄂᆞᆫ것과방히되ᄂᆞᆫ것
을반다시알지니이것이학교관리ᄒᆞᄂᆞᆫ데열시가될것이오(삼)학싱의익졍
을엇을것이니이것은그리스도로인ᄒᆞ야학싱을사랑ᄒᆞᄂᆞᆫ바교사게로나오
ᄂᆞᆫ것이요(사)모든학싱을예수교인의작뎡을ᄒᆞ야그리스도ᄭᅦ자복ᄒᆞ도록
권면홀지며학싱들이텬국으로브터머지아ᄂᆞ니이의향과교사쟝여ᄒᆞᄂᆞᆫ것
만필요홀지며(오)각학싱을예수교인자격으로연습시키고발달시킬지며
거듭나ᄂᆞᆫ것은급ᄒᆞᆫ일이나예수교인의자비홈이오리참ᄂᆞᆫ목양ᄒᆞᄂᆞᆫ쥬의로
하나식되ᄂᆞ니그연고ᄂᆞᆫ쥬일학당의어려온일이안식일ᄒᆞᆫ시간에샹쵹되면
샹당치아니ᄒᆞ니라

삼십팔

셩경공부 뎨오쟝 모셰의법뎐

뎨일졀 특셩

모셰의법뎐은오경에잇는다른법률로더부러구별되는큰특셩을가졋스니(일)이법을셰운자는하ᄂᆞ님이오ᄯᅩ가쟝오리된법뎐이오(이)모든권셰롤하ᄂᆞ님뜻으로중심을삼아스며(삼)그법은다만죄악만금지ᄒᆞ야업시홀뿐아니오국민의도덕과신앙과의국심과쳔구롤잘졉디ᄒᆞ는것과인졍등을구르쳐비양ᄒᆞ여(사)이법뎐이비록유틱국을위ᄒᆞ는것이나주의는영구히온셰상의합당ᄒᆞᆫ것이니여좌ᄒᆞ니라

뎨이졀 나라법 (형법)

(일)졍부는국가젹목뎍으로여러족속이련합만ᄒᆞ엿고각족속들은각각자긔지경안에셔자긔의추쟝혹은법관의게다사림을밧으며(이)다사리는권셰는신치뎍이니하ᄂᆞ님이령혼을아울러빅셩을다사리심이오(삼)힝졍되

눈종교상권셰눈상속ᄒ눈졔사가바다셔힝ᄒ고연합국의왕들이각족속의
졍치상추장이며 (사)사법관은각셩디방법관일곱사름을거나린차요최상
국가사법관은빅셩들이튁ᄒ엿ᄂ니즉칠십법관의장이요 (오)그후눈왕의
권리눈다만십분지일을조셰밧눈것과병역을억졔ᄒ며싸홈을션언ᄒ눈데
한ᄒ엿ᄂ니라

뎨삼졀 빅셩의법 (민법)

져산법 (일)온셰상싸눈모다하ᄂ님의져산이오ᄯ의소유자눈다만차지
인이며 (이)판싸을유튁국오십년마다도로원쥬인의게보닉여아모ᄯ나돈
쥬고상환ᄒ엿고 (삼)모든가족 (레위족속외에)들이차지인이될지며 (사)
모든빗진것이일곱히가지나가면물시ᄒ게ᄒ고 (오)유튁국사름의게눈변
리롤밧지못ᄒ게ᄒ엿ᄂ니라
조셰법 (일)예비에쓰기위ᄒ야사름셰 (반쉬켈)롤밧으며 (이)레위족속
과졔사롭공급ᄒ기위ᄒ야소산의십분지일을밧되록봉은아니ᄒ며 (삼)차
션과종교상졔룰지닉기위ᄒ야십분지일을ᄯ밧으며 (사)곡식과기름파술

의쳐음난것의항용사십분지일을졔사의게밧치고 (오) 사룸맛자식이나즘셩의쳣셕기는자유를쥬어느니라

인자법 (일) 일곱히동안을놀인싸흔가난흔사룸을허호야쥬며 (이) 가난흔사룸들노밧이나포도동산의이삭을줍게호고 (삼) 둘지번십분지일을가난흔자의게공급호며 (사) 가난흔자의게눈볼모나뎐당을억지로쎅앗지못호며 (오) 외국인과모르는사룸과즘셩의게인자이호게호엿느니라

뎨사졀 형벌호는법 (형법)

(일) 즁죄는법관이심판호야증거인둘을엇어죄룰션고흔후에돌노쥭이니상고흘죄는하느님을거역홈은우상을셩김과무당질과거줏션지노릇흔것과참남호는것과안식일을어김과사룸을거역홈은살인흔것과잘못호야쥭인것과간음흠과상피와겁탈과겁치과부모나법관의게고집부리고슌죵치앗는것들이며 (이) 거짓즁거흔자는비상법으로션고흘지며 (삼) 도젹흔것은사비나혹갑졀을비상호고 (사) 싸린죄는비상이느손히룰물고 (오) 니졍도립은비상이나손히룰갑흘지니라

데오졀　도덕샹법

이법은십계명으로일반이안는비니 (일) 십계명의첫지네조목은우리의샹관되는것과하느님의게디ᄒᆞᆫ의무로나죵여셧조목은사름의게디ᄒᆞᆫ의무로뎡ᄒᆞᆫ의무요 (이) 이계명은유티국률법의군원일ᄹᅳᆫ더러예수ᄭᅢ셔교인과군리셕의원인이며 (삼) 이계명의쥬의ᄂᆞᆫ예수ᄭᅦ셔뎡ᄒᆞ셧스니하ᄂᆞᆫ님을ᄆᆞᆷ것사랑ᄒᆞ며이웃사랑ᄒᆞ기롤자긔갓치ᄒᆞᆯ것이라ᄒᆞ셧스며 (사) 복음은다만계명의글자보담령혼을관계ᄒᆞᄂᆞᆫ데잘일우워스며 (오) 그리스도ᄭᅦ셔명빅히십계명을다시뎨뎡ᄒᆞ셧ᄂᆞ니라

연습공부　데오쟝　학셩의츌셕

(일) 여일히시간을직혀셔츌셕ᄒᆞᄂᆞᆫ갑을너무즁히녀임으로잘못ᄒᆞᆷ과 (이) 학당에셔공부ᄒᆞᄂᆞᆫ지미부족ᄒᆞᆷ과 (삼) 교사와직원의흠셕과 (사) 츌셕을지

보호고 취흐는데정흔계칙이부족흔것들이니라

뎨이졀 츌셕을지보홈

교당이나교당밧게잇는규률을잘직히는쥬일학교들의츌셕은어린아히와청년들과장셩흔자들의셰가지츌셕으로되엿느니만일흔가지라도싸지면학당이불완젼흘지니(일)어린ㅇ히들의츌셕을취흐는데는져희들을차가도보고영졉을인자이흐는것이긴요흐고(이)ㅇ히들과게집ㅇ히들의츌셕을지보흐는데는조흔교사룰줄지니흥용남즈ㅇ히들의게는남교사룰주고게집ㅇ히들의게는녀교사룰주고할수잇는디로져희들을알아셔위흘지며(삼)청년들과녀자의츌셕을취흐는데는혼잡흐야구르치지말고남녀룰각반에뎡흐고쳥년회로조직흐야일흘사룸모집흐야져희에츌셕을엇을지며(사)장셩흔자의츌셕을엇을바면강단에셔쟝여흐거나교사나직원들이자쥬심방흐거나혹학셩이라도셔로권고흐야엇을지며(오)교당회원되는범위되는밧게잇는학셩의츌셕을엇으라면집집마다심방흐는게칙이긴요흘지며져희들집으로인자히여러번자조심방도흐고학당에셔는진실

히디졉흠 눈것이되져학셩들의 츌셕을확실히엇을것이니라

뎨삼졀 츌셕자를유지흠

학셩의츌셕을유지흠눈데눈엇기보담쉬오니유지흠눈것은즉부모와직원과교사들이합력흘일이니라

부모의의무 (일) ᄋᆞ희들이시간을직혀셔여일히츌셕흠는것이요긴흠을알지며 (이) 츌셕을취흠눈학당의스무롤찬셩흘것이니미일보동학교갓흔데시간을어긔지안눈부모눈안식일방죵으로말미암아져희들의자졔롤흠용방히흘지며 (삼) 어린ᄋᆞ희들과 흠게올지니라

쳐원의의무 (일) 까학셩으로흠야금츌셕을건신히쥬의흠야긔록흠을알게흘지며 (이) 불규측흔교사의모범으로브터학당을보호흘지며 (삼) 시간을직히며여일히단이기롤위흠야학당에장녀흘것을상고흠야만일병이들어스면차져가보고공연이아니오거든잘교화흠게흘지니라

교사의의무 (일) 미쥬일시간디로참례흘지며 (이) 자긔반열에각회원으로미쥬일시간을어긔지말고잘단니게흠야명예겸을엇으라고굿게가다듬

을지며 (삼) 불참호학싱을상고치안코일주일이라도지닉지말고그학싱이 졍연히교회홍약도못올것이명확홀씨씨지권면홀지며 (사) 심방홀수업는 씨는불참호학싱의게가갸편지롭써보닐지니항용편지라도심방과갓치유 효흠도잇스며 (오) 쥬일하로불참호죄잇는학싱을즁뒤호일로알것이니라

뎨사졀 일졍호계칙

(일) 샤계나호히동안멋쥬일츌셕의일졍호고졍호규치을학당 며 (이) 교샤들과셔긔는합역호야모든학싱의긔록을각각한사름식홀지 (삼) 병든것과부득이호야못오는것과집을츌타호면다른학당에단니는것 들은밋어줄것이며 (사) 이요긴호규치을잘달호자는게샥으로포쟝을줄지 며 (오) 일년에호번석목사가교당압헤셔진실호학싱과교사의게졸업쟝을 쥬고그날을쥬일학당에셔특별히퇴졍호야공경호야직힐지니라

성경공부 뎨륙쟝 모셰의례식

모셰의례식은졔지닉는것과졔사와속죄호는셰가지를법을꼬함호엿는니

라

뎨일졀 졔지닉는법

(일) 흉용졔지닉는법은졔지닉눈사룸이자긔의손을자긔의죄자복흥눈것
갓치희싱머리의덥고자긔의형벌을희싱의게옴기여가게흥눈모양을흥고
그런후에눈손으로쳔이희싱을죽이면졔사관이피롭단에쑤리며 (이) 모셰
의졔지닉눈것에결겸이만이잇눈것이희마다연속흥야졔지님으로그사룸
의경비가완젼타뭇흘지니라

졔지닉눈차례와종류눈여좌흥니라

(일) 속죄졔니한버헌희싱으로무죄호피흘임을포흥야졔지닉눈사룸죄롤
속흥미니라

(이) 범죄호졔니하느님의률법을범흥엿거나사룸을거역혼죄로희싱을
여셔속죄흥눈것을나타닉보히느니라

(삼) 퇴눈졔니 (번졔) 희싱을단에셔온둉퇴와셔졔지눈사룸으로자긔의령
혼과육신을밧치눈모양을나타님이니라

(사) 평화훈계니홍용회싱을받은구워셔하ᄂ님께밧치고반은졔사와졔지닉는사름이며ᄂ니이것은하ᄂ님과교동홈을낫타님이니라

(오) 젼(奠) 졔니은혜롤베프심과자비ᄒ삼을찬송ᄒᄂ형용으로식물을치는것이니라

뎨이졀 졔사되는법

졔사지닉는법의속죄ᄒᄂ데필요홈을다셜명ᄒᄂ고로여긔ᄂ즁간즉시의필요홈을진술홀지니 (일) 예젼졔사들은모다천왕이나가족의장되는아들인고로모셰가유틱국졔사롤위ᄒ야아론의집을셰웟고 (이) 졔사의희는삼십셰아릭로는못ᄒ엿고체육상과심지상의험졈이업고술을금ᄒ야경계ᄒ며옷을별달니입고졔사직분만ᄒ는자와 (삼) 졔사의즁요훈일은긔의죄와빅셩의죄롤위ᄒ야졔지닉는것이니졔사들을네사름식각각일일만콤식교체ᄒ면셔셩젼례비롤여일히힝ᄒ엿스며 (사) 빅셩의셰립십지일을례위족속의게주엇고또더욱졔사들의료혹은녹과주틱도만히잇며 (오) 졔사의험졈은실상죄와죽는것과사름들의게능히다만즁간에인류

편으로만말ᄒᆞᄂᆞ니그리스도ᄂᆞᆫ큰졔사쟝과갓고영셩ᄒᆞ시ᄂᆞᆫ사ᄅᆞᆷ이니ᄒᆞᄂᆞ님과사ᄅᆞᆷ으로더부러갓치잇고죄ᄂᆞᆫ업스며졔사와졔지ᄂᆞᆫ사ᄅᆞᆷ과졔지ᄂᆞᆫ데요구ᄒᆞᆫ완젼ᄒᆞᆫ셩질을자긔ᄆᆞ음으로연합ᄒᆞ엿ᄂᆞ니라

뎨삼졀 속죄ᄒᆞᄂᆞᆫ법

하ᄂᆞ님ᄭᅴ거록ᄒᆞ던지ᄌᆡ샷ᄒᆞ게례식잇ᄂᆞᆫ속죄법을뎡ᄒᆞᆯ지니유ᄐᆡ사ᄅᆞᆷ의속죄법에신령홈으로ᄀᆞᆫ침은예수교인의셩결홈이니라

이의식의가쟝요긴ᄒᆞᆫ것은여좌ᄒᆞ니라

(일)졔사들과빅셩들이죄악을바리ᄂᆞᆫ표져으로례식잇ᄂᆞᆫ목욕을ᄒᆞ고(이)먹ᄂᆞᆫ고기의졍ᄒᆞ고부졍ᄒᆞᆫ구별이다만령혼의쳥념을위ᄒᆞ야육신이보양될바를ᄀᆞ르치고(삼)녀인히산ᄒᆞ후ᄭᅦ샷ᄒᆞᄂᆞᆫ례식은원죄롤표명ᄒᆞᄂᆞᆫ갓이오(사)부졍ᄒᆞᆫ즘셩과사ᄅᆞᆷ과의복과집과셔로져츅홈으로죄롤속ᄒᆞᄂᆞᆫ것이니이ᄂᆞᆫ민일싱활ᄒᆞᄂᆞᆫ딕거록ᄒᆞᆫ것을지시ᄒᆞᄂᆞᆫ것이오(오)문동이롤쎄삿ᄒᆞ게ᄒᆞᄂᆞᆫ엄숙ᄒᆞᆫ례식이니유ᄐᆡ국사ᄅᆞᆷ들은병을큰죄악의죵류로녀이ᄂᆞ니라

연습공부 뎨륙쟝 학싱들이집에셔 ᄒᆞ는공부

뎨일졀 방히되는것

(일) 방히되는사실은교사와부모들이집에셔공부ᄒᆞ는것을경홀이성각ᄒᆞ야교사는바라지안코부모는요구ᄒᆞ지도안음이오 (이) 공과롤강ᄒᆞᆯ째에공과롤보는것슨교사ᄂᆞᆫ학성들이집에셔예비ᄒᆞ는데주의ᄒᆞ는감동심을나지안케ᄒᆞ는것이오 (삼) 연셜ᄒᆞ는방법으로ᄀᆞᄅ치는것이니교사가성각ᄒᆞ고이약이ᄒᆞ기에학성을다만방쳥인으로믿드는연고요 (사) 학성들이집에셔공부ᄒᆞ는데감동심을늬게ᄒᆞ기위ᄒᆞ야진보ᄒᆞᆯ일을지졍치아니홈으로실수ᄒᆞ는것이오 (오) 학성의등급을따라집에셔공부ᄒᆞ는과졍의부죡홈이니라

뎨이졀 돕는것

집으로좃차셔는(일)가속긔도에예뎡훈공과를힘셔호고문답훌지며(이)례비일마다가속긔도에셔공과원문롤한번이라도넑을지며(삼)가속들을한반열로삼고미쥬일마다오후에삼십분식이다음쥬일공과룰공부훌지며(사)보통학교에복습호기위호야시간을뎡호것긋치쥬일학당공과룰공부시키기위호야시간을뎡호고습관이되게힘쓸지며(오)부모들로호여금공과룰자비호야회원으로학당에다닐지니라

학교장으로좃차셔는 학교장이학성들을집에셔공부시키기에다른사룸보다더훌지니(일)미회후곳잠시동안공과를주의호야문답호고그문답에각학성의일홈을예비훌지며(이)엇던학성이집에셔공부룰잘호엿느알기위호야미리말업시아모반열이ㄴ구르쳐볼지며(삼)다음쥬일공과의공부훌것과문답훌것을미리니줄지며(사)미쥬일공과를복습시킬지니온견호미쥬일복습과문답은집에셔공부호는것을잘호게도을지며(오)사계시험을보되미리광고업시사계공과의긴요호졈을뽑아볼지니라

교사로솟차셔는 (일) 학싱은교사룰모범ᄒᆞᄂᆞ니이것을싱각ᄒᆞ고예비 잘ᄒᆞ게ᄒᆞᄂᆞᆫ것이오 (이) 교사ᄂᆞ학싱이집에셔공부ᄒᆞᄂᆞᆫ것을바라셔견강 져희의량심을쟝여ᄒᆞ야하ᄂᆞ님셰디ᄒᆞᆫ의무로집에셔공과를공부ᄒᆞ게ᄒ 며 (삼) 각학싱들이미일공과를예비ᄒᆞ엿나알기위ᄒᆞ야미기회날각공과 문답ᄒᆞ게ᄒᆞᄂᆞᆫ것이오 (사) 강송ᄒᆞᆯᄯᆡ다만공과원문외에ᄂᆞᆫ모든공과을엄 비쳑ᄒᆞᆯ분더러비록이원문이라도집에셔공부ᄒᆞᆫ것을시험ᄒᆞᆯᄯᆡ지펴보 못ᄒᆞ게ᄒᆞᄂᆞᆫ것이오 (오) 각학싱을하ᄂᆞ식집으로심방ᄒᆞᆯᄯᆡ특별히둔ᄒᆞᆫ자 ᄯᅩ부모의도음을못밧ᄂᆞᆫ자ᄂᆞᆫ더주의ᄒᆞ고ᄒᆞᆯ슈잇ᄂᆞᆫ디로간단이공부ᄒᆞᆯ바 ᄯᅩ엇더케공부ᄒᆞᆯ것을ᄀᄅ칠것이니라

데삼졀 일뎡ᄒᆞᆫ규칙

규칙은여좌ᄒᆞ니라
(일) 학싱들의나희와지주에져당ᄒᆞ야각학싱이셩취ᄒᆞ도록쉬운표준을 ᄒᆞᆯ지며 (이) 이표준을잘시힝ᄒᆞᄂᆞᆫ자ᄂᆞᆫ학당에셔셩실히괴록ᄒᆞ야둘것이요 (삼) 교사들이각학싱의공과을졈수줄ᄯᆡᄂᆞᆫ각학도가집에셔공부ᄒᆞᄂᆞᆫ데

뎨삼졀 일뎡훌규칙

오십이

약호표준으로시험홀지며 (사) 뭇수롤셩실어엇은학싱은공즁의게알게홀
지니즉잘훈샹을줄것이오 (오) 이아리계측은각게급에셔포쥰뎡할바롤암
시홈이니쳣지는유년반과공과문졔와요지와긔억홀졀이오둘저소년과즁
등과는초학과공과에셔씨와싸와사룸들과단순훈사실이오셋지는쟝년즉
샹등과너소년반열공과외에구술이나필긔로공과의신령훈도롤티강긔록
훅는것이니라

시험공과 셩경공부 뎨사로지룍

(일) 구약젼셔사긔의나죵삼셰긔롤차셔로셜명호라

(이) 이긘시딕의유명훈사건이무엇이뇨

(삼) 법관들의유명훈자는누구뇨

(사) 유틔국디방이가쟝큰싸는얼마되엿느뇨

(오) 유틔국의착훈왕들은누구뇨

(륙) 엇던셰긔의히랍국이창립되엿느뇨

(칠) 여호수아와단과예리미야와요나가엇던셰긔에잇셧느뇨

(팔) 모세법뎐의가쟝즁요훈특셩들에티훅야싱각호는바롤셜명호라

(구) 모셰의법뎐이셩경어늬부분에잇느뇨 ·

(십) 너희나라졍부와 유퇴국졍부룰셔로비교ᄒ라

(십일) 유퇴국사법부는무엇으로셩립되엿느뇨

(십이) 유퇴국의지산법을약잔셜명ᄒ라

(십삼) 형법의두가지룰셜명ᄒ라

(십사) 십계명이지금실힝되느뇨 왜그러ᄒ뇨

(십오) 모셰의례식이우리의게얼마나요긴ᄒ뇨

(십륙) 졔지닉눈데흥용차례가몃가지뇨

(십칠) 졔지닉눈죵류다셧가지룰셜명ᄒ라

(십팔) 모셰의졔지닉눈법의결졈이엇더케낫느뇨

(십구) 졔사의긴요훈쟈겨은무엇이뇨

(이입) 그리스도와유퇴졔사들파비교가엇더케되느뇨

(이십일) 소불하속죄ᄒ눈법의두가지룰되ᄒ야그쑷을셜명ᄒ라

뎨삼졀 일명훈규측

(일) 주일학당목양졔일의셰가지목졔이무엇이뇨
시험공과 연습공부 뎨사로지록

오십삼

뎨삼졀 일뎡훈규칙

오십ᄉ

(이) 교회가엇더케이목양졉일과관계가되ᄂ뇨

(삼) 교회가이목양졉일을ᄒᄂ데약간방법이무엇이뇨

(사) 쥬일학당직원과학셩의부모들이엇더케동심합력ᄒ겟ᄂ뇨

(오) 쥬일학당직원들이맛당히학셩으로더부러무삼관계롭가지겟ᄂ뇨

(륙) 쥬일학당교사가학셩의은밀ᄒ힝졉을아ᄂ것이엇지ᄒ야요긴ᄒ뇨

(칠) 쥬일학당교사들의목양졉관계의약간은무엇이뇨

(팔) 엇더케ᄒ면쥬일학당의학셩들이여일히시간을직히ᄂ츌셕을방히되ᄂ뇨

(구) 엇더케ᄒ면아ᄒ들과계집으ᄒ들이출셕을능히엇게ᄂ뇨

(십) 엇더케ᄒ면쳥년과녀자의츌셕을엇겟ᄂ뇨

(십일) 교회업시다니ᄂ반열을엇기위ᄒ야무엇을ᄒ겟ᄂ뇨

(십이) 쥬일학당직원들이츌셕을가히진급시킬약간특별ᄒ법을말ᄒ라

(십삼) 교사들이학셩들의츌셕을유지ᄒᄂ데무엇을맛당히ᄒ겟ᄂ뇨

(십사) 진술ᄒ계칙의요졈을말ᄒ라

(십오) 학셩이집에셔공부ᄒᄂ데방히되ᄂ것이무엇이며그연고을결명ᄒ

(십륙) 무삼ᄀᆞ른치ᄂᆞᆫ방법이학셩이공과ᄅᆞᆯ공부ᄒᆞᄂᆞᆫ데질겁게ᄒᆞᄂᆞ뇨

(십칠) 공과ᄅᆞᆯ공부ᄒᆞᄂᆞᆫ데집에셔엇더케학당을도와주겟ᄂᆞ뇨

(십팔) 집에셔공부ᄒᆞ기조흔ᄯᅢ가언졔뇨

(십구) 학셩들을집에셔공부시키기에ᄐᆞᄒᆞ야학교쟝이무엇을능히ᄒᆞ겟ᄂᆞ뇨

(이십) 엇더케교사가능히집에셔공부시킴을엇겟ᄂᆞ뇨

(이십일) 각게급에셔맛당히비호기ᄃᆞᆯ요구ᄒᆞᄂᆞᆫ바를암시ᄒᆞᆯ지니라

셩경공부 뎨칠쟝 유틱국 조례(條例)

뎨일졀 교회

(일) 졔단은(가)예젼에례비보든곳이요(나)졔사도지늬고혹사건을긔념ᄒᆞ는곳으로썻스며(다)흉용흙과혐ᄒᆞᆫ돌로건축ᄒᆞ엿ᄂᆞ니라

(이) 셩막은(가)집이나혹쟝막으로지늬ᄂᆞ니광과고ᄂᆞᆫ십오보요쟝은사

뎨이졀 교육샹　　오십륙

보로병힝ᄒ엿스며셩소와지셩소로난와졋고마당으로둘너쌋느니라

셩젼을지을ᄯᅥ삭지거위오빅년동안을유틱국의즁앙례비처소가되엿느니
라

(삼) 셩젼이니 (가) 솔로몬이가쳐음셩젼을쥬강싱젼일쳔ᄉ년에봉헌ᄒ엿

고 (나) 사빅년을지닉다가네삭키닉사의게멸망되엿더니칠십년후에시럽

ᄲᅦᆯ이가다시지엿고혜롯ᄃ왕은ᄯᅩ크게확댱도ᄒ고괴려ᄒ게ᄒ엿드니나

죵쥬강싱후칠십년에로마딕쟝듸도가불에틱왓느니라

(사) 교룔쥬쟝ᄒᄂ사람은 (가) 졔사들이교에ᄂ어른이요례위족속은다음

반열이니 (나) 졔사들은졔도지닉고나라례비도인도ᄒ며빅셩도ᄀᄅ치고

례위족속은졔사를도와주나니ᄯᅢ웻왕씨ᄂ삼만팔쳔명이나잇셧느니라졔

사들과례위족속은모다나라의셰입으로지보ᄒᄂ니라

뎨이졀 교육샹

근리나라들은유틱국의확댱되고왕셩ᄒ교육사업을이긔지못ᄒᄂ지라고

로요시피어스가의피언을ᄃᄒ야말ᄒ엿스되

뎨이졀 교육샹

우리의 뎨일 즁ᄒᆞᆫ 주의는 우리의 자뎨들을 교육시키는 것이라 ᄒᆞ엿느니라

(일) 유틱국학교 (가) 예젼 유틱국 시졀에는 교육을 각각 제 집에 위탁ᄒᆞ야 부모들의게 민년 륙분지일은 셰샹 사업을 폐지ᄒᆞ고 자뎨롤 ᄀᆞ르치라고 명령을 ᄒᆞ엿스며 여러의 식과 표졉과 례법과 연속ᄒᆞᆫ 큰 졀일과 쏘 ᄀᆞ록ᄒᆞᆫ 례법들이 만히 필요흠으로 공급ᄒᆞ엿고도 그 후에 션셩(유틱교인의 존칭)의 학교들을 큰 동닉에 하나식 셰우고 열여셧살 이상된 쳥년을 강권ᄒᆞ야 다니게 ᄒᆞ엿스며 나죵은 등학교와 젼문학교라 모든 유틱국 아희들을 다셧살브터 셩경을 공부시키며 미시나예셔는 열살브터 ᄀᆞ르치고 탈머드에셔는 열다셧살브터 ᄀᆞ르치고 그 외에 샹업도 ᄀᆞ르쳣느니라

(이) 회당 (가) 속박된 후로 이 교육샹권도의 즁앙이 되엿고 (나) 유틱국긔록의 률법과 역사와 경비칙을 일뎡ᄒᆞᆫ 부분으로 난우워셔 쥬일마다 히셕ᄒᆞ엿고 (다) 쥬일 외에 육일 동안은 이 회당이 어린 ᄋᆞ희들의 학교 혹 도론회 쳥년의 셔젹실도 되엿느니라

(삼) 션지자 (가) 모셰씌로브터 말나긔ᄭᅡ지 ᄭᅳᆫ어지지 안코 연속될 ᄯᅢ는 특별

히션지자들을나라교사로명항엿고(나)흥용션지자는셰가지직분을가졋
느니나라의연대사긔편찬항는직분과예언항는것과젼도자의직분이니
라

뎨삼졀 긔념졀

유틱국사긔의사간을긔념항는큰졀긔셋시잇스니(일)흥용사월에일쥬일
을지닉는유월졀되져니이는츌이굽을긔념홈이라여긔첫지되는례법은먹
는것이니라(이)오순졀졔는양을잡아유월졀되졔후오십일후에지닉느니
거둘씩쳐음결실된과실을봉흔항고경축항는것이라이는의급에셔나온지
오십일후에시닉산에셔률법쥬신것을긔념홈이니라(삼)일쥬일을지닉는
십월의장막졀되져니예루살넴에셔쟝막이나헷거게가치짓고경축항는것
이라이는광야에싱명을긔념홈이니라
큰졀긔셋외에자근졀긔셋이쏘잇스니(일)십월에라팔졀은긔명항히룰경
츅홈이요(이)십일월에수젼졀은셩젼에회복을경츅홈이요(삼)삼월에구
쇽졀은하만의음모로브터구원된것을긔념홈이니라

특별혼졀은십월에쇽죄혼날이니나라의큰금식혼는날이라이씩에지닉간히모든빅셩의죄를염쇼(죄롤져다가광야에바리는양이라)가가지고갓다흠이니라

연습공부　뎨칠쟝 학셩의연보

뎨일졀　이것이긴요흠

훈련혼눈쥬일학당일즁에학셩의연보흐눈것보다더긴요한것시업스나쏘훈실수흠이만흐니다만여좌흐리유에긔초된것은요긴흐니라(일)너그러온연보눈예수교인연습의효험이될지니교당에인식흔교인들은모다져집이나쥬일학당에셔구른치눈것이불완젼흠으로그러흠이오(이)다른착흔습관과갓치졍당히연보흐눈습관은어린으히씩에온슌흠과확실흐게흠이니다만미쥬일연보흐눈것은비록쟈긔눈돈이업슬지라도부모의게밧아연보흐면유효흔연습이며(삼)법식잇게연보흐기롤연습시키고돈쓰눈것과격당흔예산을교화시켤것이며(사)이것이학당과교당에딕흔의무와신실

의지각을발달ᄒᆞᄂᆞᆫ것이니다만힘드려분지물은귀히녁이ᄂᆞ니라

뎨이졀 쥬의와 방법

(일) 각학도나각반열의경졍심으로나온바쥬의ᄂᆞᆫ그른것이니즉상품갓흔것이요 (이) 학성이나학당의거만의쥬의ᄂᆞᆫ흉용학당과연보자롤외축시키ᄂᆞᆫ것이요 (삼) 반열에셔나일기안의만니연보ᄒᆞ엿다고존경ᄒᆞᄂᆞᆫ것은비록흉용ᄒᆞᄂᆞᆫ일이로되지혜잇ᄂᆞᆫ것도아니요거록ᄒᆞᆫ데잇ᄂᆞᆫ것도아 (사) 연보롤자유특권보다의무로교훈ᄒᆞᄂᆞᆫ것이방히가될것이요 (오) 지혜로온계쳑은각학성과각교사로더부러기인져장쳑부롤사샤로이가지데졍직ᄒᆞ고졍당ᄒᆞᆫ표쥰을늬여각학성의힘디로연보ᄒᆞ게되되말고다만ᄒᆞᆫ사름이멧번식연보ᄒᆞᆯ것을말ᄒᆞ야표쥰에달ᄒᆞᆫ바모ᄂᆞᆫ학당의명예롤줄지니이것이엇던학당에던지실ᄒᆡᆼᄒᆞᄂᆞᆫ것이ᅡ

뎨삼졀 연보의리치

성경의잇ᄂᆞᆫ연보의리치롤맛당히여좌히ᄀᆞᆯ쳐셔각학성이알아듯게ᄒᆞᆯ지

니(일) 우리는 하느님의 쳥직이니 우리의 돈과 직무는다 오로하느님의 것이

너라베드로젼셔사쟝십졀(이) 쥬의례비롤위하야연보하는분분이돈가진

으히던지어른이던지모다자긔의무로할지니라(고린도젼셔십륙쟝이졀)

(삼)예수탄일션물이나다른션물이라도쥬일학당에틔하야밧는것이보다주

는것이복이더잇다하엿느이라(사도힝젼이십쟝삼십오졀)이그리스도의

명령을잘쥰힝하는것이모든쥬일학교의과용과밋지아니하는질셔롤기혁

할것이요(사)하느님이우리에게풍셩이주신것과갓치우리도연보하되인

식하게하지말고깃부게닐지며(고리도젼셔십륙쟝이졀과후셔구쟝칠졀)

예수교쥬일학당아울너유타국으히들과갓치연습시킬것이요(오)너그러

히사익을보지안코연보하는상으로이셰샹에신령히하느님의언약하신복

밧기롤바라는것이니라(말라긔상쟝십졀)

뎨사졀 연보의목젹

쥬일학당학도들을총명잇게연보하기롤구르쳐셔각학셩이얼마연보할것

을미리예산할지니(일)웃씀되는목젹은복음을젼도홈이라고로학당지졍

뎨일졀 졍치샹

에셔일부분을목사의월급과교당경비로지발홀지며(이)학당을유지ᄒᆞᄂᆞᆫ
것은단지혼가지오여러경우가아이니다만쥬일학당수젼이요(삼)션교사
무와교회일군을학셩의계편지로나디도나그림이나신보로알게ᄒᆞ되쳥년
의ᄆᆞ음을그다지겨동시길것업스며(사)구제의겨당ᄒᆞᆫ목젹과방법을모든
쥬일쥬일학당에셔맛당히ᄀᆞᄅ칠것이니즉가ᄂᆞᆫ혼자롤셩각ᄒᆞᄂᆞᆫ사름은복
올밧으리라(오)나죵은각학셩을미쥬일작졍ᄒᆞᆫ디로연보ᄒᆞ게ᄀᆞᄅ쳐셔례
비ᄒᆞ눈힝동과갓치총명잇게ᄒᆞ니고하ᄂᆞ님세복을빌되맛당히일졍ᄒᆞᆫ목졉으
로홀지니라

성경공부 뎨팔쟝 유티국당파

뎨일졀 졍치샹

(일) 갈닐니사름들은갈닐니의유다져희의추장으로브터여차히갈닐니사
람으로일홈ᄒᆞ엿ᄂᆞ니이추장은쥬강셩후십이년에갈닐니사름들을조직ᄒᆞ
엿ᄂᆞ니라혹엇던ᄯᅵᄂᆞᆫ본발자라고도불넛고ᄯᅩ유티국독립의도아쥰자라고져

륙십이

의들을ᄀᆞ르치기를외국사ᄅᆞᆷ다사리ᄂᆞᆫ자의게조셰롤밧치ᄂᆞᆫ것이모셰의법
젼에어그러졋다ᄒᆞ야나죵예루살렘의무너짐이져희들의고집부림으로말
미옴아갑작이되엿ᄂᆞ니라(이)헤롯당은헤롯왕을돕ᄂᆞᆫ쪽속으로이두민스
롤찬탈ᄒᆞᆫ잡죵이니쳣졔왕되ᄂᆞᆫ헤롯디왕이라져회들이압졔ᄒᆞᆫ로로마사
ᄅᆞᆷ의일을부죠ᄒᆞᆫ고로도덕의쇠약ᄒᆞᆷ과유틱국이외국주인의게복죵ᄒᆞᆫ
인죵으로유명ᄒᆞ니라
(삼)사마리아사ᄅᆞᆷ도이스아엘나라예젼도셩사마리아로말미암아여차히
불넛ᄂᆞ니이디오피아사ᄅᆞᆷ과쌰벨론식민의자손이라쌰벨론식민의게열족
속을이긘자아시리아사ᄅᆞᆷ이속박된이스라엘싸롤주엇ᄂᆞ니라쳐음에눈우
상을숭상ᄒᆞᄂᆞᆫ자러니쌰벨론으로브터유틱인의속박이회복된후ᄂᆞᆫ사마리
아사ᄅᆞᆷ들이유틱사ᄅᆞᆷ과셔로혼인ᄒᆞ야졔사교훈을찻고밧아셔져희들을위
ᄒᆞ야씨리심산우에졔수되ᄂᆞᆫ셩젼하나롤셰우고모셰오경으로만져희의셩
경을삼앗더니죵교상뒤젹이미구의사마리아와유틱시이에쌰홈을이리켜
왓ᄂᆞ니라

뎨일졀 졍치상

륙십삼

뎨이졀 종교샹

(일) 나사렛은예젼죵교파니하느님셰셔아시는바요그지파급의묵졔과
근원은확실치못ᄒ엿스나나사렛은져희의밍셰로속박되야여들에긔한
으로브터한평셩ᄭ지ᄒ느니슐마시지안코머리를싹지아니ᄒ엿느니
라

(이) 에셔늬스는예젼공경ᄒ던유틱국교파셧즁ᄒ느이혹의급에셔시작된
듯ᄒ며ᄯ져희들이죵교샹사회회원과쳐사가되야파셰젹셩명으로살고모
든물건을갓치통용ᄒ고장가드는것과고기와기름과술먹는것을경계ᄒ야
검ᄒ며의복은희게입고농업을이셰샹유덕ᄒᆞ싱업으로즁히녁이며괴로드
리기와법률공부와자비ᄒᆞ일ᄒ기를숭샹ᄒ고계는지늬지안코특별히모셰
의률법만공경ᄒ엿느니라

(삼) 바리서인은쥬강셩젼이뵉년에시작되엿느니큰셰당파즁가장만코인
망잇고권셰잇스며ᄯ엄숙ᄒ게외식을숭샹ᄒ야다른사ᄅᆷ을놉게경딕ᄒ며
외인의교화나풍속을용납지못ᄒ고엄연히희브리사ᄅᆷ을비쳐ᄒ여스며도

에눈말노젼ᄒ야ᄂ니려오눈률법과모셰의긔록ᄒᆞᆫ법젼으로더부러동등으로녁기눈고로다른파와구별되고ᄯᅩ져희들이령혼의죽지아니홈과육신이다시사라남을밋ᄂ니라

(사)사두긔인은쥬강셩젼이빅년에시작ᄒ엿ᄂ니일신교로리치만밋어셔자포자기ᄒ고방탕ᄒ야쟝리심판이라홈을밧디ᄒ고말ᄒ되이셰상복락이셩젼의지극ᄒᆞᆫ됫이라ᄒ며일홈으로눈모셰의칙을슝상ᄒ다ᄒ나실상도에눈바리시인과셔로반디ᄂ니라

뎨삼졀 직무상

(일)셔긔관은모셰의긔록ᄒᆞᆫ륙법과말로젼ᄒ야ᄂ나려오눈률법을쓰고긔록ᄒ눈관리요ᄒ셔자니빅셩의게큰권셰롤잡음이가쟝버혼직무요ᄯᅩ바리셔인과갓치부당ᄒ말노젼ᄒ야ᄂ니려오눈률법을찬숑ᄒ야일곱권칙을츄셕ᄒ야편찬ᄒ엿ᄂ니죽유명ᄒ틸머드니라

(이)셰리눈유틱국분로사람으로고용될목겨으로외국인학디자의셰거눈사람이된지라그나라의죠셰를수입케ᄒ엿ᄂ니다말ᄒ자면셰리들이탐

학흠으로졈졈부ᄒᆞ고 쏘업슈이녁이ᄂᆞᆫ ᄆᆞ음이잇ᄂᆞ니라

연습공부 뎨팔쟝 령혼을신령으로

뎨일졀 학셩의게 듭ᄂᆞᆫ것

빅량홈

이거듭는다ᄂᆞᆫ것은령혼상교화의긔초가되ᄂᆞ니 (일)교사ᄂᆞᆫ맛당히령혼으로거듭ᄂᆞᆫ것을알아셔학셩을알게ᄒᆞ야이것을다만복음의진리에ᄆᆞ음으로만그러ᄒᆞ게녁일ᄲᅮᆫ이아니요그리스도의쉽게인도ᄒᆞ신감졍상밧으심ᄲᅮᆫ아니요쏘교당규칙과명령의더젹히ᄒᆞ게ᄒᆞᄂᆞᆫ것ᄲᅮᆫ아니오그리스도ᄭᅦ셔우리를구원ᄒᆞ신쥬은가운디셔구셰쥬로사랑ᄒᆞ고밋으며셩신ᄭᅦ셔거듭ᄂᆞ게ᄒᆞᄂᆞᆫ것이니라 (이)쥬일학당교사ᄂᆞᆫ학셩들을거듭ᄂᆞᆫ것을맛당히알어셔만일거듭나지아니ᄒᆞ야스면쳔히권면ᄒᆞ야져희들을감화시겨셔하ᄂᆞ식그리스도을위ᄒᆞ야ᄆᆞ음으로작졍ᄒᆞ기를힘쓸지며 (삼)학셩의예수교ᄒᆡᆼ젹울시험ᄒᆞᄂᆞᆫ데반다시필요히긔억ᄒᆞᆯ것이잇스니죽학셩이어ᄂᆞ씩일졍ᄒᆞ시간에거듭

남을 싱각ᄒ라고 시험치 말고 다만 직금 예수를 밋고 순죵ᄒ겟ᄂ냐 ᄒᆯ지니라 (사) 임의 밋음과 ᄒᆡᆼ위로 예수교인이 된 여러 학성들이 간증치 아니ᄒᆞᆷ으로 말미암아 저희의 방ᄒᆡ가 될지니 간증치 아넘은 저희들도 쟝성ᄒ여 밋은 즛의 죄룰 오릭 즛복ᄒ고 이통ᄒᆞᆷ으로 회기ᄒᄂᆞᆫ 것과 동일ᄒᆞᆷ으로 교사가 그릇 ᄃᆞ침이니 만일 거듭나ᄂᆞᆫ 것의 참 리치룰 알게 ᄒ얏드면 발셔 마ᄂᆡᆨ분 ᄆᆞ음으로 자복ᄒ고 예수룰 사랑ᄒ고 순죵ᄒ엿스리라

뎨이졀 교회회원

(일) 언졔던지 학성이 예수교인 밋음의 증거를 셰울ᄯᆡᄂᆞᆫ 나희ᄂᆞᆫ 물회회원이 될지며 (이) 져희들 알어듯ᄂᆞᆫ ᄃᆡ로셔 음은 교회의 도와 례모롤 ᄃᆞ쳐셔 리치와 법을 가ᄒᆞᆫ 줄 노알게 ᄒᆞᆯ것이요 (삼) 교회의 규칙과 필요ᄒᆞᆷ을 ᄃᆞ쳐셔 맛당히 셩실ᄒ게 직히게 ᄒᆞᆯ것이요 (사) 복음을 젼파ᄒᄂᆞᆫ데와 교회션교 사무롤 위ᄒ야 연보ᄒ기롤 연습시길지니라

뎨삼졀 은혜를엇는것

하ᄂ님쎄셔신령ᄒ흼졀을기르시ᄂ것과자라게ᄒᄂ방침을베푸심으로즁용은혜를엇ᄂ것이니홀슈잇ᄂ디로ᄂ쥬일학당교사가맛당히하ᄂ님명령ᄒ신방침을학ᄉ들의게베풀고이아릭습관을뎌희의속에확졍ᄒ기를구ᄒ지니(일)셩경을공과공부로만읽울것시아니요공경ᄒ야여일히읽울습관이요(이)교당례비와복음젼도와긔도회와쳥년회에출셕을여일히ᄒᄂ습관이요(삼)미일비밀ᄒ긔도와묵상ᄒᄂ습관이니학ᄉ들을맛당히긔도의쳔리와뎡틱와이익을구릭쳐셔긔도롤비밀히도ᄒ고공변되이도ᄒ게연시걸지니라(사)쥬의셩만찬을베플씩에참예홀습관

뎨사졀 학ᄉ의일신상ᄒ힝젹

령혼상교화ᄂ유력히학ᄉ의비밀ᄒ흼졀을포함ᄒ지라교사들은이아릭멧가지롤알아셔ᄒ상직힐지니(일)학ᄉ의가ᄉ즁에령혼을도아쥬ᄂ것과방히되ᄂ것을살필것이요(이)학ᄉ의나희로ᄂ사무로ᄂ사회샹샹틱로브터

나온바특별혼시험을주의홀지며 (삼) 션악으로자긔의게영향되는바미일동모을잘주의홀지며 (사) 읽는바척과월보롤주의홀지며 (오) 자긔가호는습관을잘져힐지니라

뎨오졀 예수교인의일

쳥년사회의조직이령혼상교화를도아쥬는것이요 (일) 이사회의회원으로피션될자격이잇는바각학싱을권면홀지며 (이) 교당묵사로호야금묵양호논보좌로자긔롤위호야사무롤게쳑케홀지며 (삼) 반열과학당을위호야직원을모집호게만둘지며 (사) 일뎡호공부의순셔로연습을시겨셔학당의장닉직원이나교사로종사케홀지니라

성경공부 뎨구쟝 구약젼셔예언

유티사름들이혜아리기롤모셰씩브터말나긔씩지션지자가사십팔인이요녀션지자가칠인이라호되우리셩경에눈션지자열여셧사롬의예언만잇스니모다유티국씩와쏘그후에속호엿느니라

뎨오졀 예수교인의일

룩십구

뎨일졀 연ᄃᆡ학차셔

군주시ᄃᆡ에ᄂᆞᆫ 더러ᄂᆞᆫ짐작으로 긔록ᄒᆞ엿ᄂᆞ니라

쥬강싱전	칙	왕	속쯧
팔빅오십오년으로 칠빅오십오년	요나	예리섄암뎨이	느니빅의쇠약
팔빅년	요엘	유시아	유ᄃᆡ국의멸망
팔빅십년으로 칠빅팔십삼년ᄭᆞ지	암오스	유시아으로 예리섄암뎨이ᄭᆞ지	이스라엘의멸망
칠빅팔십오년으로 칠빅이십오년ᄭᆞ지	호셰아	유시아으로 호쉬아ᄭᆞ지	이스라엘의멸망
칠빅륙십년으로 륙빅구십팔년ᄭᆞ지	이사야	유시아으로 히식키아ᄭᆞ지	메셰야
칠빅오십년으로 칠빅십년ᄭᆞ지	미가	요담으로 히식키아ᄭᆞ지	유다의멸망
칠빅십삼년	나훔	히식키아	아시리아의멸망
륙빅삼십년	셰반이야	요시야	유다의멸망
륙빅이십륙년	합박	요시야	갈나듸아의멸망

속박된시ᄃᆡ에ᄂᆞᆫ

류빅이십구년으로 오빅팔십오년섯지로	예레미야	요시아로 시듸키아섯지	유다의 도라옴
류빅삼십년으로 오빅삼십사년섯지	단이엘	네뿌기나사	메시아의 나라
오빅구십오년으로 오빅칠십사년섯지로	에스결	동상	나종유다인의 회복
오빅팔십칠년	옵아듸야	시듸키아	이돔의 멸망
속박된후시듸에는			
오빅이십년	학가	싸리어스	그리스도의 오심
오빅이십년	셰가리아	싸리어스	그리스도의 나라
사빅이십년으로 삼빅구십칠년섯지	말나긔	아틱스셕셰스	그리스도압참

데이졀 특셩

사실로는 (일) 예언이 혼 큰 규모를 세워셔 모든 부분이 갓가히 관계되고 또 다 지극혼 결국을 향하야 바라나디 즉 사름의 죄를 속홈이오 (이) 예언의 일은 유틱국을 위하야 혼 거시니 즉 빅셩의 반듸와 픠홈과 훗터짐과 나죵 회복홈이오 (삼) 다만 이갓치 밋지안는 나라를 포함홈은 이스라엘 사름의 학듸자가 된

뎨이졀 특셩

연고니즉에듸오피아와잇급과갈나듸아와에돔과아시리아와로마오(사)거반여러예언은일우엇고쏘약간은이셰상에일울지니예수교일셰긔에눈증거된바이젹이잇셧고우리이셰상에눈임의일운예언과장차일울예언이잇눈니라

방법으로눈 (일)히브리션지즈들은가눈ᄒ고혹무식ᄒ며쏘예언이지극히공변되고두려움이업셔서핍박과죽음을당ᄒ기도ᄒ고(이)밋지안눈거짓션지와눈각양으로모다다르니밋지안눈션지즈눈이의예비된일을말ᄒ고히브리션지즈눈밋을수업눈일과수빅년후일을예언ᄒ며(삼)이갓치젹은것이라도하눈닉님의감화심이아니면자셰히싹ᄒ기가능치못ᄒ지니가령말ᄒ면싸벨론에워싼다눈이사야의예언갓흔것이오(사)아모군예언에명빅히현금일우온것으로지니간바일도다지닌후에긔록됨으로싱각ᄒ눈것으로밋지안눈자들은이러케막을수업시증명이확실히되눈것을반듸ᄒ고밋지아니ᄒ눈니라

칠십이

뎨삼졀 긔이훈졍치상예언

(일) 나훔과세반이아가늬비를티ᄒ야예언ᄒ얏더니빅년후에셰상의가장큰셩이미듸스의일로쌕일우엇고 (이) 이사야와예리미야는쌔벨론멸망을예언ᄒ엿고싸이럿스의일홈은이변란젼에일빅륙십년에지엇고 (삼) 예젼장사ᄒ든큰시장의멸망홀운수를젼지ᄌ에스결이알렉산더가뭇지르기젼삼빅년에예언ᄒ엿고 (사) 또에스결이예언ᄒ기를의급은맛당히비쳔ᄒ나라이되리라ᄒ더니오리되지아니ᄒ야왕이업셔졋고 (오) 네나라의흥망을션지ᄌ단이엘이가예언ᄒ여스니즉쌔벨론과미듸파사와히랍과로마라그리스도의셰상나라로좃차갈마드럿스며 (륙) 헴과이스마엘의자손에딕훈예언이오늘날참일우엇는니특별훈것은유틴사람의멸망과훗터짐과고셩이니라

연습공부 뎨구쟝 가라쳣는 리치

뎨일졀 젹합ᄒ는 리치

젹합ᄒ는 리치는 이아리 몃가지롤 요구ᄒᆯ지니 (일) 일졍히 가라치는 계쳑을 교사가도 모ᄒᆞ야 진리의 둘 것과 ᄶᅦᆯ 것과 ᄯᅩ 가라치는데 쓰는 방법을 확졍ᄒᆯ지며 (이) 쟈긔가 가라치는 반렬과 각 학ᄉᆡᆼ을 반다시 쳔히 알아셔 각 학ᄉᆡᆼ의 령ᄒᆞᆫ 샹 필요ᄒᆞᆫ데 공과를 맛출 것이오 (사) 공과를 젹합ᄒ게 ᄒᆞ는 것을 즁앙 진리로 더브러 한결 갓치 ᄒᆯ지니라

뎨이졀 합력ᄒ는 리치

합력의 리치가 요구ᄒᆯ 것은 (일) 교사가 반다시 쟈긔의 일과 학ᄉᆡᆼ으로 더브러 질거워ᄒᆯ지며 (이) 학ᄉᆡᆼ의 쥬의를 직희 되여 지로ᄒ지 말고 다만 교사의 지쥬로ᄒᆯ지며 (삼) 비록 총명ᄒᆞᆫ 학ᄉᆡᆼ의 게 방ᄒᆡ가 되 드린 도 둔ᄒᆞ고 게 ᄒᆞ른 학ᄉᆡᆼ의 합력 도구ᄒᆯ치며 (사) 모든 학ᄉᆡᆼ들을 일업시 잠시라도 놀게 말지니 가 반렬에

셔 공부동안에 쉬지 안는것이 온당훈 표쥰이며 (오) 이 합력을 주일로붓터다음 주일석지 조심호야 뎡훈 압일로 요구홀지니라

뎨삼졀 게급의리치

가라처는것은 반다시 학성의 졍도에 층게를 싸라 차차 올ᄂ갈지니 (일) 첫지 충은 학성이 미일 공과의 아눈바와 모르눈바를 찻눈것이오 (이) 둘지 충은 학성 지식에 갓가온바 공과의 단순훈 실힝져 진리를 가라칠지니 즉 연딕 학과 다지와 역ᄉ 등이오 (삼) 셋지 충은 ᄉ실에셔 자라눈바 륜리상과 령혼상 진리를 가라칠것이오 (ᄉ) 공과의 반이라던지 혹 단일훈 진리를 통달ᄒ게 가라치는 것이 젼체 공과를 잠간식 얼는 가라쳐셔지늬가눈것보다 나흐며 (오) 압혜 충게로 더브러 각 충게를 연락호고 가라친바를 통달히 아리듯기석지 압흐로 웃충을 취호지 말지니라

뎨ᄉ졀 비유호는리치

이리치의 즁요훈것은 (일) 학성의 미일 성활에 달인것으로 완젼히 알아듯

게비유ᄒᆞᆯ지며(이)젼심ᄒᆞ야마암에진력이나지안ᄂᆞᆫ바비유를ᄒᆞ고셜명ᄒᆞᆯ바비유ᄂᆞᆫ못될것시오(삼)눈에딕ᄒᆞᆫ비유가귀에딕ᄒᆞᆫ비유보다나ᄒᆞ니그연고눈보ᄂᆞᆫ것이듯ᄂᆞᆫ것보다민쳡ᄒᆞᆷ이요(사)비유의긴요ᄒᆞᆷ이어린아ᄒᆡ게ᄂᆞᆫ크나어른의게ᄂᆞᆫ져으니어린아ᄒᆡ들은보ᄂᆞᆫ것외에아모ᄒᆞᄂᆞᆫ것은져고어른들은형용업시궁구ᄒᆞᆷ이오(오)셩경공부외졔일릉ᄒᆞᆫ비유ᄂᆞᆫ셩경에셔셩경씨리차져ᄒᆞᆯ치니즉셩경의ᄯᅡ와사름과사건과이약이갓ᄒᆞᆫ것이라셩경공부의조심ᄒᆞᄂᆞᆫ학셩은항용비유의부족ᄒᆞᆯ것이업ᄂᆞ니라

뎨오졀 복습ᄒᆞᄂᆞ리치

이리치에ᄂᆞᆫ다셧가지가잇스니(일)져고가벼온뜻으로브터나온바ᄂᆞᆫ모음속에오릭두지못ᄒᆞᆷ(이)만일학셩들을지혜잇게인도ᄒᆞᆯ것갓ᄒᆞ면이젼비진리를다시비호ᄒᆞ져ᄒᆞᆯ셩각이잇슬거시오(삼)곳능히이용될바잘공부셩경은죠금이라도주일학당학셩의게깁붐과능력이될것이오만일ᄲᅮᆼ터로온젼치못ᄒᆞᆫ게가라치ᄂᆞᆫ것은학셩의겨신고만시키고방ᄒᆡ만일우킬지며(사)주일학당교사ᄂᆞᆫ맛당히젼공과롤조심ᄒᆞ야복습ᄒᆞᆫ지아니ᄒᆞ고나죵

공과를다맛칠때학성의게요지를붓지아니ᄒ고눈셔공과를시작ᄒ지말치며 (오) 주일학교쟝이예젼풍속도리를업수히역이거나바리면비록그의일이보기에아름답드리도공부못ᄒ학성을만달지니라

시험공과　셩경공부난데칠노지구

(일) 무슨셰부분으로유틱국졔도가난워졋ᄂ뇨

(이) 유틱국셩물질을셜명ᄒ라

(삼) 무슨관계로졔사쟝들과레위의쪽속이다르뇨

(사) 유틱국의교육규모눈무엇이뇨

(오) 무슨목젹으로유틱국회당이셜립되엿ᄂ뇨

(륙) 유틱국의큰졔셋의일홈과각각무엇을긔렴ᄒᄂ것을셜명ᄒ라

(칠) 죄를속ᄒ다눈날은무엇이뇨

(팔) 갈닐니사룸들은누구며무엇을져희가가라쳣ᄂ뇨

(구) 유틱사룸과사마리아사룸시이에원슈되ᄂ연고가무엇이뇨

(십) 나사렛의밍셰눈무엇이뇨

(십일) 유틱국의가쟝오릭된큰셰당파를말ᄒ라

뎨오졀　복습ᄒᄂ리치　　칠십칠

뎨오졀 복습ᄒᆞᄂᆞᆫ리치

(십이) 에시네스의특셩은무엇이뇨

(십삼) 바리새교인의도가무엇이뇨

(십사) 셰리들은누구뇨

(십오) 우리가일우온예언쳑을멧치나가졋ᄂᆞ뇨어늬ᄯᅢ이예언들이속ᄒᆞ엿ᄂᆞ뇨

(십륙) 련듸학차례로쳣지예언여덜쳑을일홈ᄒᆞ라

(십칠) 이사야의인군은누구뇨에스결의인군은누구뇨

(십팔) 유틱사람예언의엇던우상셤기ᄂᆞᆫ나라들이포함되엿ᄂᆞ뇨왜그러ᄒᆞ

(십구) 유틱사람예언의특셩을두엇말ᄒᆞ라

(이십) 우리셰상에무슨증거를예언니우리의계주엇ᄂᆞ뇨

(이십일) 일운바특별ᄒᆞᆫ큰예언셋을일홈ᄒᆞ라

시험공과　연습공부　뎨칠노지구

(일) 어나ᄯᅢ예예수교인의연보ᄒᆞᄂᆞᆫ습관이되엿스며어듸셔시작되엿ᄂᆞ뇨

(이) 쟝셩ᄒᆞᆫ사름의인식ᄒᆞᆫ연고가무엇이뇨

(삼) 어린아히들을법식잇게연보ᄒᆞᄂᆞᆫ것을가르침으로붓터무슨조흔결과가성기ᄂᆞ뇨

(사) 연보를가르치ᄂᆞᆫ데두가지그릇되ᄂᆞᆫ방법을말ᄒᆞ고그그릇되ᄂᆞᆫ연고를셜명ᄒᆞ라

(오) 연보를가라치ᄂᆞᆫ데가장졔일조흔계척이무엇이뇨

(륙) 무슨연고로ᄒᆞᆫ연보ᄒᆞᄂᆞᆫ원리를쥬일학당에가라치ᄂᆞ뇨

(칠) 이원리의두엇을말ᄒᆞ라

(팔) 무슨목젹으로쥬일학당의지졍을지발ᄒᆞᄂᆞ뇨

(구) 이목젹을학성의게알게ᄒᆞᄂᆞᆫ것이맛당ᄒᆞ뇨　왜그러ᄒᆞ뇨

(십) 학성들의령혼상교회의첫지 충게가무엇이뇨

(십일) 학성들이긔심ᄒᆞᄂᆞᆫ데참시험은무엇이뇨

(십이) 어린아히들의긔심ᄒᆞᄂᆞᆫ데무엇을항용잘못ᄒᆞᄂᆞ뇨

(십삼) 교당회원되ᄂᆞᆫ데눈학성을맛당히무엇을가라치깃ᄂᆞ뇨

(십사) 은혜를엇눈방침의무엇을맛당히학성의게가라치고그연고를셜명ᄒᆞ라

뎨오졀　복습ᄒᆞᄂᆞᆫ리치

칠십구

뎨일졀 하ᄂ님에 디ᄒ야ᄂ

(십오) 학싱의게상관되ᄂ무슨사실을교사가알겟ᄂ뇨

(십륙) 졍년이거듭나ᄂ데예수교인일의무슨모양잇ᄂ뇨

(십칠) 공과의무슨겨합ᄒ것을교사가반다시지을쇠

(십팔) 무슨방법으로각반열이교사로더부러동심합력ᄒ고

(십구) 압일에디ᄒ야ᄂ암시된것이무엇이뇨

(이십) 공과를가라치ᄂ데교사가반다시차례로무슨게급을취ᄒ고

(이십일) 무슨연고로복습의리치가크게요긴ᄒ뇨

셩경공부   ᄉ뎨십쟝   구약젼셔의도

구약젼셔의큰도를비쳔훈우상을슝상ᄒ고덕의가업ᄂ때에사름의게주엇ᄂ니사름의지식과힝동보다초홀ᄒ야우리하ᄂ님의근본의놉혼중거를주엇ᄂ니라

뎨일졀 하ᄂ님에 디ᄒ야ᄂ

첫지근본되ᄂ독일막디ᄒ시고만물을창조ᄒ신하ᄂ님이게시다홈이오다

른도는여좌ᄒᆞ니

하ᄂᆞ님자긔에는 (일) 독일ᄒᆞ신하ᄂᆞ님이셩자셩신으로삼위일체가되심이

오 (이) 그의신령ᄒᆞ심이오 (삼) 온젼ᄒᆞ시고젼능ᄒᆞ신하ᄂᆞ님이오 (사) 무소

부지ᄒᆞ심이니아시는것이무한ᄒᆞ심이오 (오) 무시무죵ᄒᆞ게계심이니쳐음

셔붓터영원이계심이니라

사름으로되ᄒᆞ야는 (일) 거룩ᄒᆞ심이니부졍ᄒᆞᆫ것을보시기에눈이쳥빅ᄒᆞ

심이오 (이) 불변ᄒᆞ심이니ᄀᆞᆯ샤되나는주요나는변치아니ᄒᆞᆫ다ᄒᆞ심이오

(삼) 공평ᄒᆞ심이니진실ᄒᆞ신하ᄂᆞ님공변되시고의리가게시며 (사) 신실ᄒᆞ

심이니신실ᄒᆞ신하ᄂᆞ님이시오 (오) 어지심이니자비ᄒᆞ심을깃버ᄒᆞ심이니

라

데이졀 창조

구약젼셔에는가쟝오리되고다만확실ᄒᆞᆫ창조사긔를ᄀᆞ룩ᄒᆞ엿나니ᄒᆞ엿스

되 (일) 하ᄂᆞ님쎄셔하날과ᄯᅡ올졔료업시창조ᄒᆞ시사모양과본질과률법을

니시고ᄯᅩ모든동물을믿ᄃᆞ셧ᄂᆞ니 (이) 이눈셩활ᄒᆞ는범졀로일졍ᄒᆞᆫ질셔로

사업과비렬ᄒ심을시작ᄒ진보져세상이오 (삼) 모든만물을온젼히다챵조ᄒ셧고 (사) 하ᄂ님의ᄯᅳᆺ은지극ᄒ률법과셰상유지ᄒ시 기룸영원ᄒ게ᄒ셧ᄂ니쳔리의률법으로말미암아셔ᄂᆫ방ᄒᆞᆯ되지안ᄂᆞ니라

뎨삼졀 사룸

(일) 하ᄂ님ᄭᅦ셔자긔모양으로사룸을믿ᄃ시고영원불사ᄒ는영혼을주셧스며 (이) 사룸은도덕상쟈유쟈인ᄃᆡ도덕상ᄒᆡᆼ동을션ᄒ것과악ᄒ것을자유로ᄒ셧고 (삼) 죄를법ᄒ후로사룸의자손이쇠약ᄒ고악ᄒ야무슨션ᄒ일를쳔셩으로능히못ᄒ며 (사) 무슨일이던지사룸이션ᄒ일ᄒᄂ것은다셩신감화ᄒ신것이니라

뎨사졀 악ᄒ것

션악을혼잡ᄒ는것은하ᄂ님ᄯᅳᆺ에져당치아으며 (이) 신위된마귀가여러악ᄒ귀신으로더부러쳔연젼과도덕상모든악ᄒ것을믿ᄃ고충동ᄒ쟈오 (삼) 악ᄒ우리쳣지조상이사탄의시험에셔진죄로이셰상에잇고 (사) 육시상과

영혼샹쥭엄은죄룰인홍야된것이니라

뎨오졀 속죄홈

(일) 하ᄂ님ᄭᅦ셔 모든사룸의죄악을사ᄒ시기로언약ᄒ셧스니모든사룸들은하ᄂ님의졍틱를맛당히감사ᄒ게바들지며 (이) 속죄눈특별히죄로말믜암아앙화를밧눈데셔신령홈으로구원홈이요 (삼) 속죄ᄒ실이눈예언에미셰야즉예수ᄭᅵ오 (사) 속죄눈미셰야도라가신후로붓터비로소시쟉되엿ᄂ니라

뎨륙졀 하ᄂ님이다사리심

(일) 하ᄂ님의뜻은유형졔과무형졔 혼힝졔의자근조목이라도슌시간에인도ᄒ시며 (이) 하ᄂ님ᄭᅦ셔이후눈말고이셰샹나라들을심판ᄒ시와샹도쥬시고벌도쥬시며 (삼) 큰범죄인이무셩홈은하ᄂ님다사리눈알을원망ᄒ지아니홀것이요 (사) 하ᄂ님의아달들은가히곤란과학되를밧되다만션훈연고오 (오) 하ᄂ님ᄭᅦ셔이셰샹이나이후에악훈자눈벌을주고의로온자눈샹

을주실지니라

뎨칠졀 장리샹틱

(일) 사롬의령혼은죽지아느며 (이) 쳔당과지옥이잇스며 (삼) 이셰샹으로붓터심판홀날셕지그즁간에육신업는령혼이잇스며 (사) 육신이다시사라놈이오 (오) 마주막심판날이모든령민호둣물을기다리느니라

연습공과 스뎨십장 가라쳐는방법

뎨일졀 예비

교사가이다음공과를미리알게홈으로자미를이리킬지며 (이) 다음공과를예비호기위호야각학싱의게일졍호일를뎡홀것이오 (삼) 사사로히공부호고온젼히아눈바학싱의의견으로강령과문졔와비유를지을지며 (사) 자긔반에드러와셔공과가라치기를간졀히원호고칙이나월보업시가라치기를

예비홀지니라

학싱들은비호기를예비혼것을문답호라고교사도예비홀줄를모든학싱어맛당히알것이오(이)주셕으로쓰는공과쟝과셩경공과를엇더케공부홀것을학당에셔교사의게비홀지며(삼)둔호고소홀혼학싱들은교사의심방이나편지느젼언이느말노권면홈을특별히밧을것이오(사)또각각홀수잇는디로이다음공과의일뎡훈공부를다미리알지니라

뎨이졀 교육법

교사 (일)진실히학싱을영졉호야즉시공부를호게호고(이)자긔반각학싱을주목호야완젼혼젼셔와주의를로굿게지힐지며(삼)조심홀때가라치기를시쟉호고굿칠때느굿칠것이오(사)조심호야예비홀것은각학싱을위호야뎍당호게들을것과볼것과비홀것과긔억홀공과녀라

학싱 (일)독셔호거느샹고호는외에는모든칙과월보를덥흘지며(이)각학싱들을호나식각문졔를디답호거나각글귀를다시지으라고담당식힐지

뎨삼졀 교육

며 (삼) 명빅히 듯게ᄒ야교사나학성의 말ᄒᆫ바를알아 듯게ᄒᆯ지며 (사) 시간
을주어셔의심잇ᄂᆫ것을뭇고셩각ᄒ게ᄒᆯ지니라

뎨삼졀 교육

사실은 (일) 문졔의긔록된바공과의단순ᄒᆫ뜻으로쳐음가라칠지며 (이)
문졔의뜻을가라쳐되마듸와귀졀노된련합ᄒᆫ글자들을가라치고귀졀뜻은
하나식명빅히듯게ᄒ야알아듯도록믿들것이요 (삼) 문졔의잇ᄂᆫ뜻이니공
과의도와젹용될만ᄒᆫ것이라학성으로ᄒ야금셩각ᄒ야요긴ᄒᆫ졈을차자셔
디강귀들을믿들게ᄒᆯ지며 (ᄉ) 학성들의게셩경을엇더케쓰ᄂᆫ방법을뵈여
셔즁거를찻게ᄒ고진리를궁구ᄒ게ᄒ며글귀를비교ᄒ게ᄒ고도를공부ᄒ
게ᄒᆯ지니라

틱도로ᄂᆫ (일) 쳣재ᄂᆫ학성들의공과즁아ᄂᆫ바를차질지며 (이) 가라쳔바
를각학셩이알아듯게ᄒᆯ지며 (삼) 조금식가라치되만일교사셩각에학성이
알아들을것갓흐면얼마줌가라칠지며 (사) 어리고약ᄒᆫ학셩으로가라쳐ᄂᆫ
방침을삼아만일그학셩이알아들으면다른학셩들도다아라듯ᄂᆫ쥴노알지

나라

뎨샤졀 뎐도

학셩의거듭남 셰샹에큰일은령혼으로거듭나는것이라셩신쎄셔굉경호는교샤의게여러방법을주실지니 (일) 각구원치못훈학셩의거듭나는것으로엄슉훈목젹을삼고 (이) 학셩의힝졕을공부케호되육신샹과교의샹과지혜샹과령혼샹으로자긔가속중형뎨의일과갓치훌지며 (삼) 그를위호야멋셔지의졍과위로와사랑을호야맛당히구원훌지며 (사) 면면히갓치이야기도호고그를위호야긔도도호느니라

학셩의힝위발달 셰샹의쥬의훌큰일은령혼으로거듭난령혼을도라보는것이니 (일) 교사로호야금학셩과셔로쳔목호야져긔를밋게호고자복훌을구훌지며 (이) 학셩을가라치되교인의습관을엇게훌지니즉긔도와미일셩경공부와교당에단이는것과그리스도를위호야여러무리압헤즁거호는이며 (삼) 쏘예수교인일군길노가라쳐셔종사호게훌지며 (사) 교사의미일호는힝위는거륵훈틔도로모범이되뵈훌지니라

뎨샤졀 뎐도

팔십칠

셩경공부　ᄉ뎨십일쟝　셩경력사

뎨일졀　구약젼셔

유틱사긔 (셩경) 눈그리스도젼십오셰긔동안에긔록흔것이니거반희브리말노긔록ᄒ야원문은졔사쟝들이셩뎐의감추고여러사름에쓰기위ᄒ야등셔ᄒ엿눈지라그등셔중유명흔말은여좌ᄒ니라

(일)사마리탄은희브리긔록으로를법이라ᄒ눈말이니유틱사름속박되기젼에사마리아사름을위ᄒ야번력흔것이오 (이)셰류아진르라ᄒ눈것은희람말노구약젼셔라홈이니주강셩젼이빅팔십오년에방축된유틱사름으로조차안렉산주리아예셔번역되엿고 (삼)갈나듸아번력으로추리건스라ᄒ눈것은일반사름의사용으로속박된후에되엿느니라

유틱교회법규에셰가지발달흔게급이잇스니 (일)모셰의쳑률법은유틱인속박된후ㅅ지다만흔법규에잇눈긔록이오 (이)션지쳑은사긔와예언쳑이십일권이잇느니주강셩젼사빅오십년에에스라와네헤미야가편찬ᄒ야거록

한법규의돌지부분으로뎡호엿고 (삼) 셩경칙은경비호눈칙과륫과익가와

에스다와단이엘과에스라와네헤미야와력딕지략과갓치홈쎄된칙으로에

스라때후에셋지부분이되엿느니라

데일졀 신약젼셔

예수교회긔록은주강셩후삼십팔년으로구십오년석지예수교쳐음일셰긔

동안을긔록되엿는니거반희랍말노긔록되얏는고로이칙의둥셔은사도교

회로말미암아널니둥셔되엿스나대사셰긔젼에확실히아눈본문은업느니

라

예수교법규를유젼호야니려오기를주강셩후빅년에사도요한이만다랏다

호고지금법규는졔이셰긔에밧앗더니히브리와쎄임스와베드로후셔와요

한데이셔와데삼셔와유티와묵시둥일곱칙이뎨이뎨삼셰긔동안에힐란을

밧다가종말에눈주강셩후삼빅구십칠년에카다쥐공회에셔지보호기로확

뎡호엿느니라

뎨삼졀 예젼셩경

예젼유명훈판각은여좌훈니

(일)시리악이니뎌이셔긔서초에수리아와팔니스탄의보통말노번력훈것

이오(이)벌게잇는난로마말노셩경이라훕이니쥬강셩후삼빅팔십이년에

예로미가지엇고(삼)뎨사셰긔의알렉산쥬리아코덕스라훈눈것은젼쳬셩

경의원본은히랍말이니지금영국박물관에보장훈엿고(사)뎨사셰긔에빗

틔칸코덕스라훈눈쳑은지금로마셩에로마쥬교의쳑고에잇고(오)뎨사셰

긔에알렉산쥬리아라훈눈싸에히랍말사나니코덕스라훈눈셩경을셩피득

보에잇눈히랍교당에둔고로가쟝오릭된이쳔자초본이온젼히남아잇눈데

그중쳔조각은일쳔년이나되엿느니라

뎨사졀 근리셩경

다셧가지가쟝유명훈번력이잇스니여좌훈니라

쥬강셩후일턴삼빅팔십년에영어로쳐음번력된위믈리뷰의셩경이오(이)

주 강셩후일쳔오빅삼십오년에쳐음으로완젼ᄒᆞ게믹인코버데일의셩경이오 (삼) 딕셩경이니주강셩후일쳔오빅삼십구년에쳐음으로확실ᄒᆞᆷ을증거ᄒᆞᆫ크람머스의셩경이오 (사) 주강셩후일텬오빅륙십년에영국에셔방츅된쳥념ᄒᆞᆫ교인이라고자칭ᄒᆞᄂᆞᆫ무리가변력ᄒᆞᆫ쳰이바셩경이니여수신교의쳐음된셩경이오 (오) 주강셩후일텬륙빅십일년에영국왕쎄임스가마흔일곱학셩을식혀셔져작ᄒᆞᆫ쎄임스왕의셩경이오 (륙) 주강셩후일텬팔빅사년에영국학자와온젼ᄒᆞ게다시쥰ᄒᆞᆫ셩경이오 (칠) 주강셩후일텬륙빅구년에벌겟ᄂᆞ라ᄒᆞᄂᆞᆫ셩경에셔지은ᄯᅩ웻이즉쳔주교셩경이니이셩경은셔예수교셩경에셔비쳑ᄒᆞᆫ일곱을쓰ᄂᆞᆫ로마교당에만위ᄒᆞᆫ것이니라

연습공부　ᄉᆞ데십일쟝　근리주일학

뎨일졀　당방법

뎨일졀　교인엇ᄂᆞᆫ방법

간천회날　주일학당을쟝녀ᄒᆞ며권면ᄒᆞᄂᆞᆫᄃᆡ소불하일년에ᄒᆞᆫ안식일이라

뎨일졀 교인엇는방법

구십이

도위ᄒ야익숙ᄒᆫ사무방법을쓸지니이것이부모를쟈미잇게ᄒ고아니오는

학성을오게ᄒ고신학성을엇고쥬일학당의견을이리킬것이니라심방ᄒᆞᆫ는

날이라흠은이집져집으로단이며젼도ᄒᆞᆫ는긔록ᄒᆫ방법의근리서로히일우

킨것이니맛당히ᄒᆫ교회디방이나다른교회디방이라도실ᄒᆡᆼ흘지라이것이

쥬일학당공부의셩명되고영원ᄒᆫ인자가될것이오만일근실히아니ᄒ면학

당호험이계을지니라

가늬젼도부는 병드러교당에못가는자와집을직히는자의언약ᄒᆫ공과공

부의확장은갑과긔구가젼게들것이니즉심방ᄒᆞᆫ는사름들과집의공부들

는것과긔록척ᄒᆫ권과언약명함과수젼봉도지등이가장요긴ᄒᆫ지료나오히

려회원과학당의신령ᄒᆫ권셰가될지니라

어린ᄋᆞ히들의호명 유년반렬의확장은어린ᄋᆞ히들셰살셔지흘지니이것

은져희의집을익혀셔큰어린ᄋᆞ히들을질겁게흘지며올케시작식히며주일

학당의쳔리와훈계로어린ᄋᆞ히들을인도ᄒᆞᆫ는것이니라

어른반렬의동졍 아름다온두어가져조직이잇스니즉주일학당학성을엇

눈것이라예수교회ᄒᆡᆼ져과신령ᄒᆫ데아름다온모양이잇는종교구락부가잇

셔 사룸을 유인호야 붓잡느니라

뎨이졀 교훈의 방법

훈련은미 주일 오분식 흠쎄 속히 공과 공부의 부가져으로 셩경과 교당의 요긴

혼실샹을 훈련시킬지니라

공과복습은 학당에셔 통달호 공부에 한 시험이니 소불하사계로 한 번식 필기

복습이라도호되 맛당히 공과의 졔일건요호졀을 쎰아셔 시험홀지니라

칠판은목 스나 학교쟝의 첫 체 소용되눈중미라 누구의게 공부라 든지 연습이

든지홍면그의 가라치눈 권능을 가히 갑졀홀지니라 교사회눈 학교쟝과목스

의 공회라세가지 조목이 잇스니 학당문졔를 공부홍눈 것과 공과의 지식을 완

졍홍눈것과 엇더케 가라침을 게츌홍눈것이니라

교사연습반렬은 직원과 교사와 쳥년들이미야에 모히거나 혹교사를 삼으라

고연습식히기위호야 션틱호 쳥년들을 예비일에 학당에 모히고주일학당공

부딕신지졍혼연습순셔를 공부시키눈데며 공부괴 한은졔게일년에 졸업식

킬지니라

뎨이졀　교훈의 방법

구십삼

뎨삼졀 젼도ᄒᆞᄂᆞᆫ방법

어린ᄋᆞ히의게젼도 단슌ᄒᆞᆫ셩경ᄯᅳᆺ으로일졍ᄒᆞᆫ서긔에ᄒᆞ되ᄒᆞᆼ상복음을젼흠으로목쪄ᄒᆞ야예수교당문을열지니라

셩경문답반은어린ᄋᆞ히들을령ᄒᆞᆫ상과교육상으ᄅᆞᆺ교당을위ᄒᆞ야예비시키ᄂᆞᆫ목ᄉᆞ의훈련쟝이니라

판결ᄒᆞᄂᆞᆫ날은부흥방법을준ᄒᆡᆼᄒᆞᆫ주일학당에시속쓰ᄂᆞᆫ것이라모든셩경강논월보ᄂᆞᆫ맛당히거듭남을기다리고바라되압셔여러회의와긔도로솟차미년한번이라도판결ᄒᆞᄂᆞᆫ날을거ᄒᆡᆼᄒᆞᆯ지니범졀은고만두고다만감동ᄒᆞᄂᆞᆫ마암으로ᄒᆞᆯ지니라

셩경공부 ᄉᆞ뎨십이쟝 셩경의요구

셩경에셔가지큰요구흠이잇ᄉᆞ니 (일)감화ᄂᆞᆫ하ᄂᆞ님으로붓터나왓고 (이)졍실은우리의게주신ᄃᆡ로실쳬상으로가졋고 (삼)밋음은하ᄂᆞ님의말슴으로만히증명되엿ᄂᆞ니라

뎨일졀 감화요구

실상은 (일) 구약젼셔의 션지 즈들리 감화의 요구를 긔록으로 증명호엿스며 (이) 우리쥬씌셔 멧번 구약젼셔를령감홈으로 인증호시 사 삼십구 권 즁 십 팔권 말솜에셔 즉졉으로 인증된 유퇴국의 큰셰 가지 법규즉 률법과 션지와 시 편에 증거를 베푸셧스며 (삼) 사도 바울과 베드로가 반포호 기를 온 구약젼셔 논령감으로 된고로 거룩호 인자 들이 이쵝을 긔록호 기에 셩신으로 감동되 엿스며 (사) 신약젼셔에 논사 도 들이 이 령감을 증명호야 구약젼셔로 더브 러 등분 잇에 교당에셔 공부호 라 호엿스며 (오) 구약젼셔의 령감의 요구는 유 퇴 사름으로 공경히 밧앗고 신구약젼셔에논 예젼에 수교회 당으로 밧앗느니 라

형식은 (일) 합리호 리론으로논 셩경의 감화 논 다만 아름다온 밋음 잇는열 심에 만나 타닉시고 실상과 도에 잘못호 눈것을의 결홀지며 (이) 유 한 호 리론 으로 논령감의 도와 쳥념호 고 경건호 진리에게 한호 고 다른것은 다만 인간으 로 예 기고 (삼) 놉흔 평론의 리론은 셩경의 그른길이라 호논것과 시험밧논것

뎨일졀 감화요구   구십오

뎨이졀 졍실의 요구 　　　　　　　　　　　　구십륙

이긴요훈것과근근와학졀공부로곳치눈것을증명호엿고 (사)동력학이나

혹셩교의리론은거룩훈긔록즈들이자긔가긔록훈바모든졔목으로긔이호

게령감되엿스나져회의말훈바와갓치자유가되엿고 (오)긔게학샹이나혹

단즈의리론은비록단즈라도감화되엿스며셩교의의사눈동력학샹리론과

단즈의리론두셔이로눈워졋느니라

뎨이졀 졍실의 요구

이것은이아릿멧가지로증명되엿느니 (일) 유틔교나예수교셔사들의존슝

흠과엄혹훈형벌을잔히와변긔에딩야션고흠으로증명호엿고 (이) 요셉

퍼스의예젼목록쳑으로증명되엿스며또우리의쳑급에젼번역들의본문즉

쥬강셩젼류빅오십년에사마리란셩경과이빅팔십칠년에셉투익진ᄂᆞᆫ셩

경즁간에부합흠으로말미암아증명되엿고 (삼) 예수젼에믿든갈나듸아

라검스셩경의근틔우리파파셔와예젼예수교션조의일훈바여러즉졉말과

부합흠으로증명되엿고 (사) 셩경의유명훈이쳔본문의실샹으로증명되

엿나니그중일쳔오빅년된것도멧잇고다만동사상과문법상의만죠금다른 것이잇스며(오)유틱교당과예수교당에셔수쳔년을써느려온주일공과독 셔와반되되는교과의시긔로솟차중명되엿느니사마리아와유틱사름이요 바리세인과사두기인이오유틱사름예수교인이라모다본문의부픽효을막 엿느니라

데삼졀 밋음의요구

이아뤡멧가지나타날지니(일)하느님의이갓치셩경과갓흔묵시를구흐는 바사름의령혼상필요에격합흥게흔것으로알엇스며(이)셔긔의혐의치안 논셩실과셩경외예다른사긔의확증과비문등으로말미암아나타닉고(삼) 셔로부동호야씌훌긔회업시일쳔오빅년사이에긔록혼자사십인의일치혼 것으로뵈엿고(사)큰묵시셩경과져근묵시쳔리의합당흠으로알지며(오) 일운에언과쏘여러스름압히참된증거로힝흔이졋으로솟차알엇스며(륙) 기인과국가셩명과졍부와사회와긔예와교육등에긔이흔권능으로도알잇

데삼졀 밋음의요구

구셥쳘

스며 (칠) 온사회가젼능ᄒᆞ신하ᄂᆞ님말슴을공경히밧ᄂᆞᆫ것을알지며하ᄂᆞᆫ
ᄯᅳᆺ과갓지안은칙은이와갓치셰샹에셔밧을수업ᄂᆞ니라

연습공과 스뎨십이쟝 어린ᄋᆞ히공부

뎨일졀 셩경샹ᄋᆞ로ᄂᆞᆫ

어린ᄋᆞ히들의게딕ᄒᆞ야셩경의괴록ᄒᆞ엿스되 (일) 어린들이악ᄒᆞᆫ셩품을부모와샹속ᄒᆞᄂᆞ니 (이) 이악ᄒᆞᆫ셩품을반다시곳쳐게ᄒᆞ되교육샹과죵교샹교화로만ᄒᆯ샌아니라셩신의힘ᄒᆞ시ᄂᆞᆫ거듭남으로ᄯᅩ곳칠것이라 (삼) 어린ᄋᆞ히의령민ᄒᆞ고지혜잇ᄂᆞᆫ밋음을반다시거듭ᄂᆞ는것보담압헤홀지며 (사) 어린ᄋᆞ히를현재물노예기지말되어룬때이용ᄒᆞ기위ᄒᆞ야반다시가라치고연습시킬지며 (오) 어린ᄋᆞ히때ᄂᆞᆫ죵교샹에뎨일긴요ᄒᆞᆫ것이니라

뎨이졀 셩리학샹으로는

(일) 졍당ᄒᆞ어린ᄋᆞ희들은근본이나분츌ᄒᆞᄂᆞᆫ육신샹변쳔이라든지위험이업시ᄎᆞᆺ쟝셩ᄒᆞᆯ것이오 (이) 엇더케든지자긔를알만ᄒᆞ게지혜가날ᄯᆡᄂᆞᆫ이갓치속을드려다보ᄂᆞᆫ공부가육신샹혈통을ᄯᆞ라어린ᄋᆞ희쎅을이ᄒᆞ게못ᄒᆞᆯ지며 (삼) 비록어린ᄋᆞ희라도맛당히몸가짐을가라치고자수신체ᄒᆞᆷ을교훈ᄒᆞ야인리심을비양ᄒᆞᆯ지며 (사) 혹어린ᄋᆞ희를벌을주ᄂᆞᆫ것이요긴도ᄒᆞ고셩경말삼도되ᄂᆞ니 (오) 육신샹병은어린ᄋᆞ희혼에ᄂᆞᆫ영향이업스나신체를압호게ᄒᆞᄂᆞ니하ᄂᆞ님셰셔종교샹으로모든어린ᄋᆞ희들의게평균이긔회을주실지니라

뎨삼졀 심리학샹으로는

(일) ᄋᆞ희ᄂᆞᆫ쳐음붓러모든민쳡ᄒᆞᆫ능력을훈련ᄒᆞᆯ지며비록자근어린ᄋᆞ희라도지히며긔억ᄒᆞ며샹고ᄒᆞ며비교ᄒᆞ며추리ᄒᆞ며심판ᄒᆞ며셩각ᄒᆞᆯ것이오

(이) 어린ᄋᆞ희주목ᄒᆞᄂᆞᆫ것과긔억ᄒᆞᄂᆞᆫ것으로말미음아비호나니일노써긔

예사졀 교육상으로는   빅

억의가치가되고긔억을텬셩으로아라듯기보담더ᄒᆞᄂᆞ니일노써긔억ᄒᆞ든
셩경과문답의시긔니라(삼)어린ᄋᆞ히ᄂᆞᆫ즉각겨으로비ᄒᆞᄂᆞ니일노말미음
아신령ᄒᆞᆫ도요만일능ᄒᆞᆫ교사가가라치면어려울것이과ᄒᆞ히엽슬것이요(사)
어린ᄋᆞ히ᄂᆞᆫ셩경쳑에듸ᄂᆞ야션악을가르치되밝히ᄒᆞ고경계ᄒᆞᆯ지니주일학
당공과의캄캄ᄒᆞᆫ곳에숨은것은신령ᄒᆞ지아니ᄒᆞ며(오)어린ᄋᆞ히의비감히
감동식히지말지니라

예사졀 교육상으로는

(일)주일학당긔회동안에어린ᄋᆞ히들을온젼히비쳑ᄒᆞᄂᆞᆫ의향은교육상과
신령ᄒᆞᆫ것의밧갓이니하ᄂᆞ님의쓰듸로된학교ᄂᆞᆫ계집이라ᄭᅦ그셔어린ᄋᆞ히
들이어른으로솟차교훈과령감을밧을것이오(이)어린ᄋᆞ히들노더부러던
연젹방법으로셩경이약기를ᄒᆞᆯᄯᅢᄂᆞᆫ셩경에언어로버릇되도록자셰히ᄒᆞᆯ것
이오(삼)어린ᄋᆞ히져은본뜻이라고로신앙과사샹으로말미음아둡기보다
자못방희가될지니단순ᄒᆞᆫ교훈으로가라치ᄂᆞᆫ것이쳣져며(사)초등학가르
처ᄂᆞᆫ데비교물을쓰ᄂᆞᆫ것이과도ᄒᆞ지니면ᄋᆞ히들이비교물운잡고바르ᄂᆞᆫ신

령혼진리는놋키가쉬울지며 (오)여긔시험훈고 담멧가지가 잇스니일넛스
되어린으히의헛된셩각을막을지며 알아 듯는것과 못알아 듯는것을물론호
고만히긔억호게 훌지며심리관의게 고쳐음으로붓터곡졀을말홀지며
자긔셩각호는것을과히호지못호게 홀지며셩신이게심과도으심을알고긔
도훌지니라호엿느니라

시험공과   셩경공부   데십지십이

(일) 구약젼셔교훈의 하느닐의근본으로우리가무슨증거를가졋느뇨

(이) 하느님에딕호야말슴훈셰가지도를셜명호라

(삼) 발달의리론을무슨도가변박호엿느뇨

(사) 인자에딕호구약젼셔도로셜명호라

(오) 악의근본에딕호야가라친것이무엇이뇨

(륙) 속죄눈무엇의의지호엿느뇨

(철) 장리상틱에딕호구약젼셔의도가무엇이뇨

(팔) 구약젼셔를긔록호때와언어를셜명호라

(구) 가장유명훈번역두를셜명호라

데사졀   교육상으로는

빅일

뎨사쟐 교육샹으로눈　　　　　빅이

(십) 간략히 유틱국법규셰부분을 셜명ᄒ라

(십일) 누가 구약젼셔의 법규를나 종맛초고 언졔ᄒ엿ᄂ뇨

(십이) 신약젼셔를 긔록ᄒᆫ때와 언어를 셜명ᄒ라

(십삼) 누구로 말미암아 언졔에 수교법규가 나 종 확뎡되엿ᄂ뇨

(십사) 예젼셩경둘과 근리셩경둘을 날자로 더브러 셜명ᄒ라

(십오) 셩경의 셰가지큰 요구를 셜명ᄒ라

(십륙) 우리쥬ᄭᅴ셔 구약젼셔를 엇더케 허락ᄒ셧ᄂ뇨

(십칠) 바울과 베드로가 무엇을 증명ᄒ엿ᄂ뇨

(십팔) 셩교와 령감의 말노ᄒ는 리론을 셜명ᄒ라

(십구) 셉투에진ᄐ 최이 셩경의 졍실ᄒᆷ을 엇더케 증명ᄒ엿ᄂ뇨

(이십) 예젼본문에 딕ᄒ야 무슨 말이 잇ᄂ뇨

(이십일) 셩경의 밋음의 셰가지 강ᄒᆫ 증명을 싱각ᄒ는 딕로 셜명ᄒ라

　　시험과　　연습공부　뎨십지십이

(일) 교사가 교수 키위ᄒ야 엇더케 맛당히예 비ᄒ고

(이) 자긔 학싱을 엇더케 준비ᄒ게ᄒ고

(삼) 무슨교육방법을비밀히실힝ᄒ고

(사) 반렬의칙들과월보들에ᄃᆡᄒ야무슨말이잇ᄂᆞ뇨

(오) 교사가무엇을맛당히먼져가라칠고둘지ᄂᆞᆫ무엇이뇨

(륙) 누가맛당히요지와강령을줄고   왜그러ᄒᆞ뇨

(칠) 학셩들의게얼마나맛당히일을고

(팔) 학셩을거듭나게ᄒᆞᆫᄂᆞᆫ암시젹법의긔미를말ᄒ라

(구) 무슨습관으로학셩들을연습시킬고

(셉) 무슨귀ᄒᆞᆫ것으로주일학당방법이잇ᄂᆞ뇨

(셉일) 교인을모집ᄒᄂᆞᆫ데다섯가지방법을셜명ᄒ라

(셉이) 엇더케맛당히심방ᄒ고

(셉삼) 어린으히호명ᄒᆞᆷ으로붓터두어가지이졈을셜명ᄒ라

(셉사) 가늬젼도부룰ᄒᄂᆞᆫ데무슨지료가요긴ᄒᄂᆞ뇨

(셉오) 사름을위ᄒᆞᆷ으로주일학당동의에ᄃᆡᄒ야무슨말이잇ᄂᆞ뇨

(셉륙) 어린으히공부의긔초될것이무엇이뇨

(셉칠) 어린으히거듭나ᄂᆞᆫ데ᄂᆞᆫ무슨말이잇ᄂᆞ뇨

뎨사졀 교육상으로ᄂᆞᆫ

빅삼

뎨사졀 교육샹으로는						빅스

(십팔) 상속흠에 참된것은무엇이뇨

(십구) 어린ᄋ히들은엇더케비홀고

(이십) 무슨련고로셩경의션악을어린ᄋ히들의게가ᄅ치ᄂ뇨

(이십일) 무슨련고로어린ᄋ히들을주일학당으로붓터쩌나지못ᄒ게ᄒᄂ뇨

교사연습과목

성경공과 뎨일 신약책과 긔록흔사

룸

신약이란뜻은시언약이라ᄒᆞᆷ이니예수그리스도로말미암아ᄒᆞᄂᆞᆫ임셰셔우리를구원ᄒᆞ시겟다고언약ᄒᆞ신글이니라

뎨일 신약책

신약젼셔ᄂᆞᆫ이십칠권으로편찬되야구약젼셔와갓치사긔와도와예언으로난우엇ᄂᆞ니그즁오권은사긔책이오사긔책즁ᄉ권은복음이오일권은사도힝젼이오이십일권은도를긔록혼책이니그즁셥ᄉ권은바울의특별혼편지오남아지일곱권은야곱과베드로와요한과유다의일반편지와예언책묵시록이니라

뎨일 신약책

빅오

뎨이 신약을긔록ᄒᆞᆫ사ᄅᆞᆷ

빅륙

뎨이 신약을긔록ᄒᆞᆫ사ᄅᆞᆷ

신약젼셔는여덜ᄉ사람이긔록ᄒᆞ엿스니여좌홈요한은다셧권을긔록ᄒᆞ엿고
누가와베드로는각각두권을긔록ᄒᆞ엿고바울은열네권이오마티와마가와
야곱과유다는한권식긔록ᄒᆞ엿스니이여덜ᄉ사람중여셧스람은요한과베드
로와마티와야곱과유다와바울이라모다사도에지위에잇셔셔예수를친히
보고예수의말슴을친히드럿고ᄯᅩ마가와누가는젼도ᄒᆞ기를힘써ᄒᆞ엿스며
베드로와바울의친구로의심업시예수의사젹를아는디로긔록ᄒᆞ엿나니이
여러ᄉ도즁요한외에눈다ᄌᆞ긔가긔록ᄒᆞ고반포ᄒᆞᆫ진리에긔로온줌음을바
다쳐명쟈가되엿ᄂᆞ니라

뎨삼 긔록ᄒᆞᆫ일ᄌᆞ

(일) 신약젼셔는예수교졔일셰긔긋륙십년동안에다긔록되엿스며 (이) 마
티복음은쥬강셩후삼십팔년간에긔록되엿나니섭자가에못박혀신후팔년
후요묵시록은구십오년후에긔록ᄒᆞᆫ듯ᄒᆞ며 (삼) ᄯᅩ이십칠권즁이십일권은

륙십년동안쳐음에긔록ᄒᆞ야바울과베드로쥭은히즉주강셩후룩십륙년의

다맛쳐스니졔일셰긔굿삼십년에쳑여셧권을긔록ᄒᆞ요한과유다외에는모

다이동안에다맛쳐스며(사)요한의쥭음은예수긔원후졔일셰긔굿치니예

수강셩후신지수년만에낫고나희삼십셰에예수셰셔도라가심을보앗고사

십년에는마ᄐᆡ가신약에졔일권되는복음을긔록ᄒᆞ엿고칠십년에자긔와유

다외에여덜사람이모다긔록ᄒᆞ고거진다쥭은지라그후에자긔는묵시를주

강셩후구십오년에긔록ᄒᆞ고졔일셰긔말년에별셰ᄒᆞ엿나니라

뎨사 긔록ᄒᆞᆫ연고

신약을긔록ᄒᆞᆯ젹에구라파와아셰아와아불리가디방에는희랍말이문명게

와상업게에유명ᄒᆞᆫ문학인고로신약을다희랍글로긔록ᄒᆞ엿고마태복음을

희브리말로도긔록ᄒᆞ엿나니라신약을셰쥬목에난호앗스니사긔와도와예

언이러라

사긔는복음이니우리구셰주예수의긔이ᄒᆞᆫ힝젹을긔록ᄒᆞᆫ복된소식인고로

복음이라ᄒᆞᆯ나니이복음은죄인의게주신것이라네사람이긔류ᄒᆞ엿나니

뎨사 긔록ᄒᆞᆫ연고

빅칠

뎨사 긔록훈연고　　빅팔

(일) 이 칙네권은다예수의자셰훈스젹을긔록훈것이라 (이)비록이칙들의

쎡와자셰훈것이다르나모다온젼히젼일호며 (삼)마티와요한은쳔히보고

드른것을긔록호엿고 (사)누가눈예수의완젼훈힝젹을긔록호엿고마가눈

예수의삼년젼도호신것을긔록호엿나니라

져회의목젹은모다명빅호니 (일)마티눈유티인을위호야예수가참언약호

신미시야로붉히말호엿고 (이)마가눈로마사람을위호야예수눈하느님의

아들로긔스와이젹을힝호신것을긔록호엿고 (삼)누가눈외방사람으로예

수를인류상으로인자라고희랍사람을위호야긔록호엿고 요한은하느님쎄

셔육신으로림호사구쥬가되심을소상히가라쳐말호엿스니온셰상밋눈쟈

를위호야긔록호엿나니라

사도힝젼은예수교회의쳐음삼십년치스를긔록호엿나니 (일)뎨일편은베

드로힝젹이라유티와사마리아로두루단여셔유티긔독교회를셰운사긔요

(이)뎨이편은유티교회가바울로말미암아온셰상에퍼짐을긔록훈것이니

라

도를긔록ᄒᆞᆫ칙

신약젼셔즁이십일권은도의리치를가라친것이니예수교의밋음과ᄒᆡᆼ홀것을긔록ᄒᆞᆫ것이라 바울은특별ᄒᆞᆫ편지열네권즁열은교회로보ᄂᆡ엿고벳은빅셩의게보ᄂᆡ엿스니가권의긔록ᄒᆞᆫ바가다붉히한두가지로도리를강구ᄒᆞ엿스니가량로마인셔ᄂᆞᆫ밋음으로구원을엇ᄂᆞᆫ다고말ᄒᆞ엿고데살노니가젼후셔ᄂᆞᆫ예수의지림ᄒᆞ실것을말ᄒᆞ엿스며희브리ᄂᆞᆫ예수가졔사의직분잇ᄂᆞᆫ것을말ᄒᆞ엿고ᄯᅩ일곱권은여러교회에돌녀져보게ᄒᆞ셧스니이것슨도리뎍으로ᄀᆞᄅᆞ친것시아니요특별히ᄒᆡᆼ홀것을ᄀᆞᄅᆞ친것이라ᄂᆞ니라

예언칙

묵시록은예수ᄭᅴ셔마지막다시오시기ᄭᅡ지예언으로각쳐교회의온젼ᄒᆞᆫ사긔를미리긔록ᄒᆞᆫ것이니이칙의이상ᄒᆞᆫ묵시ᄂᆞᆫᄉᆞ랑ᄒᆞ시든졔ᄌᆞ요한의게나타니셧스니이ᄯᅢᄂᆞᆫ요한이쥬의도라가심을본후칠십년가량이러라

예언칙

빅구

뎨일졀 사긔

연습공부 뎨일 근리쥬일학교

빅십

뎨일졀 사긔

주일학교은형식샹외에는근리졔도가아이니 (일) 에수교뎨일셰긔에는각
쳐에모셰임이라ᄒᆞᄂᆞᆫ주일학교을창셜ᄒᆞ엿고 (이) 루터와낙쓰와왜쓰릐른
사람이덕국과노겨란국과영국에주일학교을창셜ᄒᆞ엿고 (삼) 우랍버우렉
쓰란이가션교회교육쳐소로일쳔칠빅팔십일년에창셜ᄒᆞ엿다가 (사) 만국
주일학교을강셩후일쳔팔빅칠십이년에비로소창립ᄒᆞ엿ᄂᆞ니라

뎨이졀 디방

주일학교은예수교회에셔셩경을공부ᄒᆞ고비ᄒᆞᄂᆞᆫ쳐소니 (일) 아무교회교
인이던지주일학교에셔비ᄒᆞ거나가라치ᄂᆞᆫ직분이잇고 (이) 주일학교ᄂᆞᆫ로
소를물론ᄒᆞ고교인아니라도립록ᄒᆞ야셔비ᄒᆞ기도ᄒᆞ고가라치기도ᄒᆞ며
(삼) ᄯᅩ주일학교ᄂᆞᆫ교회학당인고로교회를다사리ᄂᆞᆫ것과규칙과결과를다

담보ᄒᆞᄂᆞᆫ의무가잇스며 (사) 학교와갓치인지를양셩ᄒᆞ야교육가르슴고법도를가라쳐셔시종을알게ᄒᆞᄂᆞᆫ것이요긔도ᄒᆞᄂᆞᆫ것과젼도ᄒᆞᄂᆞᆫ것과쥬일간친회즉예비회와거룩ᄒᆞᆫ회의ᄒᆞᄂᆞᆫ것은아이니라

뎨삼졀 관계

주일학교에는 셰가지관계가잇스니교회와집과나라의딕ᄒᆞᆫ관계니라

교회에딕ᄒᆞ야ᄂᆞᆫ (일) 주일학교의셔교회의사긔와교훈을가라치되신실흔충의를압셰우고교를비반ᄒᆞᄂᆞᆫ정신으로ᄒᆞ지말지며 (이) 맛당히교회를위ᄒᆞ야예수교일션을예비ᄒᆞ고교회규측과노리와법도로연습시킬지며 (삼) 교회에셔ᄂᆞᆫ보수로주일학교을위ᄒᆞ야너그러히편안홈을예비ᄒᆞ고다사리ᄂᆞᆫ데와가라치ᄂᆞᆫ도와줄것을준비ᄒᆞᆯ지며 ᄯᅩ학당경비를지발ᄒᆞ고 ᄯᅩ교당이맛당히학당의직원과교사를션정ᄒᆞ고예비ᄒᆞ야아모조록져희들의복무를찬송ᄒᆞ고칭찬ᄒᆞᆯ지니라

집에딕ᄒᆞ야ᄂᆞᆫ 집은하ᄂᆞ님의쳐음거룩ᄒᆞᆫ학교로거룩ᄒᆞ게예비되엿다ᄒᆞ지니만일그러치아ᄂᆞᆫ면주일학교에셔더명영져관게를필요로ᄒᆞᆯ지니라되

뎨삼졀 관계

빅십이

귀쥬일학당진보는집에딕ᄒ관게에달엿느니 (일)학당의직원이나교사는
목사돕는사람이되야집에심방홈으로부모의합심동력을엇을지며 (이)쥬
일학당을홀수잇는딕로밋지아니ᄒ는어린아희의밋게ᄒ는집을믿들지며
(삼)부모들이쥬일학당에ᄂ교당에출셕ᄒ기를간구ᄒ고어린아희들은더
요구홀지며 (사)집에셔는져의직분으로학셩의예비와여일ᄒ출셕을엇기
힘쓸지니라

나라에되ᄒ야는 우리는예수교나라니거반공립학교에셔는셩경공부와
가라치난것을검ᄒ엿더니미년쥬일학당으로쳥년을연습ᄒ야예수교국민
의의무와직분을다ᄒ게ᄒ기위ᄒ는쳑임이졈졈셩ᄒ야일로말미암아 (일)
쥬일학당이맛당히젼도ᄉ업을확장ᄒ야밋지아니ᄒ는어린아희들을엇을
지며 (이)쏘쥬일학당이맛당히실지로예수교강의를결빅ᄒ게홀지며 (삼)
쥬일학당이쏘특별히실지로예수교인의안식일과졀졔의강구홈을가라칠
지며

뎨사졀 목젹

모든진실훈주일학당에셔맛당히힝훌네가지목젹이잇셔긴요훔을싸라다차셔가잇스니 (일) 학싱을거듭나게훈것이니이것은학당에뒤주져되시눈우리주예수리스도의게힘입을것이요 (이) 하ᄂ님의말슴으로임의밋눈자를졍도로교훈훌것이니이것은비호고자훈눈학싱의게달엿고 (삼) 예수교일쉰을발달시킬것이니이것은교당에달엿고 (사) 쟝리교사를연습시킬지니이것은자긔의게달엿ᄂ니라 ·

셩경공부 뎨이쟝 거록훈싸 (유퇴국)

뎨일졀 력사

(일) 고되 이따는수리아와희랍과로마보담더오린싸니아부라함이이곳에셔살앗셧고써가에셔도거꾸훙엿셧고예수강싱젼이쳔년에쏘여긔잇눈우물에쉬셧쓰며두로셩이망훙기젼이빅년에여호수아가이셩을이겻셧고

뎨일졀 력사

빅십삼

뎨일졀 력사

솔로문은로무러쓰가라마셩을긔초ᄒ기젼이빅년에이곳에셔죽엇고ᄯ긔
디온과아치리쓰가동시에살앗스며에엘이야와호머가다동시인으로이곳에
셔살앗느니라

(이)일홈 이ᄯ의일홈이네가지가잇스니여호수아가승젼ᄒ기젼에는가
나안이라ᄒ엿고승젼ᄒ후눈이스라엘이라ᄒ엿다가ᄲᅡ별론에속박된후로
눈유틔라ᄒ엿고그리스도시디후로눈팔늬스단이라ᄒ엿나니라

삼법관 유틔사람들이가나안사람을쳐셔차지ᄒ고팔빅오십년동안을다
사리다가룩빅오십년은ᄲᅡ별론과파사국과의굽국과희랍국과로마국에셔
종노릇ᄒ엿고예수ᄶᅥ셔도라가신후사십년에로마에셔이셩을쳐고빅셩들
을귀향보닛고그후오빅년동안은토이긔국에속국이되야모다나라가퇴락
이되엿느니라이ᄯᅡ흘차지ᄒ혼사람은열여덜사람이연속ᄒ야차지ᄒ엿지마
눈다만유틔사람만영구히차지ᄒ지못ᄒ엿느니라

(사)요령은이디방이아젼에상업과여ᄒᆡᆼ에요ᄒᆡ쳐요아셰아와유로바와아
푸리가디방으로연락ᄒ야네길이잇스며ᄯᅩ훈우리의게미디방이요긴훌이
뷤은셩경에력사가된ᄯᅡ이요ᄯᅩ예수ᄶᅧ셔사시든ᄯᅡ이요여러션지가이ᄯᅡᆜ

가라쳐셔예언혼것시만흐나아즉도일우지아니호쩌이니라

데이졀 디지

(일) 쟝광 모양과 체져이거위우리디한강원도와 갓고 위치ᄂ디중히와요단강셔이에잇스니쟝은영리로일빅사십리요광은영리로이십오리혹칠십리가되나니라요단강동편에잇는비리아싸지다ᄒ면면져이영리로일만이쳔방리가되고요단강동편비리아말고는구쳔방영리ᄂ되ᄂ니라

(이) 뽀면은좁은디방으로디중히를싹미엿스며산믹이혹간이러ᄂ셔산도잇스며갈닐니남편에잇는에스듀라엘런이라ᄒ는광야로남북편이빗겨열엿고쏘요단강산협이갈닐니바다와사히를이엿고동편으로ᄂ비리아고원이잇ᄂ니라

(삼) 풍요로ᄂ이싸에우유와쓸이흘은다ᄂ싸이라고로놉흔산색닥이에도동상과갓처슴으며쏘이싸에그러케조밀혼인구를군리나라에비유홀디업고쏘산물은디믹소믹포도올이브가풍셩히나ᄂ니라

(사) 로긔ᄂ팔네스된은반열디디방이라열긔가산으로말믹암마겨합ᄒ야우리나라긔후와갓ᄒ며눈은드믈게오고겨울은쌰르니라

뎨삼졀　인민

(일)(인구)빅셩의수효눈륙빅만명이니이갓치좁은디방으로인구눈여차히
조밀ᄒᆞ니예수께셔싱존ᄒᆞ여계실ᄯᆡ에얼마나무리가모듸엿눈지싱각ᄒᆞ고
ᄒᆞ여볼것이라다만갈닐니에만이빅고을과셩이잇셔인구가평균가량ᄒᆞ고
을에일만오쳔명이나되눈니라

(이)도유틱국에네도가잇셧스니갈닐니눈북편에잇고유틱눈남편에잇
고사마리아눈즁앙에잇고비리아눈요단강을건너잇스니각도의방언과ᄒᆞ
업과싱활졔도가각각부동ᄒᆞ니라(갑)유틱눈귀족졍치의즁앙인고로순견
ᄒᆞ혈족과거룩훈셩젼을자랑ᄒᆞ엿스며(을)갈닐니눈유틱사람과외방사람
의셧귄잡종이라ᄒᆞ야유틱인의의사의업수히여김을밧고(병)비리아눈롱
부와목자가만히살던곳이라싸홈잘ᄒᆞ고도라단이눈빅셩들이요(졍)사마
리아에눈유틱와수리아양국사람의잡종이잇스니유틱사람과동등이되지
못ᄒᆞ눈니라(삼)직업은롱부와목자가만코유틱인들은ᄒᆞ샹에셔쟝사ᄒᆞ눈

일을잘ᄒᆞ여셔오날ᄶᅢ지상업에종사ᄒᆞ고딕미스커스와잇급과아라비아와ᄶᅡ별론의폐로단이ᄂᆞᆫ장사와셰계각국의장사ᄒᆞᄂᆞᆫ사람들이이ᄯᅢ에자주왕리ᄒᆞ엿ᄂᆞ니라

(사) 정부ᄂᆞᆫ로마정부에셔참셕ᄒᆞ여셔로마사람빌나도가가이사랴의사령장관으로유틱국에감사가되야다시렷고헤롯안틔파쓰가버리아에셔갈닐니의감사가되엿스니져희의다사림은모다젼제정치라고로국민들이분열ᄒᆞ야구원ᄒᆞᆯ사람을바랏ᄂᆞ니라

연습공부

뎨이쟝 쥬일학당조직

쥬일학당도젹ᄒᆞᄂᆞᆫ딕몃가지조건이잇스니일은지휘즉관리ᄒᆞᄂᆞᆫ것과이사무의각부분이요삼은부분혹은게급이니라

뎨일졀 지휘

(일) 당국쟈 교회에셔권한을맛ᄒᆞ셔아모일이던지쥬일학당에셔ᄂᆞᆫ자유롭웃ᄒᆞ되다만우연히되ᄂᆞᆫ일즉션교혹은연합학당에공교히되ᄂᆞᆫ일은권도

뎨이졀 부분

로홀수잇슬거시며교회목사눈주일학당에감독이요주일학당교장은교회의
직원이니라
(이)관할 주일학당관리호눈법은반복무상히못홀것이요반다시다사리
눈게칙이잇셔밝히직무와회원의관게를결졍홀지니이것을공포호후시힝
홀지니라
(삼)임명 주일학당에교사나직원을임명호눈것은그교회목사나임원이
나또그학당의교사나임원들이공회를열고임명홀지며다만목사나학교장
이나또그학당이나홀노난못호나니라
(사)직원 주일학당의직원은그학당교원다소에달엿스나엇더호학당이
든지목사와학쟝과셔긔관과셔젹관리인과회게와인도쟈눈반다시요구홀
지니라

뎨이졀 부분

(일)젼도 집마다심방호야교인을엇어교화케호되반다시법칙을좃차졀
셔잇게홀것이오급박히호면돕눈것보담자못히가될지니라

빅십팔

(이) 통게 교에 입젹과 반에 분비와 문부와 보단를다 포함ᄒ엿스며 또 그문부에는 미주일에 각교사와 학도의 긔인젹게 급즉 출셕과 공과와 쏘 연조훈것을다나타닉여 뵈이고 보단은 셰가지가 잇스니 첫지는 학교요 둘지는 교회요 셋지는 져의집에 다ᄒ나니라

(삼) 지졍 보통영수훈것과 사용훈증거외에 각반열과 각학도로 더브러 산문부를 반다시 둘것이니 그것은즉 한희동안미주일에 연조훈총익을 알게ᄒ는것이니라

(사) 음악 조훈노릭는 주일학당의 성명이니다 일졔히 노릭ᄒ는것이조훈 노릭요비록 곡조를 잘못ᄒ야드리도 모든 사람을다 노릭ᄒ게ᄒ는이를 조도자라ᄒᄂ니라

(오) 도셔 척과 신보와 도 음될만훈것들을 포함ᄒ엿쓰되 낭독등의 방희를 향용관리ᄒ는고로 학당에 유쾌나 뎡예는 아이니라

(륙) 교훈 가장요긴훈일이니 만약교수ᄒ는것이비열ᄒ면 그학당은 쇠약ᄒ을것이요 유효히긴요훈것은 두가지가 잇쓰니 일은 주일마다 공과를 돕기위ᄒ야 교사회와 교수ᄒ을바인지를 턱ᄒ기위ᄒ야 연습반을 셜립ᄒ을지니라

뎨이졀 부분

빅셥구

뎨삼졀 부분

(칠) 주장 학교장이나그의보좌원이교회의직분으로주장ᄒᄂ니만일각 직원이나교사가여차히자긔를각각주장ᄒ면셔그듸로나가면소불하주일 학당은일년에일차식교당에셔가히복습를지닐지니라

뎨삼졀 부분

공입학교갓흔학교의게급혹부분은학셩연령의실힝ᄒᆯ것과저질의발달되 로졍졔히규졍ᄒ되자유권이만케ᄒ고연습반외에ᄂᆫᄒᆼ용다네가지를요구 ᄒ나니만국공공과를교수ᄒᆯ지며시험을거힝ᄒᆯ지며긔인젹진보를긔초ᄒ야 진급ᄒ되숙지와건신흠을더볼지며ᄯ또각게급에여일흔공과를싸라셔만국 회의나사람의명칭으로셜입된부가져게급도맛당히실힝될지니각게급은 여좌ᄒ니라

(일) 쵸등유치반은세살붓터여셧살싸지쵸학자를포함ᄒ엿고유년반은여 셧살붓터아홉살싸지요 (이) 쇼년반은아홉살붓터열두살싸지요 (삼)중등 반은열두살붓터열여셧살싸지요고등반은열여셧살이상으로졍ᄒᆯ지니라

예루살렘을거룩훈셩이라훈느니이셩은수쳔년을참하느님의셩뎐이되엿고쏘십구셰긔를에수그리스도께셔본듸오빌라도의게곤란을바드신곳으로숭상흥엿나니라

셩경공과 뎨삼쟝 거룩훈셩

뎨일졀 위치

(일) 거리 셔편은읍바항으로브터일빅오리요동편은여리고로브터사십팔리요북편은나사렛과상거가이빅일리요남은벳을레헴과섭팔리니라

(이) 고도 바다에셔평균이쳔오빅쳑되는산다셧우에지엇고깁흔협로로삼면을에웟나니라

(삼) 졍치 유틱인에졍치샹과죵교샹으로된도셩인고로그리스도씌에는학교와교회로일홈이낫스며유틱인의유월졀직힐씌에는일쥬간에훙용이셩뎐에러빈이빅만명이나되엿나니라

뎨이졀 주위

(일) 산곡 산골셋이잇스니예호사펏드(혹키주론)는셩젼을지닉셔동편에잇고히넘산곡은셔남에잇고타이로펜은북으로브터남까지이셩을싼어가다가셰산곡이동남에셔혼데합ᄒ여사희로드러가니라

(이) 담 큰담도셋이잇스니ᄒ나혼싸윗의것이니시온과오펠을둘녀옛져옛쌕싯ᄅ셩을에워쓰 스며둘지ᄂ히세키아의담이니잇그라와모리아를에워둘녀싸쓰며셋지ᄂ혀롯아그리바의담이니예수강싱후에싼것이라북방으로쌧세다를둘녀ᄶ닉갓스며이근리담은사빅년젼에로이기사람들이싼나니라

(삼) 문 예젼셩은밧갓문여닯이잇스니가장큰것은북편으로사마리아와갈닐니로향ᄒ야열인ᄊ미스거스문이요셔으로ᄂ욥바와벳을레헴으로인도ᄒᄂ덜문(혹욥바문)이요남편으로ᄂ실로암못으로열인십문이요동편으로ᄂ키주론을건너벳아니와여리고로인도ᄒᄂ수산문(혹은셩젼의빅함문) 이잇나니라

(사) 거룩ᄒᆞᆫ곳 가장일홈잇ᄂᆞᆫ것은남편에잇ᄂᆞᆫᄯᅡ윗과션지자들의무덤이

오동편에잇ᄂᆞᆫ셋세멘과벳세다 요북편으로ᄂᆞᆫ히골곳과인군과법관의무덤

이니라

뎨삼졀 도형

(일) 쳬디 밧갓담의장은십오리가량이오인구ᄂᆞᆫ이십만이니라

(이) 모양 이셩은여일치아ᄂᆞᆫ사각형으로되야잇그라와쎗세다와모리아

와오벨과시온다셧산을포함ᄒᆞ엿나니라

(삼) 골 남으로오벨과시온두산우에잇ᄂᆞᆫ시온즉웃셩이잇고ᄯᅩ잇그라우

에아뤼셩이잇스니셩젼잇ᄂᆞᆫ모리아산ᄶᅡ지포함ᄒᆞ엿스며벳세다즉혀롯

시셩은북으로멀이잇ᄂᆞ니라

(사) 간축 예젼셔긔관이예루살렘을부르기를티리셔셩이라고도ᄒᆞ고

셩이라고도ᄒᆞᆫ더라그리스도ᄱᅦ에그즁유명ᄒᆞᆫ것은일쳔륙빅평되ᄂᆞᆫ혜롯의

셩젼과ᄯᅩ그의틔궐과인도늬아의탑과그물갓혼여러연못과쌍속에잇ᄂᆞᆫ운

하니라

뎨삼졀 도형

빅이십삼

뎨사졀 역사

(일) 일홈　아브라함씌에ᄂᆞᆫ 이셩을밀치시덕왕의도셩살렘이라ᄒᆞ더니 윗왕시졀에이르러예루살렘이라고곳쳣ᄂᆞ니라

(이) 상고　이셩이사쳔년이되얏ᄂᆞᆫ디 셰계에가장오리된셩이라 솔로몬왕과 혀롯디왕시졀에ᄂᆞᆫ 크게광장ᄒᆞ엿ᄂᆞ니라

(삼) 변혁　이셩주인은 예수강셩젼에ᄂᆞᆫ 여셧번밧귀엿고 강셩후에ᄂᆞᆫ 열여덜번밧귀엿스며 네쌕키늬사와 틔터의게아 조멸망을두번이나밧고 수빅만명이피격될쌕 와방비ᄒᆞ다가 피살되엿스며 ᄒᆞᆫ번에워삿고 칠ᄂᆞᆫ 일빅십만명이죽음을당ᄒᆞ엿ᄂᆞ니라

(사) 근리예루살렘　지금은팔만인구의토이 기셩이되엿ᄂᆞᆫ디 아름다온것시 별노업고예젼영광은겨우자취만잇ᄂᆞ니라

연습공과　뎨삼장　주일학교 직원

직원을션퇴ᄒᆞᄂᆞᆫ디 맛당히ᄒᆞᆯ네가지가잇스니 (일)영혼상과심지샹으로합

당훈것이오직요긴훈고교회권도로눈못훌지며(이)진실훈자를학당으로
승급훈눈뒤문학을쳐용훈야질셔를익숙훈게알게훌지며(사)규칙딕로션
틱훈눈것을다만학교에만편히위탁훈지말지며(사)교사를겸훈각직원의
게속룽역업눈것을예방훈기위훈야히마다셔로박굴지니그직원에목녹은
학교로더브러변경훈되이아틱멋가지눈다만긔유훈야암시훌지니라
(일)영졉인 학교문에기다려셔학셩을맛고신학셩은학교장의게소키시
키고손님을좌졍케훈고보호훌지니라
(이)셔겨간검인 칙이어딕잇눈것을알지며학셩의틱용훌것을보호지휘
훈고찬미가칙과월보종희등을미리졔자리에예비훈고쩌러지고그릇된칙
을간수훈야주의훈고허비훈눈것을방비훌지니라
(삼)회계 학교에일반지졍을회계훈야교당에보단훈고쏘학교의인원으
로더브러긔인의장부를심사훈야학당을잘지팅훈야유지졍계훌묘칙을진
(사)셔긔관 칙을훈번본후세가지를보단훌지니즉각학셩의출셕과공부
와연조등이며들지눈유명훈사젹을녁달식장여훈기위훈야존경홈을묘훈
출훌지니라

뎌삼장　주일학교직원　　　　박이십오

뎨삼장 주일학교직원

……는딕 특별히 학교장 압헤셔 ᄒᆞ고 셋지는 그 학성의 부모들의게 여일히 보닐지니라

(오) 찬미인도쟈 첫지 진보ᄒᆞ도록 조심ᄒᆞ야 곡조를 션퇴ᄒᆞ지며 둘지는 노릭를 열심으로 일치ᄒᆞ게 인도ᄒᆞ지며 (셋지)는 곡조와 뜻을 셜명ᄒᆞ고 희셕ᄒᆞ지며 (넷지)는 다 일졔히 갓치 노릭ᄒᆞ게 학당을 가라칠 것이오 (다셧지)는 다시 모도다 노릭ᄒᆞ기로 목져을 삼을지니라

(육) 목사 는 ᄒᆞᆯ 수 잇는딕로 믹기회날 참셕ᄒᆞ지며 (둘지)는 닉에 주일학당 젼도의 장이 될 것이오 (셋지)는 학당이나 강단에셔 직원과 교사를 추어줄 것이오 (넷지)는 교사회의에 여일이 참셕ᄒᆞ지며 (오)는 쟝립교사를 틱용키 위ᄒᆞ야 쳥년을 연습ᄒᆞ기를 예비ᄒᆞ지니라.

(칠) 학교장 집사의 장이 되야 교육법과 질셔를 담당ᄒᆞ되 가장 긴요혼 자격이 셰가지가 잇스니 첫지는 신앙이오 둘지는 쳥년으로 더브러 동졍을 표ᄒᆞᄂᆞᆫ 것이오 셋지는 쳐리ᄒᆞᄂᆞᆫ 티 익숙ᄒᆞᄂᆞᆫ 것이며 쏘 그의 의무는 다셧가지가 잇ᄂᆞ니 여좌ᄒᆞ니라

(일) 교당에 딕ᄒᆞ야는 모든 권리를 자긔가 가지고 목사들과 의론도ᄒᆞ고 도를

존경홀지며져무에출셕홈을쟝여홀지며일져이학싱들을연습홍야예슈교

일군으로졸업시킬지니라

(이) 집에딕홍야는무슨곤란이잇슬쩍심방홀지며과실혼학싱을살펴셔아
모조록교화케홀지며그학싱부모와셔로교통홀지니라 (삼) 학당에딕홍야
는평안혼것과준비홀물건을볼지며요긴치안코방히될것은방비홍되반렬
에셔공부홀동안은특별히홀것이오학당을질셔잇게유지홍기를구홀지니
라 (사) 교사들의일을주장홍야져희가잘못홍난것을도와줄지며각교사로
더브러회의와갓치의론홀지며또교사회를잘유지홀지니이것이량심졔예
오는것과학당올군심홀지며셩품은공평혼교인으로긋지부게다사릴것이오
비에큰모범이니라 (오)자긔에딕홍야는젼진홍는예수교인으로긋긔가비
노는마당이나가무나잡기등에간섭아니홍고참열심홍는인이될지니라

시험문제 (일) 셩경공과데일로데삼

(일) 신약젼셔의역사 칙을일홈홍라

(이) 신약젼셔의여덜긔록혼사람들의일홈을딕답홍라

(삼) 도를긔록혼칙은엇더케분류되엿나뇨

데삼쟝 쥬일학교직원

빅이십칠

뎨삼쟝 주일학교직원

(사) 어느히에마틱복음과묵시가긔록되엿나뇨

(오) 어늬나라말로신약을긔록ᄒᆞ엿스며 왜그릿나뇨

(륙) 무슨목젹으로요한이복음을긔록ᄒᆞ엿나뇨

(칠) 사도힝젼의능히아는바를셜명ᄒᆞ라

(팔) 거룩ᄒᆞᆫ싸의일홈넷을차례로셜명ᄒᆞ라

(구) 어느ᄯᅢ에유틱사람의나라히망ᄒᆞ엿나뇨

(십) 너희나라의체뒤와인구를팔레스틴과비교ᄒᆞ라

(십일) 팔레스틴에셔농사지어ᄂᆞ난졔일즁요ᄒᆞᆫ두가지를말ᄒᆞ라

(십이) 이나라의풍도를자셰히셜명ᄒᆞ라

(십삼) 이네싸의특별ᄒᆞᆫ것과위치를셜명ᄒᆞ라

(십ᄉᆞ) 예수시졀에누가이싸를다사렷나뇨

(십오) 예루살렘으로브터나사렛지방에거리와방향을셜명ᄒᆞ라

(십륙) 예루살렘의위션갓가히엇던미국셩이잇나뇨

(십칠) 그셩어늬편에ᄶᅵ듸시멘과히골곳이잇나뇨

(십팔) 예루살렘잇ᄂᆞᆫ다셧산의일홈을말ᄒᆞ라

빅이십팔

(십구) 담과 산곡과 골의 수효를 말ᄒ라

(이십) 예수시졀에 유명ᄒᆫ집을 일홈ᄒ라

(이십일) 이ᄀ린 예루살렘을 셜명ᄒ라

　　시험문졔 (일) 연습공과뎨일장으로뎨 삼장ᄭᅡ지라

(일) 어늬히에 일졔히 갓ᄒᆫ공부의동의가 시작되엿나뇨

(이) 쥬일학당의 ᄯᅳᆺ을 셜명ᄒ라

(삼) 쥬일학당이 교당에 뒤ᄒ야긴요ᄒᆫ관계를 셜명ᄒ라

(사) 교당이 학당에 뒤ᄒ야 긴요ᄒᆫ무가 무엇이뇨

(오) 쥬일학당과 집과무슨 모양으로관게되나뇨

(육) 쥬일학당이나 라를위ᄒ야무엇을ᄒ고

(칠) 각 쥬일학당의 맛당히 ᄒᆯ졔일즁요ᄒᆫ목뎍이 무엇너뇨

(팔) 목사가 쥬일학당에 뒤ᄒ야무슨관게가잇나뇨

(구) 누구의게교사나 직원임명의 권리가잇나뇨

(십) 쥬일학당의가장긴요ᄒᆫ직원을 말ᄒ라

(십일) 젼도부의ᄒᄂᆞᆫ일은무엇너뇨

　　뎨삼장　쥬일학교 직원

　　빅이십구

뎨사쟝 셩젼　　　　　　　　　　　　빅삼십

(십이) 통게부에맛당히보존홀긔록이무엇니뇨

(십삼) 쥬일학당에가쟝요긴혼부가무엇니뇨

(십사) 쥬일학당은무슨긔초로맛당히게급을졍홀고

(십오) 쥬일학당에게급을차셔로셜명호라

(십륙) 교사나직원의피션된긔한은얼마나되며　왜그러혼뇨

(십칠) 쥬일학당셔젹관리인의약간의무를셜명호라

(십팔) 쥬일학당에디혼야목사의약간의무를셜명호라

(십구) 학교쟝의가쟝요긴혼자격은무엇니뇨

(이십) 또학교쟝이모든학싱집에디혼야눈무슨의무가무엇잇나뇨

(이십일) 또모든교사의게디혼야눈의무가무엇인지셜명호라

셩경공부　뎨사쟝　셩젼

혜롯왕의셩당을특별히관게호야말홈

유퇴사람의셩젼을틔시터스가셰게의굉쟝혼것의호나라고말호며　도쏘시

피어스는이셩젼을눈산으로비유호야말호기를이집이무거온금쏘까으로

덥허셔그집의빗난것이모든보는사람의눈을도리킨다ᄒ엿나니라

뎨일졀 역사

셩젼둘이잇는듸ᄒ나흔다른것을모범ᄒ야진것이니둘을다유틔국셩막을모범ᄒ여지은것이니그셩막은하나님께셔모셰의게도형을주샤지은것이니라·

(일) 솔노몬의셩젼　예수강셩젼일쳔년에지엇는듸ᄉ박년올셔잇다가네부키나사의게멸망되엿나니라

(이) 둘지셩젼은시럽베빌이졈영ᄒ야ᄲᅥ슨뒤에그젼원긔초와원도형으로지엇스나그러치만몬져셩젼만못ᄒ니라

(삼) 헤롯틔왕이라ᄒ는셩젼은예수강셩젼수년젼에크게확장되고부요된곳로자긔일홈을주엇나니그꽝장흔것은솔로몬셩션보담지나되뎨일영광스러온법궤가업셔스며예수강셩후칠십년에로마사람의게멸망되엿나니라

(사) 회회교인의셩당오마의모시퀴는그예젼긔지에일쳔이빅년을셔잇스며솔노몬의셩젼의원긔초는지금ᄶᅡ지오히려나마잇나니라

뎨이졀 건축

(일) 셩젼잇눈곳은아브라함이그아달이삭을하나님께밧치든모리아산에잇스니즉예루살렘의동편지경이요찌호사펏르산골이번이뵈이고동편을향ᄒᆞ얏스며올이브스산은그산골건너이빅보나놉게잇고놉흔네산우에거룩ᄒᆞᆫ셩이큰둥그런연희장과갓치둘넛나니라

(이) 쟝뒤셔편셧헤셩젼이잇스니그쟝뒤눈사방이십케로산을평평히ᄒᆞ고산골우에지은것이며남편과동편에눈즁뒤ᄒᆞᆫ돌담이싹가지른듯ᄒᆞ게오빅보를니려왓나니라

(삼) 져료눈십사보로륙십보되눈큰빅셕과기동은기리가스십보되눈파리아국뒤리셕이요지목은향목과종나무와소나무둥을졀묘히셔기엿스며금과은과고린듸아주셔으로쏨엿스며다만졔셩쇼의쳔졍만쏌이눈듸금이셔른돈이러라

(사) 셰간사ᄎᆞᄒᆞᆫ것은일우말ᄒᆞᆯ수업스며ᄒᆞᆫ번은여러빅만은금그릇이잇고ᄯᅩ갑진졔ᄎᆞ의의복이십여만벌이나싸엿나니라

뎨삼졀 부옥 (방)

(일) 마당 그셩젼의담은사각형으로지경되고밧갓문은일곱이오그눈사각형마당셋이잇셔쳥쳥으로ᄒᆞ나우에ᄒᆞ낫식담으로구별ᄒᆞ야난우어잇는디다드리셕담으로둘너쌋스니밧갓에잇는마당은외방사람인고로환히열니고이안우에눈륙십보놉흔문아홉을드러가면다만유ᄃ을위ᄒᆞ눈이스라엘마당이잇스니금과은으로도비ᄒᆞ얏스며그동편으로반은여편네마당으로난우엿고놉흔디우에는졔ᄉ의마당이잇나니라

(이) 셩각만창이일빅이십보라졔사마당셔편삿놉고평탄ᄒᆞ곳에잇스셕단과상ᄃᆡᄒᆞ며그압흔현각이잇스니일빅팔십보가놉고금과귀ᄒᆞ돌로허스며이뒤는셩쇼가잇셔졔셩쇼와동ᄒᆞ엿ᄂ니라

(삼) 예비는졔사이만명과이수에갑졀되는레위죡쇽이이십사열로일식차례로복종ᄒᆞ니그레위난보호인과담부와음악자등이오단지졔사졔를지닉며향을틱오고나라에비는하로두번식상오구시와하오삼시에모혀ᄒᆞ고규를을졍ᄒᆞ졔는단에올이고향이거룩ᄒᆞ곳에셔탈

셩당안에기딕리든무리들과셩닉집우에잇든무리들이졀ᄒ야긔도드리

그졔사들에는라팔소리와큰셩당안의소리가ᄒ데합창되야쎠를고ᄒ다ᄒ

니라

연습공부 뎨사장 주일학당교사

뎨일졀 사무

（일） 교사들은교회목사아릭잇셔여긔사무를위ᄒ야쳥년을예비ᄒ고쏘도

를가라철지며둘지는자긔들도학당에직분이잇는고로학당에담임ᄒ는일

이며교육식키는법을학교쟝과ᄒ가지난호올것이며셋지는자긔들도집으

로더브러합심동역ᄒ는자인고로이것의권리를실힝ᄒ고올케가라치는것

을주쟝훌지며넷지는자긔도교사겸학싱외연습자인고로져희의마암을게

시ᄒ고힝젹을모범케훌지니라

뎨이졀 예비

주일학당교사의힝젹은공과보담지나이기는고로육신상예비홈는되아울러졍신젹예비도특별히요긴호나니육신상예비는예수그리스도씨의은혜를말미암마다자유로홀것이오졍신젹예비는공부와경홈으로누구던지굿게호랴고호는자의게올것이니조고만질녀져공부라도말미암마건신호교사는가히크게권셰를어드리니라

(일) 육신상 주일학당교소는거반확졍호예수교경홈을요구호야경홈호것으로가라치는진리를알지니만일교소가회긔쳐안코다른스람을회긔케못홀지니라고로조금이라든지혹만히라도알지마는이아티잇는하나는반다시알것이니즉예수그리스도는육신상구셰주시니라혼말솜이니라·

(이) 사회젹 사회의권리를길녀육신의권셰를삼되신앙만잇고사회권리가업는교사는교의가부족혼교사가되나니라

뎨이졀 예비

졍신젹

(일) 지식으로는교사가반다시가라치는바를알것이며교과셔공느혼셩신

박삼십오

뎨삼졀 돕는것　　　　　　　　　　박삼셥룩

은거룩혼션싱이라혼셩경을홀것이며또반다시작문과디지와역사와도를
공부홀지며예비홀것은반다시일반으로홀것은아울너홀지며셩
경공부를차셔로홀눈것이필요홀지니주일공과로홀나식교수홀눈것이나
홀지니라

(이)져주로눈교사가반다시엇터게가라칠것을알지며가라치눈긔예눈다
른긔예와갓치단련으로크게셩취홀것이오가라치눈리치눈가장쉽게다른
교사의공부로비와질지니라

뎨삼졀 돕는것

돕눈것의일홈은수만이나되나니교사의위험혼것은이것이과다흠이요부
족흠은아니며하인으로쓸것이오주인으로눈아니홀지며최후수단이요최
초눈아니며가셩젹으로쓸것이요결국목뎍으로눈아니홀거니라

(일)셩경공부에쳣지되눈것은사목과조목과지도잇눈교사의셩경이오둘
지되눈것은간단혼고간략혼셩경자젼이오셋지되눈것은연습홀눈공과의
운활혼순셔요나죵되눈것은표준되눈공과히셕이니라

(이) 가라치는티 첫지되는것이 교사연습반이오 다음되는것은 겨 당ᄒᆞ게 되
교사회요쏘 연습ᄒᆞ는졔도요 그담은조흔주일학당월보ᄂᆞ라

뎨사졀 의무

(일) 목ᄉᆞ의 밋ᄒᆡ셔는 종교를위ᄒᆞ야 학ᄉᆡᆼ을심방ᄒᆞᆯ지며 교졔상목젹으로
만ᄒᆞᆯ것이아니며 반안에셔 잘못ᄒᆞᆫᄉᆞ람을교화케ᄒᆞ고 져의부모로더부러 졋
졔희이익을상의ᄒᆞᆯ지며 학ᄉᆡᆼ을회긔케힘을쓸지니라

(이) 학당의직원으로는 출셕을진실히ᄒᆞ며 반안의 첫 셔를보젼ᄒᆞ며 학당
운동으로각반을공부ᄒᆞ게ᄒᆞ고 정밀ᄒᆞᆫ긔록을둘지니라

(삼) 연습자로는 교당사무로관습상출셕을엇을것이오쏘교당회원을예
비ᄒᆞ며 학ᄉᆡᆼ의글읽는것을오른법으로인도ᄒᆞᆯ지며 실지도덕과안식일직히
는것과신체를정ᄒᆞ게ᄒᆞ는것과 조흔국민등을되게연습시킬지니라

(사) 교사로는공과를예비ᄒᆞ며주의를가지며 그공과의진실ᄒᆞᆫ것은마암속
에너을지며 천히이것을힝혀에사용ᄒᆞᆯ지니라

뎨사졀 의무　　　　　빅삼셥칠

뎨일졀 거리를

빅삼십팔

셩경공부

신약젼셔

뎨오쟝

역사샹디방

무슨신약젼셔의디도든

지보아라

뎨일졀

거리를

가라치는권션이라이

아릭죽죽쎗천줄은예루

살렘으로붓터방향과상

거리수를가라침이니라

뎨이졀 거룩혼산

(일) 예루살렘과사히서이에광야에셔시험밧으셧다호는유젼홀으로된과린단이아라호는산이잇고 (이) 갈닐니바다셔편에눈북음산이잇스니즉젼도호시든산이오 (삼) 갈닐니바다북족으로구십리되눈데눈예수쎄셔형샹을변호시든허먼이라호눈산이잇고 (사) 예젼예루살렘북족문밧게십곳가에셔고란바드신쎄돈의킬비라호눈산이잇스니근리셩밧갓이오 (오) 예루살렘동편담을너머기주론시뇌를건너예수쎄셔승텬호시든올이브스산이잇나니라

뎨삼졀 거룩혼물

(일) 요단강은허먼산에셔근원호야남으로삼빅구십리를갈닐니바다를둥호야흘너사히로흐르니물이좁고속호야각금쳔유가되더라 (아) 갈닐니바다눈쟝이삼십구리오광이이십사리가되눈되밀졉혼인구로둘녀예워진고로팔릭스틴에비를부리눈물이이것호나샌이라호고 (삼) 키주론시뇌눈셩

뎐과쎄디시멘셔이로흐르다가지금은미년반년식이나말나잇고 (사) 예루살렘동편과남편에는쎗셰다와실오암못들이잇고 (오) 디중히는셔편으로팔리스튄을지경ᄒ얏고예젼장사ᄒ든곳과여힝ᄒ든지경이며 (육) 예루살렘동남편으로룩십리거리에잇는사ᄒ는장이일빅삼십팔리오광이삼십리며깁기ᄂᆞᆫ디중히보담삼쳔구빅보가얏ᄂᆞ니라

뎨사졀 예수씨의사시든곳

(일) 예루살렘남편으로브터십팔리되는유뒤국벳을레헴은예수를마구두엇슬쎡집이니즉그의조상싸윗왕의도셩이오나사렛은북족으로갈닐니바다에이르기가이빅십리니예수영아쎡집이오그의부친요셉목수의도셩이며가버나움은갈닐니바다북족ᄀᆞᆺ헤잇스니예수가갈닐니에젼도ᄒᆞᆯ쎡집이오팔레스튄에가장뎨일되는장사셩읍이며쎡미스커스로브터큰쎄장사길건너편에는쎄별론과이급이잇고올리벳ᄂᆞ산을넘어쎄딍이가잇스니예루살렘동남편으로룩리가상거되고나죵에유틱ᄉ사람의게젼도ᄒᆞᆯ동안은예수쎄셔나사ᄅᆞ로집에계셧ᄂᆞ니라

뎨 오졀 장사ᄒ든 셩

(일) 욥바ᄂᆞᆫ에루살렘에셔셔북으로붓터일빅팔리가되ᄂᆞ니이셩은팔레스튄의뎨일즁요ᄒᆞᆫ항이오 (이) 쎄사ᄂᆞᆫ아불이가사람들이여힝ᄒᆞ고장사ᄒᆞ든지즁히항구라ᄒᆞ나니셔남으로붓터일빅오십이가되고 (삼) 톨레마이스ᄂᆞᆫ가버나움셔편에잇스니갈닐니의가장큰항구요 (사) 두로ᄂᆞᆫ보니게도셩도되엿고겹ᄒᆞ야항구니가버나움셔북으로붓터일빅십이리요 (오) 여리고혹팜스도셩은예루살렘동북으로붓터사십팔리가되며사ᄒᆡ머리갓가히잇스며 (륙철) 온갈닐니바다건너편ᄉᆞᆺ에잇ᄂᆞᆫ틔쎄리아스와가버나옴셩이잇나니라

뎨 룩졀 도 셩

(일) 예루살렘이ᄒᆞᆫ번은상업상과졍치상과죵교상도셩이되얏더니네쌕케네스가이셩의상업을퇴락케ᄒᆞ고폼페이가예수강셩젼룩십여년에졍치상최ᄃᆡ권을가져갓스며죵교상권셰ᄂᆞᆫ에수강셩후칠십년에틔터스의게멸망

뎨 오졀 장사ᄒ든 셩

헐썩ᄭᅡ지ᄂᆞ마잇셧나니라(이)가이사랴ᄂᆞᆫ에루살렘셔북으로붓터일빅륙십이리가되며로마의지방졍부에ᄌᆞ리니즉빌라도의집이요(삼)듸베랴ᄂᆞᆫ갈닐니셔쪽ᄒᆡᆫ변에잇스니즉소왕혀롯의도셩이니라(ᄉᆞ)가ᄯᆞ라ᄂᆞᆫ듸베랴둥남에잇스니즉페리아의도셩이오(오)사마리아ᄂᆞᆫ예루살렘북편으로붓터일빅팔리가되니예젼열족속의도셩이오명충으로ᄂᆞᆫ사마리라ᄒᆞ며(륙)히브론은남으로철십오리가되나니즉예젼유다의도셩이니라

데칠졀 쥬앙교회

(일)예루살렘은멸망ᄒᆞ기ᄭᅡ지유ᄐᆡ예수교회의위치요(이)안듸옥은슈리아여잇스니외방예수교회당즁뎨일큰즁앙교회요(삼)아푸리가에잇ᄂᆞᆫ나일강어구에잇ᄂᆞᆫ안렉산드리아ᄂᆞᆫ히랍예수교의즁앙이요(ᄉᆞ)쌔별론은졈영혼후로훗터젼유ᄐᆡ인의즁앙셩이되엿나니베드로가젼도ᄒᆞ고여긔잇나니라(오)로마ᄂᆞᆫ타젼예수교의즁앙이니거긔셔바울과베드로가젼도ᄒᆞ다가신쳬를도에버렷나니라

련습공과 신약뎐셕 뎨오쟝 쥬일학당학도

뎨일졀 학도당되ᄂᆞᆫ것

학셩되ᄂᆞᆫ것은주일학당은양육원과갓ᄒᆞ야이아리네가지를포함ᄒᆞ엿ᄂᆞ니라 첫지ᄂᆞᆫ어린아히들이니그무리를위ᄒᆞ야최초에셩립ᄒᆞ엿스며 둘지ᄂᆞᆫ아히들과게집아히들이추ᄒᆞ고위틱ᄒᆞ히가이르면너머쉬옷게이문을지니며 셋지ᄂᆞᆫ쳥년들과녀ᄌᆞ들이니그들이주일학당안에셔특별히요긴ᄒᆞᆫ것과예수교활동의발달을엇기에졔미를못본이들ᄂᆞᆫ에수교외에쳥년사회를조직ᄒᆞ이오 넷지ᄂᆞᆫ쟝셩ᄒᆞᆫ예수교회회원들이니그들의ᄒᆞᄂᆞᆫ모양으로주일학당이다만어린아희들만위ᄒᆞ지안넌주를뵈오기에요긴ᄒᆞ니라

뎨이졀 출셕

강펍ᄒᆞᄂᆞᆫ우상외의보동학교ᄂᆞᆫ학셩의출셕을엇기에주일학당에ᄂᆞᆫ이악이

뎨일졀 학도당되ᄂᆞᆫ것　　　빅ᄉ셥삼

데삼졀 분류법

빅ᄉ십ᄉ

엽나니 (일) 졍숙ᄒ고여일히출셕ᄒᆫ것은맛당히필요ᄒᆫ것으로학교장과교
사가칭송ᄒ고쟝여ᄒᆯ지며 (이) 밧갓사졍은은헤잇게되고좃코편안ᄒᆫ방을
공급ᄒᆯ졔학교사무를위ᄒ야군리ᄉ용물도함께더브러ᄒᆯ지니라 (삼) 교사
나직원이학ᄉᆼ을진실히영졉ᄒᄂᆫ것이출셕을고졍ᄒᄂᆫ것이오 (사) 잘못ᄒᆫ
학교은편지나혹몸소교화ᄒᆯᄯᅢ지심방ᄒ야고집으로살필지며 (오) 엇지
ᄒᆫ든지그중난것은확졍ᄒ출셕의표준을셰워ᄀᆷ잘달ᄒ학ᄉᆼ은반다시학
당과교당에셔다공변되히존쳥ᄒ고쟝여ᄒᆯ지니라

데삼졀 분류법

(일) 공입학교의현존ᄒᆫ분류법을ᄀ초로여겨승인ᄒ고일치ᄒ게모ᄒᆯ지니
라 (이) 심지와도뎍과죵교와비록학ᄉᆼ의교의뎌샹틱라도맛당히곳쳘지며
(삼) 직업을졍ᄒᄂᆫ뒤ᄂᆫ학ᄉᆼ의무샹부졍ᄒᄂᆫ것보담차라리학교의죠ᄒᆫ일
을의론ᄒᆯ것이오 (사) 어린아ᄒᆡ들은납녀를분간말고분류ᄒ되큰아ᄒᆡ들은
분간ᄒ고소년과부인은각각반에둘지며 (오) 요구ᄒᄂᆫ일이셩취되엿거든
공경흠으로더브러승급시키고업스면말지니라

뎨사졀 집에셔 공부ᄒᆞᄂᆞᆫ것

(일) 각학셩의읽ᄂᆞᆫ공과를포함ᄒᆞᆫ단슌ᄒᆞᆫ문졔를미리압셔일쥬일것을분비ᄒᆞᆯ지며 (이) 요다음공과를보ᄂᆞᆫ데오분을쥬어자ᄆᆡ를ᄊᆡ닷게ᄒᆞᆯ지며 (삼)집에셔공부ᄒᆞᄂᆞᆫ것을권장ᄒᆞ야각반각학셩의머리문답ᄒᆞᄂᆞᆫ것을쥬의케ᄒᆞᆯ지며 (사) 학셩을차져단이며공부ᄒᆞᄂᆞᆫ방침을일너쥴것이며 (오) 완젼ᄒᆞᆫ학교의예비ᄒᆞᆯ공과의표쥰을녀일ᄒᆞ고단슌히졍ᄒᆞ게ᄒᆞᆯ지니즉독셔공과를쥬일동안에혼번식읽게ᄒᆞ고표쥰된것을의ᄒᆞ야각반열을질셔잇게ᄒᆞ고엇던학도든지이것을지늬면학위를쥴것이니라

뎨오졀 연습

연습을잘ᄒᆞᄂᆞᆫ것이잘가라치ᄂᆞᆫ것보담난고로아라듯ᄂᆞᆫ것을열고문자를본ᄯᅥ셔잘밧을지니 (일) 학셩은엇더케든지ᄒᆞᆯᄯᅥ로젼도ᄒᆞᆯᄯᅥ졍졔ᄒᆞ고슌죵ᄒᆞᆫ츌셔으로연습ᄒᆞᆯ지며출셔은반다시명영젹의무로교사나학교쟝이나목사가ᄒᆞᆯ지며 (이) 학셩들로ᄒᆞ야금학교로교당에질셔잇게주되쉬운표쥰을

뎨륙쟝　예수의 힝젹　　　　　　　　　박ㅅ십륙

의지홀지니즉학셩들이도합연조혼것보담자못번수를관게홀지며 (삼) 학

셩들을음악과긔도와샹고와복습과학교운동등을민첩히ㅎ는것을쥬쟝홀

지니공경ㅎ고졍셩스러온교당예비의습관을쥬일학당예셔셩길지며 (사)

학당이나반열에게신열희령혼을가라치고비양홀지니이런고로셩실혼쥬

일학당군사의동작이귀ㅎ며 (오) 학셩들을졀믈싹에예수교예비를연습시

킬지니지혜스럽게인도ㅎ면어린아히들이직원들과찬셩원을모집ㅎ야학

셩의츌셕과질셔와공부와순죵ㅎ는것싹거듭나는것을엇을지라규모잇는

학당은약간육신샹일을엇어셔각학셩의게담당홀지니라

셩경공부　뎨륙쟝　예수의 힝젹

이그림의각네줄은예수젼도ㅎ든ㅎ료ㅎ고셜명홈

다셧시디

예수그리스도께셔강싱젼오년십이월에유틔싸쎗을레헴에나시사삼십사

년되시든ㅎ사월삼십일에본듸오빌나도의게죽으셧나니예수의가장즁대

혼사젹을우리쳑역에다셧이잇스니

강셩

갈릴리 →

요한의사망

유향

(일) 예비ᄒᆞ시든 ᄒᆡ니 예수 강셩젼봄에 마리아의게 예언ᄒᆞ셕로브터 강셩ᄒᆞ신후이십칠년즉 예수의 셰례바들셕ᄭᆞ지니 이것이즉 여러무리의게 젼도ᄒᆞ실시초ᄂᆞ니라·

(이) 젼도ᄒᆞ시든 처음ᄒᆡ니 강셩ᄒᆞ신후이십칠년니라 이셕 사긔가 자셰치 아는고로 항용 니르기를 불분명ᄒᆞ라 ᄒᆞ나니라

(삼) 민심을 마초온ᄒᆞ니 강셩후이십팔년되시든 ᄒᆞ라 이셕 예수ᄭᅴ셔 모든

권릉에일을ᄒᆞ시와빅셩의큰은혜를베푸셧나니라
(ᄉᆞ)셋재ᄒᆞ눈항거ᄒᆞ시든ᄒᆡ니바리셔교인과겨샤들라싸ᄒᆞ든유명ᄒᆞ씨니
라
(오)넷재ᄒᆞ눈도라가시든ᄒᆡ니강셩후삼십년일월로브터오월ᄭᆞ지녁달을
포함ᄒᆞ엿나니라

뎨일졀 예비시디

이ᄯᅢᄅᆞᆯ혹고요ᄒᆞᆫᄒᆡ라고도ᄒᆞ니즉어릴ᄯᅢᆨ브타삼십되시든ᄒᆡᄭᅡ지라이동
안에즁요ᄒᆞᆫ사건은(일)마리아게고지흠과(이)예수씨의강셩ᄒᆞ심과(삼)이
굽으로도망ᄒᆞ심과(ᄉᆞ)셩젼을심방ᄒᆞ시고나사렛에사시면셔지식을발달
ᄒᆞ심과(오)나사렛에십팔년을그져지닌후에셰례요한이긔독의소식을젼
파ᄒᆞᆷ으로고요ᄒᆞᆫ것이소동되엿나니라

뎨이졀 불분명ᄒᆞᆫᄒᆡ

강셩후이십칠년
세례줌으로브터귀족의아달병곳치신셕ᄭᆞ지니라

ᄯᅡ 쳐음으로유틱국

사건 (일) 셰례와시험이오 (이) 가나의이젹이요 (삼) 데일유틱인의유월졀이니그쌔에셩뎐을쳥결ᄒᆞ게ᄒᆞ얏고왕국은늬코듸엄스에나타낫스며 (사) 사마리아에심방ᄒᆞ셧고 (오) 갈닐니로도로물너가셧나니다만이젹둘을ᄒᆡᆼᄒᆞ셧고비유로말슴ᄒᆞ신것은긔록ᄒᆞᆫ데업나니라

뎨삼졀 민심을맛게ᄒ든ᄒᆡ

강셩후이십팔년이라

요한의갓침으로붓터나사렛지방에셔두번졔비쳣ᄒ든쌔ᄭᅡ지니라

ᄯᅡ 갈닐니지방둥편과남편이라

사건 (일) 요한에갓침이오그리스도의녈이젼도ᄒᆞ신암호며 (이) 두번졔유틱인의듸졔를ᄒᆡᆼ홈이오 (삼) 졔자벳스로더부러갈닐니로순ᄒᆡᆼᄒᆞ신것이오 (사) 션퇵훈열두졔자가산우에셔젼도ᄒᆞ심으로솟침이오 (오) 열두졔자의순ᄒᆡᆼ이니라

이젹을베푸시기는무력ᄒᆞᆫ사람과빅부쟝의종과과부의아달과폭풍이고요

흥고 싸다로온마귀들넌사람을곳처시고 야이로의 쌀을 낫게흥신것이니라

비유로말슴흥시기는여달호수와씨뿌리는것과가라지씨등이니다쳐음비유로말슴흥신것이니라

데사졀 · 항거흥시든히

강성후이십구년이라

셰례요한의죽음으로브터라사로죽을씩싸지니라

싸 갈닐니북방이니벼니개갓가온곳이라

사건 (일)요한의죽음이오 (이)두로와시돈과듸가불이에순횡흠이오 (삼)형샹을변흥신것이오 (사)칠십명의젼도흠 (오)벼니게에젼도흥심이니라

이젹은오쳔명을먹이신것과수로보니게사람의쌀과간질흥눈아희와쟝임괴병든여인을곳처심이니라

비유로말슴흥시기눈조흔사마리아스름과어리셕은부자와큰잔쳐와일허버린양과픠즈와라사로등이니둘져변비유흥신것이니라

두번잔쳐와시월에예비당과십이월에졔사등도말슴흥셧나니라

뎨 오졀 도라가시든히

강싱후삼십년이라

쌍 비리아와유틔라 라사로가일어남으로브러쳔당으로올나가실써가 지니라일원로오월

사건 (일)에푸라엠으로물너가심과 (이)비리아로가신것과 (삼)예루살렘으로도로드러가신것과네번저유틔인에유월졀이요 (사)케이아파스에셔혀롯과빌나도의게지판바드심과 (오)십자가에도라가심과다시사라나심과쳔당으로올나가심이니라

이젹 은이러느눈라사로와문둥이열사람과빠트미어스와마른무화과나무와졔사졔장의죵을곳치셧느니라

비유로 눈바리사교인과셰리와은순즁과꼬도원에노동ᄒᆞ는사람들과쳐녀열사름의졔간등이니즉셰번저비유ᄒᆞ신것이니라

뎨일졀　담당　　　　　　　　　　　　　　　　박오섭이

연습공부　뎨륙장　주일학당교육법

주일학당교육법은가장긴요호고엄졍호문졔니다만학성만혼것과조흔교
사와아름다온준비가암만잇드리도규률이업눈무리와갓흐면말홀것도업
스며교당의젼도라든지다른일에문란호것은주일학당의잘못홈으로솟차
나오며니교당에무엇이던지잘되기를바랄젼디주일학당교육법의표준을
잘삼을지니라

뎨일졀　담당

교육법은원리학교장이담당홀것인고로활발호고져질잇눈학교장을요구
홀지며학당외에다른사무업눈것이교육법에요긴호며교사들은담당을난
호와학교장의도음을엇을것이며반렬을잘다사리지못호눈교사눈맛당히
그직분을금홀지니라

뎨이졀 방희

참방희되는것은 (일) 직원이나교사가규칙디로여일히츌셕안는것과사무를잘못쳐리ᄒᆞ는것과 (이) 완젼치못ᄒᆞᆫ모와죠치못ᄒᆞᆫ되도와비쳔ᄒᆞ지식과복잡ᄒᆞᆫ반열과불편ᄒᆞᆫ좌셕이오 (삼) 긔회시긔를위반ᄒᆞᆷ과 (사) 합당치못ᄒᆞᆫ교사와 (오) 학도들의일졍ᄒᆞᆫ약죠를직히게못ᄒᆞᆫ는것과 (륙) 나희와지질등을잘못분류ᄒᆞ는것이니라

뎨삼졀 교졍

(일) 교사나직원의게는ᄯᅩ진실히츌셕ᄒᆞ는데응력을주고 (이) 힘수잇는디로긔회ᄒᆞ기젼에불참ᄒᆞᆫ이의되를예비ᄒᆞᆯ지며 (삼) 찬미가칙과다른공급ᄒᆞᆯ것을긔회시간젼에분비ᄒᆞ야노나줄지며 (사) 긔회ᄒᆞᆯ셕를주의ᄒᆞ야승리의가부를오분동안에ᄒᆞᆯ지며 (오) 시간을어괴지말고긔회와폐회를ᄯᅩ졔시간에ᄒᆞᆯ지니라

뎨사졀 감졍 ... 빅오십스

(일) 긴요혼경우에학당혼방에모힐씨는근반들보담차라리자근반이나흐며명수는열스람이맛당홀지며 (이) 실힝홀수잇는뒤로학도들은교사와쉬운담화를홀지며 (삼) 반에교사를졍호되어린아희를위호야져어머님의본셩품잇는이를두며아희들을위호야동졍을표호며참을셩잇는여인으로게집아희들에눈여쟈보담사나희로호눈것이나흐니라

학도의게눈

(일) 육체졔긔상을위호야약간사를허탁호되이것을악의로호케호눈줄로오히치말지며 (이) 잘못혼것을공즁의게말호야스람갑셰가지안케호고쪼혹용셔도홀지며 (삼) 만일히로온일이잇드린도노호거나셩니지말고숨길지니셩님을시작홀씨눈다사리눈권리가업나니라 (사) 문란홈을살펴굿치게홀지며 (오) 곤란혼학셩을죵용히사사로히일너셔신쳬상으로자복케홀지며 (륙) 어늬씩든지학교의졀셔가위틱홀씨눈학셩들의게달여나니라

뎨사졀 감졍

(일) 이긴자눈젹고진자눈만을지면상주눈것이올치아느니이것은만혼자

를락심케ᄒ는것이요(이)학교즉도를권쟝ᄒ야공부를잘ᄒ고힝위를잘가지게ᄒ지며(삼)학교쟝이인자히특별ᄒ쥬의를써셔학성들로최샹을위ᄒ야힝위를잘가지라ᄒ고(사)완젼ᄒ학당에이르는데진실ᄒ표준을졍ᄒ지니가령출셕과공부와힝위등이며여긔잘득달한이는학당과교당에셔청숑홀지니라

뎨오졀 목양격권리

감화ᄒ는권리는주일학당교사의사랑홈으로엇은것이니즉목사로심방ᄒ고몸쇼학성집에심방ᄒ야관게를엇음으로좃차권리가셩기는고로외인학교의권리를이길지라만일교육법이과실되는경우에는학성을집에셔교회시키며사랑홈으로동심협력홈을일알지며져의무리를위ᄒ야갓치혹비밀히긔도드리고예수의인연으로져회의교의를굿게구홀지니이것을실힝ᄒ는바교사나직원은셩취홀지니라

시험공과　셩경공부　뎨사지록

(일) 셩당의모범은무엇이며누가주엇나뇨

뎨오졀 목양젹권리

(이) 어느씩에셩당을지엇스며어느히에멸망되엿나뇨

(삼) 셩당의위치와주위를셜명ᄒ라

(사) 무슨지료로지엇나뇨

(오) 밧갓마당으로붓터ᄒ야곰마당넷을차례로셜명ᄒ라

(륙) 기리와놉흔것과셩젼의난혼것을셜명ᄒ라

(칠) 민일셩젼에셔ᄒ눈일을셜명ᄒ라

(팔) 예루살렘으로붓터읍바와예리고에거리와방향을셜명ᄒ라

(구) 예수씨께셔젼도ᄒ시든산들을셜명ᄒ라

(십) 요단강을셜명ᄒ라

(십일) 갈닐니바다와사ᄒ의장광을셜명ᄒ라

(십이) 예수씨의집을차셔로일홈과잇눈곳을셜명ᄒ라

(십삼) 께사와두로가어듸잇스며그것이무엇이오

(십사) 빌라도와혀롯의도셩의위치를말ᄒ라

(십오) 예수씨께셔어느히탄싱ᄒ셧스며어느히에도라가셧나뇨

(십륙) 어느히붓터예수씨께셔빅셩의졔젼도ᄒ심을시작ᄒ셧스며얼마나

오리연속ᄒᆞ야ᄒᆞ셧나뇨 ·

(십칠) 예수씨의다셧ᄯᅥ를차례로셜명ᄒᆞ라

(십팔) 젼도ᄒᆞ시든쳐음ᄒᆡ에무슨이져둘을힝ᄒᆞ셧나뇨

(십구) 어느ᄒᆡ에열두졔자를퇵ᄒᆞ셧나뇨

(이십) 예수씨ᄭᅦ셔젼도맛초실ᄯᅢ에비유ᄒᆞ신말슴을말ᄒᆞ라

(이십일) 어느ᄒᆡ에이아리사건이잇셧나뇨   라사로의이러남과사마리아

의심방ᄒᆞ심과형상을변ᄒᆞ신일이니라

시험공과   연습공과   데사지룩

(일) 무슨ᄭᅡ닭으로교사들이주일학당의직원이되나뇨

(이) 주일학당교사의쳣재되ᄂᆞᆫ자격은무엇이며그연고를셜명ᄒᆞ라

(삼) 그들의셩경지식은무엇이뇨

(사) 가라치ᄂᆞᆫ준멧가지나되ᄂᆞ뇨

(오) 교사로조ᄎᆞ공과도웁ᄂᆞᆫ것은무엇이맛당히될고

(륙) 셩경공부에도읍ᄂᆞᆫ것이무엇이뇨

(칠) 주일학당가라치ᄂᆞᆫ데도읍ᄂᆞᆫ것이무엇이뇨

데오졀　묵양져권리

빅오십칠

뎨오졀 목양젹 권리

(팔) 불참ᄒᆞᆫ학ᄉᆡᆼ을교화시키랴면무엇을맛당히ᄒᆞᆯ고

(구) 무슨연고로장셩ᄒᆞᆫ교당회원이쥬일학당에단니나뇨

(십) 학ᄉᆡᆼ들을엇더케반열에분비ᄒᆞᆯ고남녀의구별이잇나야

(십일) 집에셔공부ᄒᆞᄂᆞᆫ방법의두가지만셜명ᄒᆞ라

(십이) 학교를위ᄒᆞ야예비공과의표준으로무슨말이잇나뇨

(십삼) 쥬일학당학ᄉᆡᆼ의게엇더ᄒᆞᆫ습관이맛당히될고

(십사) 쥬일학당의오른표준이무엇이뇨

(십오) 교사들이엇더케ᄒᆞ면쥬일학당교육법에방히될고

(십륙) 쥬일학당교육법의보통두어가지방히되ᄂᆞᆫ것을셜명ᄒᆞ라

(십칠) 각반열에최뎌수ᄂᆞᆫ맛당히몃명이될지며좌쳐ᄂᆞᆫ엇더케졍ᄒᆞᆯ고

(십팔) 학ᄉᆡᆼ의게상주ᄂᆞᆫ것이맛당ᄒᆞᆫ지그연고를셜명ᄒᆞ라

(십구) 문란ᄒᆞᆫ학ᄉᆡᆼ을엇더케맛당히ᄒᆞᆯ고

(이십) 출셕과공부와질셔를잘시힝ᄒᆞᄂᆞᆫ되ᄂᆞᆫ무슨게칙이조흔고

(이십일) 목사직분으로ᄂᆞᆫ교사들이학ᄉᆡᆼ들을위ᄒᆞ야무엇을ᄒᆞᆯ고

빅오십팔

셩경공부 뎨칠쟝 예수씨의 쓰신날

뎨일졀 마주막주일

삼월삼십일일예비오일로붓터사월칠일예비오일가지니라

예비오일 비리아로붓터샛안니에도착ᄒ심

예비륙일 유타인의안식일을샛안니여셔지닉심

예비일일 왕의모양으로예루살렘에드러가심

예비일일 셩젼을두번지씩굿ᄒ게ᄒ심

예비이일 셩젼에셔마주막가라치심

예비삼일 샛안니에물너가심

예비사일 하오여셧졈에유월졀을지닉신후셩만찬을베프시고겟셰마네

예비오일 동쟌에일으러잡피심
뎌졔일인데시험바드시고십자가에도라가심이니라

뎨일졀 마주막주일   빅오십구

뎨이졀 시험

종교상시험

(일) 구공졔사졔장안아스의게시험바드시고 (이)통치졔사졔장가야바의

게또바드시고예비오일셔벽젼에유틔종교회회의무리의게바드시고 (삼)셔

벽에졍식시험바드시고유틔공회회원들이예수씨를참남훈사람으로죄를

션고훈니그무리눈합칠십명이라졔사졔장과셔긔관과장노들이러라

졍치상시험

(일) 종교상으로시험바드신잇튼날이른아참에로마사람감리가빌라도압

헤셔예수씨를틔역졔으로뎡죄훈니빌라도훈자만예수씨죽이눈권리를가

진지라 (이) 갈닐니통치자혀롯인틔피스가예루살렘으로가니빌나도가예

수씨를갈닐니사람으로보닉니라 (삼) 다시빌라도압헤셔법관두사람이예

수씨가무죄홈으로판결훈니빌라도가유틔인을두려워훙야예수씨를십자

가에못박아죽이기로션고훈니라

데삼졀 십자가에 못박혀 도라가심

(일) 십자가에도라가신ᄯᅡ은셩문밧희골과갓쳐된산이니셩갓가히잇느라 (이) 예수께셔셔상오아홉졈에십자가에못박히샤하오셰시에도라가셧스니그ᄯᅢ눈셩젼에졔지닐ᄯᅥ니라 (삼) 오졍붓터셰시ᄭᅡ지온ᄯᅡ이캄캄ᄒᆞ며도라가실ᄯᅢ셩젼에쳔휘장을둘에ᄶᅢᆺ고지동ᄒᆞ야그ᄯᅡ에여러무덤이모도터졋나니라 (사) 예수씨도라가실ᄯᅢ말슴은십자가의일곱말슴이니이아릭긔록ᄒᆞ니라

(일) 원수를위ᄒᆞ야하나님께사ᄒᆞ여주심을구ᄒᆞ심이니아바지시여져희무리를사ᄒᆞ시옵소셔

(이) 회기ᄒᆞ도젹을안위케ᄒᆞ심이니

네가나와갓쳐잇스리라

(삼) 마리아를위ᄒᆞ야효도잇게ᄒᆞ심이니

여인이여아달을볼지어다

(사) 무한ᄒᆞ령혼상괴로옴을호시간에견ᄃᆡᆨ심이니즉온셰상죄라하나님이

데삼졀 십자가에못박혀도라가심

빅륙십일

시여하나님이시여엇지ᄒ야나를바리셧슴니가

(오)인간고셩이니

뇌가목말으외다

(륙)이긔심이니

이것이다맛추엇나이다

(칠)하나님께의지ᄒ심이니

아바지시여아바지손에나의령혼을위탁ᄒ나이다

ᄒ시니라

뎨사졀 부활ᄒ심

(일)아리마듸아와늬코듸엄스따의사는요셉이예수씨의신체를젼역씩에

장사ᄒ엿더니 (이)무덤에셔예비오일과륙일일사흘을유틱사람의사

상듸로게시니라 (삼)관가에셔예수씨의무덤을봉ᄒ고인을쳐셔로마병졍

이주야직히더라 (사)사월구일예비일일셔벽에부활ᄒ셧는듸그씩큰지동

이나며주의쳔사가늬려와돌을굴녀늬려보늬고직히ᄂ병졍갓치잇더라

뎨오졀 샤십일

사월구일예비일일로붓터오월십팔일예비사일가지니라

예수씨의열흔번나타나신것을긔록ᄒ얏스니쳐음다엿번은부활ᄒ시든예비일날예루살렘안과혹건쳐에셔나타나심이니라 (일) 무덤건쳐에셔막달나마리아의게나타나시고 (이) 다른갈닐니여인의게나타나시고 (삼) 다만베드로의게나타나시고 (사) 에마오에가는두졔자의게나타나시고 (오) 예비일날젼역에도마외에모든사도의게나타나시고 (륙) 그다음예비일날모든사도의게나타나시고 (칠) 갈닐니바다에셔고기잡는일곱사도의게나타나시고 (팔) 갈닐니산에셔모든사도의게나타나시고 (구) 오빅명형졔의게나타나시고 (십) 주의동싱자곤야곱의게나타나시고 (십일) ᄲᅢᆺ안니에셔승련ᄒ실찌모든사도의게나타나셧나니라

연습공부 뎨칠장 쥬일학당 슌셔

주일학당순셔는셰가지가잇스니 (일) 예비와 (이) 교훈과 (삼) 직업이니라

뎨오졀 샤십일   빅룩십삼

뎨일졀 예비

긔회시에간단ᄒ고활발ᄒ고공경스러온예비가준비즁첫지가되나니라 긔도 (일)학교쟝이나교사나학ᄉ의긔회ᄒ눈긔도로더부러공경ᄒ고죵용ᄒ게시작ᄒᆯ지며 (이)긔회ᄒ눈긔도ᄒᆯᄯᅢ일졔히갓치ᄒᆯ셩경의무슨말ᄉᆷ이든지ᄒᆯ지니가령쥬긔도문이라든지힝복이든지혹시편뎨일과뎨이십삼갓튼것이며 (삼)쥬일학당긔도ᄂᆫ반다시단순ᄒᆫ말과간단ᄒ고시긔에합당ᄒ야학당에긴요ᄒ고공부에즁심될말ᄉᆷ만ᄒ고 (사)교당풍속즉셧ᄂᆫ것과안ᄂᆫ것등을반다시모다일뎨히ᄒᆯ지니라.

노리 (일)학당노리로더브러교당찬미를연합ᄒᆯ지며 (이)경근ᄒᆫ예비의표준은학당에셔도교당과갓치ᄒᆯ지니라

뎨이졀 교훈

교훈은학당의졔일큰일이니긔회나폐회를교훈에범치못ᄒ게ᄒᆯ것시니라 이교훈은이아리와갓치특별ᄒᆫ공과와보통셩경학문이잇나니라

(일) 미리공과 보는것은 학교장이 오분동안을 한ᄒᆞ되 각반열에 일을 먼저ᄒᆞ야 시간을 엇어자 미를이리킬지니 이미리공과 보는것은 두가지 목격이 잇나니 일은 디지와 사긔의 연결을 졍홀것이며 둘지는 공과의 속뜻을 명빅히 셜명ᄒᆞ는것이니라

(이) 공부는 직원이나 오는손임으로 말미암아 방히되지 말게 홀지며 둘지는 각반이나 각반각학도로 ᄒᆞ야곰 맛당히 일졍ᄒᆞᆫ약조를 직히 게홀지며 셋지는 어린학도의게 긔한을 졍홀지니라

(삼) 복습 학교장이나 혹능ᄒᆞᆫ사람으로 복습ᄒᆞ게ᄒᆞ야 맛당히 차셔를 따라ᄒᆞ되 각반을 즉졉으로 문답ᄒᆞ야 공과의 가장요긴ᄒᆞᆫ졉을 뽑을지니라

(사) 일반연습 완젼ᄒᆞᆫ학당은 셩경역사와 디지와 언힝록과 교당역사와 언힝록과 도를목록의 각부분을 삼아 오분을 넘기지말고 연습ᄒᆞ면 이것이부겨공부의 순셔를 조직홀지니라

뎨삼졀 사무

긔회ᄒᆞ기젼에 셩경과 반열의 칙등을 분비ᄒᆞ야주고 회회홀씨 눈 칙과 죵희를

분비ᄒᆞ기위ᄒᆞ야시간을넘길지니라둘지ᄂᆞᆫ목녹순셔에오로연조를포함ᄒᆞ
야이것을셜명도ᄒᆞ고찬송도ᄒᆞ지며셧지ᄂᆞᆫ사무의긴요ᄒᆞᆫ조목이니맛당히
(일)수젼(이)직원의보단(삼)젼도의광고와다른교당과학당예비(사)학
당장이나목사의말(오)쳑과종회의분비(폐회후)니라폐회동안은맛당히
모다엄겨히ᄒᆞ고폐회말은사상잇고인자ᄒᆞ며도와주게ᄒᆞ지니라
폐회ᄂᆞᆫ종용히칠셔잇게ᄒᆞ야나종에ᄂᆞᆫ겸손ᄒᆞᆫ품ᄒᆡᆼ을가질지니라

뎨사졀 근리순셔

(일)고요히홀(이)쳥구긔도(간단히)(삼)노리(교당찬미)(사)학교젼쳬로그
날공과ᄭᅡ지계삭공부로표졔와졔목과요지를강송ᄒᆞ지며(오)오분동안셩
경문답홀지며(륙)삼십분동안가반열을공부시킬지며(칠)미일공과를복
습홀지며(팔)이분동안셩경문답홀지니즉셩경최들로홀지며(구)셔긔관
의보단이오(십)목사의말이오(십일)쥬일광고요(십이)노리요(십삼)고
요히홀지며(십사)폐회홀지며(십오)쳑과월보등을분비홀지니이상모든
순셔를한시간에홀지니라

셩경공부 뎨괄쟝 예수의도

그리스도의큰필요혼도는자긔와자긔나라와하나님과죄와셩신과긔도와
부활호심과죵국심판에딕혼것이니라

뎨이졀 자긔에딕호야는

(일) 신으로는 하나님의아달이시니요한복음오쟝十八졀로十九졀(이)
인류로는사람의아달이시니요한복음오쟝二十七졀(삼)메시야로는예언
홍든구쥬니누가복음二十四쟝二十七졀(사)졔사로는예수씨의도라가심
이모든죄악을딕속홍심이니마가복음십쟝사십오졀(오)목뎍으로는일허
바린자를차져구홍심이니누가복음十九쟝十졀에잇나니라

뎨이졀 자긔나라의딕호야는

(일) 쳔리로는사람의본마암을다사리는영혼상나라이니요한복음十八쟝
三十六졀과三十七졀(이)크기로는모든나라와온싸흘포함혼이세상나
라

뎨이졀 자긔에딕호야는 빅록십칠

니마틱복음八장十一졀(삼)신민들은 셩신으로거듭는사람이니요한복음삼장삼졀(사)법률은산우에셔교훈흐심이니즉법젼이라이것을동언흐면예수에큰계명들이니라마가복음십이장삼십졀과삼십일졀(오)례법은쳔국으로영혼상감화의표로물로셰례주시고셩만찬은인군의괴렴이니마틱복음이십팔장십구졀과누가복음이십이장십구졀에잇나니라

뎨삼졀 쳔의에 디흐야는

(일) 일반신의로논션혼자와악혼자을갓치다복을주심이니마틱복음오장사십사졀(이)특별쳔의로논자거나라의신민을살펴심이니마틱복음륙장이십륙졀(삼)만물의틱주졔시니쳔국의동작에즉졉관리흐심이라마가사장삼십구졀(사)인간수용과미일양식을한량업시아심이니마틱룩쟝삼십이졀(오)뇌일을위흐야격졍밧게사는예수교인의무니마틱복음륙쟝이십오졀에잇나니라

뎨사졀　죄악에 되ᄒᆞ야ᄂᆞᆫ

(일) 셰상으로ᄂᆞᆫ사람들이쳔연으로밝은곳보담어두온되를사랑ᄒᆞ나니요한복음삼장십구졀 (이) 사탄은모든욕신과영혼의죄악을믿든자니요한복음팔장사십삼졀 (삼) 잇ᄂᆞᆫ곳은인자의마음가온디니마퇴십오장십 (사) 죄악을곳치ᄂᆞᆫ것슨품질을쳥결케ᄒᆞ야조흔나무를믿기나니마퇴십이장삼십삼졀 (오) 죄형벌은이셰상에만필요흔것이아니요이후어늬찍든지히를밧을지니라누가복음십삼장삼졀에잇나니라

뎨오졀　성신에되ᄒᆞ야ᄂᆞᆫ

(일) 셩신께셔인겨게심이라요한복음십륙장 (이) 시로거듭나게ᄒᆞᄂᆞᆫ이라요한복음삼장팔졀 (삼) 권셰를분급ᄒᆞᄂᆞᆫ이니특별히이겨을힝ᄒᆞᄂᆞᆫ사도향용진실히밋ᄂᆞᆫ자의게주심이니요한복음칠장삼십구졀 (사) 교회의가장놉흐신인도자시며션셩이시며안위ᄒᆞ시ᄂᆞᆫ이시니라요한복음십사장십륙졀과십칠졀 (오) 죄를칙망ᄒᆞᄂᆞᆫ여가사람의밋지아니흠을칙망홀이라요

뎨륙졀 긔도에 딕ᄒ야는

한복음십륙장팔졀에잇나니라

뎨륙졀 긔도에 딕ᄒ야는

(일) 보통으로모든사람의특권으로홀지니누가복음십팔장구졀로십사졀 (이) 각진실이잇는긔도의딕답이니요한복음십사장십삼졀 (삼) 예수의게 붓쳐잇는것이긔도의유효홈이니요한복음십오장칠졀 (사) 연합ᄒ야간졀 히긔도ᄒ눈특별효력이니마틱십팔장십구졀 (오) 즉졉딕답은항상주시지 안나니누가복음십팔장일졀에잇나니라

뎨칠졀 부활

(일) 우주간션악의부활이니요한복음오장이십팔졀과이십구졀 (이) 싹그 무덤에잇든몸이부활홈이니요한복음오장이십팔졀 (삼) 부활홀쌔눈쳔사 와갓흐니라마틱이십이장삼십졀 (사) 그리스도눈부활을믿긴자시니라요 한복음십일장이십오졀 (오) 죽을쌔령혼의락원이니라누가복음이십삼장 사십삼졀에잇나니라

뎨 팔졀 심판

(일) 이셰상창조된만물을그리스도쎄셔종국에심판을ᄒᆞ시리라마틱복음이십오쟝삼십일졀과삼십이졀(이)심판은이셰샹에셩명빗츨밧은듸로홈지니누가십이쟝사십팔졀(삼)샹은의인의게눈영원히사눈것을줄것이오악인의게눈영원히죄를줄지니마틱복음이십오쟝사십륙졀(사)아바지외에눈그쩍를아지못ᄒᆞ리라마가십삼쟝삼십이졀(오)두번ᄌᆡ구원을엇을긔회가업나니라누가복음십륙쟝이십륙졀에잇나니라

교습공부 뎨팔쟝 학과공부

교사눈반다시두가지목뎍으로주일학당공과를공부ᄒᆞᆯ지니쳣ᄌᆡ눈자긔를위ᄒᆞ야비옴이오둘지눈반열에졔당히사용ᄒᆞ랴고홈이니젼자눈공부ᄒᆞᆯ게칙이오후자눈가라칠게칙을포함홈이라

뎨일졀 공부의 도읍는것

공부의도읍는것은두가지가잇스니교육상과령혼상이니라 (일)교육상으로는쳑둘이녀녁ᄒᆞ니즉디도잇는셩경과ᄯᅩ셩경자뎐이나혹은주셕훈공과라일을잘ᄒᆞᆫ는사람은긔계을젹게쓰나니라 (이)령혼상교육은교사ᄂᆞᆫ가히마불노아갓치셩경을잘가라칠릉력이잇셔야ᄒᆞ되오히려하나님의참오른길을가라치기는이보담더자셰히잘ᄒᆞᆯ지니라그러나자긔가아ᄂᆞᆫ바령혼을밝히ᄒᆞᆫ는공과외에ᄂᆞᆫ다른것이긴요치아니ᄒᆞ니라엇지ᄒᆞ야그런고ᄒᆞ니이령혼을밝혀ᄶᅥ닷게ᄒᆞᆫ는공과ᄂᆞᆫ와졍훈사졍이즉졉하나님으로붓터온것이너맛치룩신상음식을먹으라면셰가지명빅훈방법이잇스니즉씹ᄂᆞᆫ것과소화ᄒᆞᆫ는것과동화ᄒᆞᆫ는것이라이와갓치셩경공부에도셰가지가잇스니쳣지ᄂᆞᆫ셩경을공부ᄒᆞᆫ는것이니이것이즉육신상씹ᄂᆞᆫ것과갓고둘지ᄂᆞᆫ로목샹흠이니즉소화ᄒᆞᆫ는것과갓고셋지ᄂᆞᆫ진실흠으로진리를밧을것이니이것이동화시키ᄂᆞᆫ것과갓흐니라

시간으로는민일이십분식ᄒᆞᆯ것이니비록져으나룩일젼역에두어서보담갑

지며둘지는고명한교사니그의셜명을우리가잘싸라가되미일일은아참에
몸과졍신이가비야올때시간을일치안케직힐지니라

뎨이졀 가라치는계척

주무흘일은반다시간단히비열ㅎ며셩약ㅎ고젼일단순ㅎ게ㅎ야학도의졍도를평균히예비흘지며또가라칠바와버릴것을작졍ㅎ야각공과를담임흘지며

가라치는것으로는교사가반다시작졍흘것이몃가지잇스니 (일) 무슨방법을쓸것이니즉문답이나혹은셩경문답이오또훈도는공과의아라든는딕로ㅎ고분히학젹은가라치는졈의발달흘것과쉽은걸로흘지며둘지는공과의도와사실의상관되는갑을결졍흘지며셋지는가라칠공과의차셔를완졍고학도의비홀바를알짓니라.

학셩으로는몃가지를마암의긔억흘지니즉일은자긔의예비가무엇이며희의가장긴요흔것이무엇이며이는무슨셜명이져희를가히도읍고무슨리가특별흔문졔를요구흘지며삼은엇터케건산흠을엇을거와무엇을흘거

와 엇더케 공과를령혼상으로사용홀것이니라

셩경공부　뎨구쟝　큰션싱

뎨일졀　션싱의 모범

(일) 자긔의 힝젹　그가자긔의힝젹을가라치눈듸 최되흔시험법을삼고또자긔를가라쳐서힝젹과셩실흔길이라ᄒᆞ나니그의ᄒᆞ눈바눈그의말흔바를합ᄒᆞ게흔바니라

(이) 발달　인간공부의졔한은우리의게잇눈거갓치그에게도잇나니그가지력상과령혼상으로총명을널이고또긔록과사회와졍부와쳔연졔현상도공부ᄒᆞ얏나니라

(삼) 그가긔도를조하ᄒᆞᆫ마암　왼밤과셔벽흔동안을긔도드리시나니원리큰션싱은긔도의습관이됨이오또그의긔도눈다만우리모범의연고가아니오그의권셰와비밀흔셰력의원인이니라

(사) 활동　그가조흔일을ᄒᆞ랴고단이며시간과긔회를일치아니ᄒᆞ엿느니

ᄒ셧스되 뉙가 반다시 아바지의 일ᄒ는것을 너희는 모르나냐 ᄂᆞᆫ 나를 보뉙신 아바지의 일을 반다시 ᄒᆯ지니라 ᄒ셧나니 그의 비밀ᄒᆫ활동을 묵시ᄒ엿나니라

뎨이졀 그의특질

(일) 권셰 그의 말슴이 계샤쟝 갓지 안코 무슨 권셰 잇는 사람과 갓치 말슴ᄒ야 자긔가 가라 쳔령혼상 진리를 자긔인자의 령혼으로 시험ᄒᆫ고로 그가 니고데모의게 말ᄒ기를 우리ᄂᆞᆫ 우리 아ᄂᆞᆫ바를 말ᄒ며 우리 본바를 증명ᄒᆫ다ᄒ더라

(이) 명빅 사람들이 그의 말슴 듯기를 조하ᄒ며 져희등이 그의 단순ᄒᆫ말은 릉히 야라드르며 산우에셔 교훈ᄒ신것은 열두살된 아ᄒᆡ의게도 명빅ᄒ게ᄒ셧스니 진리를 명빅히 가라치는 교사는 사람들이 깁부게 듯는니라

(삼) 공평 그리스도의 교훈은 즉졉으로 마암가온듸 빅이며 그의 졍직ᄒ져은 령혼을 구원홈이니 그가 구원ᄒ라고 가라치시고 다만 구원만 ᄒ심이니 가라사듸 너희들이 진리를 알면 진리가 너희롤 장찻 자유케 ᄆᆡᆫ들리라 ᄒ시ᄂᆞ니

뎨이졀 그의특질

라

(사) 열심 예수의눈물흘리셧다는사긔는잇스되우슈셧다는업스니 하날을보는것으로더브러지옥이그의눈압헤열이니한령혼의구완함이무한흔갑시라가라사딕닉게주신바져들을닉가보호하야영원히죽는아달외에는일허바린것이업삼닉다하시니라

(오) 자비 이는자비하시사회긔자를위하야하신말삼이모다온유하시며또미구에십자가에못박을셩을위하야우르시니그의자비한것과인익한것이고초와죄악을불너오니라예수셰셔도라가실마주막긔도는사형집행자를위하심이니라

뎨사졀 그의방법

(일) 문눈것 예수의가라치심은널니문답이되엿나니그가어려져붓터의사들과갓치져의말을드르시고혹무러도보셧더라예수셰셔문답으로가라치시고이리키시고시험도하셧스며문답하는것을쟝려하야이사람져사람과셔로뭇고딕답하셧스니이문답은공직과풍쳐와민쳡함이잇셔주일학당

관렴졉문답이영원히될지니라

(이) 셜명ᄒᆞ는것 그는비유아니로는말을아니ᄒᆞ며실형졉으로가라치
니그가유형졉셜명이아니면영혼샹진리를아라듯기어려온줄알고셜명ᄒᆞ
는바가집안으로비유ᄒᆞ야아라듯게일반셩명의목젹과우연히만나는일을
말ᄒᆞ나니즉물과쩍과빅합나무와시와초목과집과길등이니이것이가라치
눈데빗나게ᄒᆞ나니라

(삼) 신쳬졉쵹 그가이것의권셰를아시며ᄯᅩ자긔가조흔목자가되얏는고
로일홈으로자긔의양을아시고그물이들도자긔의목자를알더라그사마리
아녀인을일기인샹권면으로구원ᄒᆞ시엿스며셰리의셩명이위험ᄒᆞᆯ쩍죄인
으로더보러진지잡수셧스며ᄯᅩ베드로의약ᄒᆞ심을알으시고그르를위ᄒᆞ야몸
소긔도ᄒᆞ시고교사의목사직분을가라치셧나니라

(사) 셩경을사용 갈아사디너희가긔록ᄒᆞᆫ것을읽지못ᄒᆞ엿나냐ᄒᆞ시니그
의말이구약의긔록ᄒᆞᆫ데져셔거긔셔문답도ᄒᆞ시고ᄯᅩ셜명과사건을인츌
ᄒᆞ시며이글졀은겨졀로셜명ᄒᆞ야그의밝고아름다온주셕으로듯는자를깁
브게ᄒᆞ셧나니원모든학문의쥬안즉근셩싱임은거록ᄒᆞᆫ칙ᄒᆞ나로자긔와자

뎨사졀 그의방법

빅쳘십칠

긔의졔자의게훈교과셔를삼엇더라

연습공부　뎨구쟝　강술

주일학당강술ᄒᆞᄂᆞᆫᄃᆡ네가지게급이차례로잇스니 (일) 학ᄉᆡᆼ을시험ᄒᆞᆷ (이) 공과를가라침 (삼) 공과를긔량홈 (사) 공과를사용ᄒᆞᄂᆞᆫ것이니라

뎨일졀　시험

(일) 주의홀시험　교사의첫지되ᄂᆞᆫ목젹은각학ᄉᆡᆼ의주의를ᄒᆞ게ᄒᆞᄂᆞᆫ것이니만약주의ᄅᆞᆯ아니ᄒᆞ면짐작도못ᄒᆞ고연속ᄒᆞ야ᄒᆞ지도못ᄒᆞᄂᆞ니이것이가라치ᄂᆞᆫᄃᆡ불가무ᄒᆞᆯ것이니라그런고로교사ᄂᆞᆫ반다시주의를겁고히ᄒᆞ야지니간것과지금쓰ᄂᆞᆫ공과의단순ᄒᆞ고쉬운문답을ᄒᆞ되첫지명빅ᄒᆞᆫ교과셔를시험ᄒᆞ되글자ᄯᅳᆺ과말과사건등을ᄒᆞ게ᄒᆞᆯ지니라

(이) 예비시험　연습ᄒᆞᆫ외인교사ᄂᆞᆫ학ᄉᆡᆼ이집에셔공부ᄒᆞᄂᆞᆫ방법을잘알아셔성각ᄒᆞ기를져히들이다공부ᄒᆡᆺ다ᄒᆞ고문답ᄒᆞ기를즉졉으로ᄒᆞ나니그런고로주일학당교사ᄂᆞᆫ반다시굿게시험보ᄂᆞᆫ것으로예비를겨ᄃᆡᄒᆞᆯ지니라

뎨이졀 가라치는 것

주의를 훈번 온젼히 이리케셔 학셩의 예비를 시험훙고 명빅히 가라치기를 시작훙나니 교사는 무엇을 가라칠것과 엇터케 가라칠것과 멧시 동안을 훌것을 알지니라

(일) 사실 에는 세가지 오착이 잇스니 (일) 범위 밧게 가라치는것과 교사의 언어와 의사가 자긔 반에 지님이오 (이) 과 다히 가라침이니 즉 디지나 역사나 년딕학의 긴요치 아는 사건이라 학셩들의 게는 비 호라 다가도 로 혀 가 되나 니라

(삼) 혼잡훙게 가라치는것이니 즉 시작도업고 중간도업고 긋도업는공과 니라

두가지긴요훈게 굽이잇스니 쳣지는 무슨 말이 공과에 잇나 나훔이니 즉 명빅 훈 사실과 말이 오여긔 글자의 뜻과 졍밀훈 주셕 도 훌것이오 둘지는 그 공 과가 무엇을 가라치나 냐 훔이니 즉 륜리 상과 령훈 상 진리니라

(이) 방법은 학셩의 게 즉졉문답훙 눈 방법이 졔일이오 교훈과 분히 져 방법

뎨이졀 가라치는것

빅쳘셥구

뎨이졀 가라치는것

은다만고등반학성의게만져당ㅎ니라여긔도셰가지오착이항용잇스니 (갑)되답ㅎ을바문졔만뭇고져의사상은요구치안는것이요 (을)총명ㅎ학성의게만문답ㅎ고우둔ㅎ거나혹겁늬는학성의게는문답지안는것이오 (병)학성의게문답ㅎ는데장여ㅎ는것이든지긔회를일는것이니라

지혜잇는교사는학성의문답을자긔것보담더갑지게예긔고질문의령혼을이르키는것이강ㅎ는데최상교육져목져을삼나니문답을다ㅎ바교사는쩌러지나니라

(삼) 긔작 교사가학성이비고자ㅎ는바를가라친후는학성이다비온것을반다시알지며자긔가가라친것즉학성이비온것과쏘자긔작ㅎ것을시험ㅎ며쏘학성을하나식불너그공과를다시진술케ㅎ고다른학성은이것을쌘코혹쌔진것을쳐우게ㅎ거나그러치아니면긔작을게급디로여러학도들로ㅎ게홀지니져희가비온바는릉히긔량ㅎ되비오지아닌것은못ㅎ나니라

기작ㅎ는것은맛당히셰가지잇스니첫지는이졉으로좃차져졈쌔지차례로완젼히쳐음은문학으로ㅎ고다음은령혼상으로홀지며둘지는자셰히홀지니자셰히비온것의시험은자셰ㅎ말로다만흠이라셋지는학성들의말을홀

지니이것이다만져희긔억혼것인가참비온것인가시험홀지니라

시험공과 셩경공부 데칠로데구

(일) 그리스도싱명의마주막주일날자를말ᄒ라

(이) 어느날이긔시고긔션가로드러오셧스며쏘십자가에도라가신날를셜명ᄒ라

(삼) 그리스도의종교상심문바드신셰게굽를차레로셜명ᄒ라

(사) 십자가에못박히여도라가신썩와자리를자셰히셜명ᄒ라

(오) 십자가의일곱말슴중아모셰가지만셜명ᄒ라

(륙) 어느썩에그리스도께셔무덤에누어게신것을자셰히셜명ᄒ라

(칠) 부활ᄒ신날그리스도씨의다셧번나타나신것을자셰히셜명ᄒ라

(팔) 그리스도가자긔의뒤ᄒ야말슴ᄒ신도중에두가지를셜명ᄒ라

(구) 자긔나라에신민이누구뇨증거를말ᄒ라

(십) 그의나라의의식은무엇이며그쏫을셜명ᄒ라

(십일) 일반쳔의와특별쳔의에구별이무엇니뇨

(십이) 그리스도가죄악의뒤ᄒ야말슴ᄒ신중두가지를말ᄒ라

데이졀 가라치ᄂ것

빅팔십일

연습공부 시험 뎨칠로지뎨구　　　　　빅팔십이

(십삼) 그리스도가 셩신에 디ᄒ야무슨진리를 가라치셧나뇨

(십사) 부활에관ᄒ야는무슨진리가 잇나뇨

(십오) 예수께셔 즁간상태로무슨말솜을ᄒ셧나뇨

(십륙) 무슨표준으로 사람이심판을밧으며 ᄯᅩ그즁거를셜명ᄒ라

(십칠) 큰션싱의모범을우리가 가히본밧을만ᄒ원소가무엇니뇨

(십팔) 그리스도께셔왜 긔도ᄒ셧스며 누구를위ᄒ야긔도ᄒ셧나뇨

(십구) 그의가라치신특셩을말ᄒ라

(이십) 그의가라치는데 사랑ᄒ는방법이무엇이며 ᄯᅩ엇터케쓰셧나뇨

(이십일) 그리스도와긔록을 디ᄒ야무슨여론이잇나뇨

연습공부　시험　뎨칠로지뎨구

(일) 각주일학당목녹의 셰가지합셩된원소가무엇니뇨

(이) 어늬것이가장요긴ᄒ뇨 그연고는무엇니뇨

(삼) 주일학당과도자에 디ᄒ야무슨말을힛나뇨

(사) 훈게ᄒ신일의네가지부분을 차례로 디답ᄒ라

(오) 일반훈연으로는무슨말을헷나뇨

(륙) 미주일에의연금과종히등분비의조흔게척이무엇니뇨

(칠) 주일학당목녹은엇터케맛당히시작ᄒ며엇터케페회ᄒ나뇨

(팔) 공과공부의두가지목뎍이모엇니뇨

(구) 간단혼공부의게칙을말ᄒ라

(십) 주일학당교사가교육상으로무엇을요구ᄒ나뇨

(십일) 그의가장필요혼것이무엇이며엇지ᄒ연고뇨

(십이) 공과를공부ᄒ는데렁혼상셰게급이무엇니뇨

(십삼) 공과를가라치는게칙에무슨셰가지를반다시직혀야ᄒ겟나뇨

(십사) 엇더혼데더조심ᄒ겟나냐공과를공부ᄒ는데와가라치는데더ᄒ깃
나냐 왜그러ᄒ냐

(십오) 미우간단히공과예비ᄒ는게칙을셜명ᄒ라

(십륙) 강술ᄒ는데네가지게급을차셔로말ᄒ라

(십칠) 학셩의주의눈엇터케엇겟나뇨

(십팔) 학셩이집에셔공부ᄒ는것을엇터케시험ᄒ며왜그리ᄒ나뇨

연습공부 시험 뎨철로지뎨구

빅팔십삼

(십구) 가라치는데힝용오착되는것이무엇니뇨

(이십) 가라치는데가장조흔방법을셜명ᄒ라

(이십일) 공과를사용ᄒ는데덕ᄒ야무슨말을힛나뇨

셩경공부 뎨십장 큰사도

사도바울은그리스도와예수교회당시이에연결ᄒ인이라

뎨일졀 바울의예비

(일) 셩일 이는구셰주탄싱ᄒ신후ᄒᆞᆨ년만에낫소니이곳은예루살렘북편으로일쳔오십리거리되는소아셰아에잇는히랍국셩다ᄉ라ᄒ는ᄃᆡ니라 원리그눈쳥염ᄒ히랍혈족으로그의일가눈유명ᄒ부자라로마사람의권리를모다가졋나니라

교육 그의연습은다소셩유명ᄒ히랍학교에셔시작ᄒ엿나니이학교눈일홈이나타는가말이에ᄅ이라ᄒ눈사람이예루살렘에셜입ᄒ것이니라

종교 바울은열심ᄒ눈바리시교인이라예수교인을잔학히핍박ᄒ눈자로

잇다가강셩후삼십팔년에회기ᄒᆞ야사도된것이긔이ᄒᆞ니라아라비아에

거ᄒᆞ지삼년만에그싸에셔즉졉으로묵시를그리스도의게밧아스며나희

십오와사십ᄉᆞ이에ᄂᆞᆫ사도의직분을시작ᄒᆞ엿ᄂᆞ니라

뎨이졀 젼도여ᄒᆡᆼ

예루살넴을ᄯᅥ나다소셩에가셔젼도ᄒᆞᆫ후안듸옥에가셔사도본부를셜립ᄒᆞ

니예루살렘북편에셔구ᄇᆞᆨ리가되ᄂᆞᆫ지라외방사람에수교의즁앙을삼으

라

젼도여ᄒᆡᆼ 뎨일 예수강셩후사십팔년에시작ᄒᆞ야이년을젼도ᄒᆞ엿ᄂᆞ

니

(일)ᄒᆡᆼ로ᄂᆞᆫ사이푸러스와소아셰아를동ᄒᆞ엿고ᄯᅩ그리로붓터주강셩후오

십년에유명ᄒᆞᆫ예루살렘공회에이르니이곳은그의힘쓴것으로인ᄒᆞ야외방

사람예수교ᄃᆞᆫ문을의식잇게열어셜립ᄒᆞ엿나니라여긔유명ᄒᆞᆫ사건은쳐음

으로소아셰아에외인의교당넷조직ᄒᆞᆫ사ㅣ니라

젼도여ᄒᆡᆼ 뎨이주강셩후오십일년붓터삼년을젼도ᄒᆞ엿스니

뎨이졀 져로여힝

(일) 힝로는소아셰아를온젼히둇ᄒ엿고그리로셔구라파큰도셩넷을젼도ᄒ엿스니즉빌립보와데살논이가와아덴과고린도등이니라이ᄯ큰일ᄒᆞᆫ것은구라파의예수교인을심음이니라

뎐도여힝 뎨삼주강셩후오십사년에시작ᄒ야사년을지닉스니 (일) 힝로는다시소아셰아를둇힝ᄒ다가그리로셔아셰아쥬의에베쇼와고린도와ᄯ다른구라파셩으로젼도ᄒ셧고여힝즁가쟝큰일ᄒᆞᆫ것은아셰아구라파교당을셜립ᄒᆞᆫ것이니라

주강셩오십팔년에예루살렘으로븟터도라오다가이단교인으로공회압혜셔심문을당ᄒ고로마지방도셩가이사랴로압송되야이년을갓쳣다가빌닉스와페스터스와아그립바의심판을밧고죵말에눈로마로결박되야교송되얏눈ᄃ거긔셔이로황졔의게잇히를갓쳐셧나니라

뎐도여힝 뎨사주강셩후륙십삼년붓터시작ᄒ여삼년을지닉셧나니라 니로의게방셕되야마게돈이아와셔반아로단이다가ᄯ다시로마에갓쳣다가로마건쳐오스틴웨이라ᄒ눈길에셔이로황졔의게참수되니주강셩후륙십륙칠년이라ᄒ며그의나희눈륙십오셰라더라

뎨삼졀 바울의 도

그의큰도는이아리와갓ᄒ니즉 (일) 유틱사람과외인을물론ᄒ고예수교인의밋음의일반되는것이오 (이) 밋음으로졍젹ᄒ는것이도의본젹이오 (삼) 유틱사람의션지와졔항에그리스도의일우심이오 (사) 그리스도의부활ᄒ신것이예수교의근본이오 (오) 우리주가두번오심이니라

뎨사졀 바울의편지

교훈편지二十一권중十四권은여좌ᄒ니라

일홈	강셩후	디명	속씃
로마	오십팔년	고린도	밋음으로구원을엇음
고린도젼	오십칠년	에베소	예수교륜리학
고린도후	오십칠년	마게돈이아	사도의권셰
갈나듸아	오십칠년	고린도	예수교의자유
에베소	륙십이년	로마	교회가일톄됨

뎨일졀　요소 즉 필용물

책	년	곳	요지
빌닙보	룩십이년	로마	예수교인의 즛비
골노시	룩십이년	로마	그리스도의 최딕권
데살노아젼후	오십이년	고린도	그리스도의 두번오심
듸모데젼셔	륙십오년	마게돈아	
듸모데후셔	륙십륙년	로마	젼도에 직분
듸도셔	륙십오년	마게돈이아	교당의 치리
빌네몬	륙십삼년	로마	교우졍
희브리〔옥은 아니라홈〕	룩십삼년	로마	그리스도의 졔사직분

빅팔십팔

연습공부　뎨십쟝　복습

주일학당복습이가쟝요긴ᄒᆞ나오히려주일학당일에눈조치못ᄒᆞᆯ원소가잇ᄂᆞ니라

뎨일졀　요소 즉 필용물

이것은맛당히각공과교사나학교쟝으로더브러변ᄒᆞ지안눈각공과의부분

으로ᄒᆞ고 조심ᄒᆞ여 비ᄒᆞ되 다만 입만ᄯᅡ러ᄒᆞᄂᆞᆫ 것은 갑이젹 으니 간단히 긴

요ᄒᆞᆫ것만 가라치되 반에셔ᄂᆞᆫ 오분을 넘기지 말고 학당쟝이 미주일복습ᄒᆞᄂᆞᆫ

것은 십분을 넘기지 말고 게삭에 복습은 이십오분 가량으로ᄒᆞ되 맛당히 쉬움

고 단순히ᄒᆞ야 모든 학셩을 다셩공케ᄒᆞ지며 다만 긔억ᄒᆞ여 훈연외에ᄂᆞᆫ 셔로ᄡᅦ

ᄒᆞ야 강ᄒᆞ지 못ᄒᆞᆯ지며 긔인젹 신체상으로ᄒᆞ되 복습시키ᄂᆞᆫ자로 ᄎᆞᆺ차 가라쳐

주든지 혹 방조ᄂᆞᆫ 못ᄒᆞᆯ지오 다만 학셩으로만 맛당히 복습케ᄒᆞᆯ지니라

뎨이졀 목젹

학셩의게ᄂᆞᆫ (일) 져희들이 진실히 잘비왓나 시험ᄒᆞᆯ것이오 (이) 져희의 비

온바를 긔억ᄒᆞ게ᄒᆞᆯ것이오 (삼) 공과의 이회ᄒᆞᆯ의사를 줄것이오 (사) 깁히명

심ᄒᆞ게ᄒᆞᆯ것이니라

교사의게ᄂᆞᆫ (일) 잘 가라치나시 험ᄒᆞᆯ것이오 (이) 게으르고 주의 처안ᄂᆞᆫ 교

사ᄂᆞᆫ권면ᄒᆞᆯ지며 (삼) 가라치ᄂᆞᆫ데 조치 못ᄒᆞᆫ 방법을 곳쳐ᄒᆞᆯ것이오 (사) 가라치

ᄂᆞᆫ것을 합일ᄒᆞ게ᄒᆞᆯ지니라

학교에게ᄂᆞᆫ (일) 공과의 큰 진리에 중심으로 모ᄒᆡᆯ것이오 (이) 각반열과 각

뎨이졀 목젹

빅팔십구

뎨삼졀　방법　　　　　　　　　　　빅구십

학싱의게경졍심을길을것이오　(삼)　학싱이집의셔공부ᄒᆞ는것을겨둥식일것이니라

뎨삼졀　방법

셩경문답이쉽고첫지되는것이니　(일)　긔인긔인문답ᄒᆞ야첫지무른후에눈혼사람을지명ᄒᆞ야딕답ᄒᆞ게ᄒᆞ며　(이)　온학교에쳐디를ᄯᅡ라신학싱변론은피ᄒᆞᆯ지며　(삼)　각금의문을쎠셔학싱으로븟터문답을이리킬지며　(ᄉᆞ)　아라듯기ᄭᅡ지딕답을거듭ᄒᆞᆯ지니라

졔목　(일)　칠판에공과의요지를쓰고학싱으로문답ᄒᆞ게ᄒᆞᆯ것이오　(이)　공과즉디지와언힝록과사긔등의상틱를취ᄒᆞ야훈졔목에복습을한ᄒᆞᆯ것이오　(삼)　각반즉학교로ᄒᆞ야금긔억ᄒᆞ는것으로븟터글자를더ᄒᆞ야요지를긔쟉ᄒᆞ게ᄒᆞᆯ지니라

긔억연습　(일)　지닉간공과의잇는지명과명쳥과시와요지와속진리와긔억ᄒᆞᆯ졀을복습ᄒᆞ고　(이)　도웁는것은다고만두고일반연습을ᄒᆞᆯ것이오　(삼)　명쳥과요지등의머리자를칠판에쓰고이걸로연습ᄒᆞᆯ지니라

뎨사졀 복습게칙

각반열복습 (일) 쳐음은각반열강송에오분을주어젼공과를복습케ㅎ되지금공과로더브러갓치홀지며 (이) 나죵에쓰지금공과를복습ㅎ기위ㅎ야오분을주되첫지는사실둘지는진리를도구홀지니라

학당복습 (일) 학교장이하학ㅎ기젼오분이나십분한ㅎ고복습시키되공과의단슌혼사실과진리만혼ㅎ야간단히홀것이며 (이) 게삼공과논이십오분한ㅎ고분명히복습ㅎ며칠판을쓸지니라 (삼) 복습ㅎ논데홀수잇논듸로각학과를연합ㅎ야긔억에을도읍게ㅎ고 (사) 자근조건은피ㅎ고각공과의관게만가라칠지니라

뎨오졀 필긔복습시험．

이것은미년이나믹게샥복습이오졍식잇게필긔ㅎ논것이니보동학교에논실힝홀만ㅎ고도을만홀것이니라 (일) 이것은졍밀과온젼홈을심을것이오 (이) 분류와승급에가장편혼긔초요 (삼) 이것은학교장이맛당히주장홀지

뎨사졀 복습게칙

빅구십일

며(사)평균가학성의삼십분을지늬지말게홀지며(오)이것은미우후단순히홀것이라그리도오하려사상과긔억에연구가될지며(륙)이것은맛당히주일구술복습줄을따루어공과의졍열을리회즁게홀것이오(칠)학성을위ᄒᆞᆼ야연필과종희로더브러종희쏘각에빅이거나철판에써셔문답ᄒᆞ는것이긴요훈것이니라

셩경공부 뎨십일장 상고예수교당

예젼예수교회당사긔가연디긔로오에난호왓나니라

뎨일긔 예비

예수교시자ᄒᆞ는데다섯가지사졍잇셧나니(일)구셰주의일롱바라심이요(이)구셰주오실ᄯᆡ에온셰게에화평이유ᄒᆡᆼ홈이오(삼)로마권셰가온덥힘이오(사)각쳐에셔히랍국말을보퉁쓰는것이오(오)유틱사람에짐이니그ᄯᆡ져희의구약셩경과교당과신ᄒᆞ나만셤기는예비도홈께업져졋나니라

뎨이긔 조직 (즉예수교긔초ᄂᆞ니라)

주 강성전 오년에 셰례요한이 날씩붓터 강성후 삼십년 오슌졀싸지니 그중

요호일은 (일) 요한이가 주의 길을예비호라고 젼도혼것이오 (이) 예수께셔

친히 유틱네 고을로수삼차 젼도호신것이오 (삼) 열두사 도들로교회를 조직

호라고 틱호신것이오 (사) 예수교쳐음 젼도사 칠십인의 젼도요 (오) 부활호

신주의 종말분부시니 (마틱복음 이십팔장 십구졀) 잇싸 붓터 온 나라들에 예

수교가 퍼졋나니라

뎨삼괴　(예수교변화니라)

주 강성후 삼십년에 오슌졀로붓터 오십년싸지니 (일) 오슌졀날 예루살렘에

셔쳐음으로유틱예수교당을 조직혼것이오 (이) 강성후 삼십칠년에 공회의

게쳐음으로교인들이 핍박을 바다 쓰나 결과는사마리아와 안듸옥과 또다른

아셰아셩싸지복음을 젼파호얏더라 (삼) 주 강성후사십년에 가이사랴에셔

곤일리어스에 베드로와 그의 집싸지교에 허입호니 이씨쳐음 외방예수교인

이러라 (사) 안듸옥에셔주강성후사십오년에 바나바와 바올이 외인예수교당

을 조직호엿고 (오) 주 강성후 오십년에 예루살렘에셔 유명혼공회에셔고시

호기를 외인들은유틱례식을 직히지 아으면 예수교인이 되지못혼다호니라

셩경공부　뎨십일장 상고예수교당

빅구십삼

셩경공부 뎨십일쟝 상고예수교당 빅구십수

뎨사긔 확쟝 (즉사도쥬쟝으로발달됨이니라)

주강셩후오십년에예루살렘공회로붓터강셩후빅년즉요한이가죽을씨까지니(일)이씨는예수교가아셰아와구라파에큰도셩에셜립되엿쓰니여하홈바울은소아셰아와구라파에셜립ᄒ고베드로는바벨논에잇눈허터진유대인가온디셜립ᄒ엿고요한은아셰아셔편에셜립ᄒ고마가는아푸리가에알렉산드리야에다ᄒ고다른사도들은구젼에아셰아각셩에셜립ᄒ엿다ᄒ고(이)강셩후륙십이년에종말유티국예수교의비쳑이예루살렘에결말되얏는디이씨는쳐음예수교당목사야곱보라ᄒ는이죽엇슬씨니라(삼)강셩후륙십년쳐음으로이단교인의핍박을바들씨바울과베드로가로마에셔죽엇나니라(사)주강셩후철십년에는예루살렘이멸망을당ᄒ엿고유티국이망ᄒ엿스며(오)사도중살어남어잇난요한이가주강셩후빅년씨지교회를다시리다가에베스에셔죽엇나니라

뎨오긔 핍박

주강셩후빅년요한죽든씨로붓터삼빅이십일년컨스틴튄의예수를밋을씨까지니(일)나라에셔예수교삼셰긔동안에열번을핍박ᄒ엿는디그즁잔학

흔것은이로왕의게당흔것이니쳐음일셰긔는또미촨의게당흐고다음졔이

셰긔에는오렐이어스의게당흐고졔삼셰긔는싸이오클레촨의게당흐엿는

디수만명이충셩으로죽엇나니라 (이)그핍박바든연고눈우상을셤기는졔

스쟝의육심과쳥염흐여수교도덕반디흠이오 (삼)졔숨셰긔꿋헤는예수

교가셰게각큰셩에완젼히셜립되야영국까지그러케먼북쪽까지퍼졋더라

(사)주강싱후삼빅이십일년에쳐음예수교인황졔컨스틴틘이가우상셩젼

을닷고고시흐기를로마졔국에종교눈맛당히예수교라흐엿나니라

연습공부　뎨십일쟝　교사회

목졔 (일)예비를시험흐며 (이)교사를교습흐야보충흐며 (삼)가라치는

것을쉬웁고일치흐게흐며 (사)학당에필요품을싱각흘지며 (오)약흔곳을

젼심흐야도을지니라

방법 (일)이것은교사회요셩경반이아니요 (이)공과의예비는셩취흐는

데먼져필요품이되며 (삼)무엇을가라칠가흐는것보담엇더케가라칠가흐

눈것이여기본분이며 (사)이것은안도자로나타니눈것보담교사를발달시

연습공부　뎨십일쟝　교사회　　　빅구십오

연습공부 뎨십일쟝 교시회 빅구십륙

키는것이니라 (오) 이것이학교쟝의의론방이오교당의학술맛흔ᄉ람이니라

날자와쳐소 날자는예비오일뎐역이죠코죠혼곳은안졍혼예수교당방이나그러치아으면그다음은회원의집이셔홀것이오도라단이지는말지니

회원 이는목사의명영젹의무로출셕ᄒ고직원과교사들은부득불회원이될것이오졀문예수교사람과녀ᄌ와학당교사될듯혼ᄉ름은불가불참예되쟝셩혼회원은리빈과갓치되졉홀지니라

회쟝 학교쟝은자긔칙임으로회쟝셕을졍ᄒ고교당교사중나은이가공를인도ᄒ되회쟝이합당ᄒ거든변쳔치말지니라

준비품 항상쓰기위ᄒ야죠혼칠판과셩경디도와사목과셩경자뎐과공주셕과주일학당신문두어쟝을예비홀지니라

목록 시간은한시

회원을호명ᄒ야출셕과예비의두가지를괴록ᄒ야히마다교당에보단ᄒ지니라

경비 십분

긔인으로나학교로나특별호요구로특별히긔도홀지며인도인은차례로임명홀지니라

사무 십분

학당장이미리공포호학교사무을연구호야간단민첩히의론홀것이오친히견도나목사자격이라든지교훈이나저정이나음악이나셔겨이나혹관게되눈의론등의보단을필단으로나말로호라호되입만싸라호게홀지눈말지니라

공과 사십분

셩경칙을덥고돕는것업시인도자가관게되는문답두어마듸로예비를시험홀것이이아리멧가지가잇나니라

(일) 연젼물이니쳣지는중간사실이오둘지는시간과쳐소요셧지는공과의사람일홈이오넷지는셔로갓흔졀이니라

(이) 다시짓는것이니한회원으로붓터공과를다시편술호게호고거긔오괄달루된것을다른회원으로보와곳치게호는것이니이것이단련도죠코흔시험도되나니라

데일졀 션지의증거

빅구십팔

(삼) 분히니두어회원더러가라치는공과를분히ᄒ라ᄒ야셔로비교ᄒ고의론ᄒ후장원을션틱ᄒ야칠판에쓰고션틱ᄒᆫ이유를셜명ᄒ지니이갓치돕는연습이업나니라

(사) 비유는 셩경역사와셰상사긔를셜명ᄒ게ᄒ야우등을션틱ᄒᆯ지니디도와칠판과그림과이약긔등으로비유ᄒᆯ지니라비유는두가지가잇스니쳣지는으로ᄒ고둘지는귀로ᄒ되그리스도의ᄒ시는것과갓치갓가온집안이나일가로비유ᄒᆯ지니라

(오) 졉합ᄒᆫ것 초등반과중등반과장성반을가라칠바와엇터케가라칠것을암시ᄒᆯ지며가라칠바공과의요긴ᄒᆫ진리를일치ᄒᆯ지며학당에지금필요ᄒᆫ진리를즁심으로모ᄒᆯ지니라

셩경공부 데십이쟝 예수교증거

데일졀 션지의증거

신약젼셔의그리스도는유틱션지메시야로ᄯᅩᆨ일우엇나니즉예수의조쟝과

뎨이졀 그리스도의힝젹

란싱ᄒᆞ신ᄯᅡ와셩품과고초와도라가신것등이니라(이)유ᄐᆡ사람요시
피어스아와외인터스두사람이예수교뎨일셰긔에단언ᄒᆞ기를져희시ᄃᆡ와
특별히유ᄐᆡ국에셔는구주강싱ᄒᆞ시긔를바란다ᄒᆞ엿스니그ᄯᆡ는즉예수가
이셰상에오신ᄯᆡ니라(삼)이두긔록자가ᄯᅩ희ᄲᅢ리어스왕ᄯᆡ에본ᄃᆡ오빌라
도의게고초를밧고도라가신예수의사긔를긔록ᄒᆞ엿스며(사)긔억ᄒᆞᆯ예언
은
(창셰긔사십구쟝삼졀로십졀)실로가왕권압헤와셔맛당히유ᄐᆡ사람으로
붓터ᄯᅥ나리라ᄒᆞ엿나니이것이예수그리스도로일우지안으면능히일우기
어려오리니왕권이이되ᄯᅥ나미유ᄐᆡ국민족과게동겨족보가멸망되엿나니
라

뎨이졀 그리스도의힝젹

(일)예수의신위는역사의ᄶᅡᆨᄒᆞᆯ이가업는것은왕의계둥으로쳐녀의게나시
고목수의아달이라션셩과쳑도업시유ᄐᆡ이단교인에셔일어나셔다만슴년
동안젼도로자긔나라를진동ᄒᆞ엿스며교회샹과졍치샹권도로말미암마핍

박을당호시고삼십솜년에죄인으로도라가셧다가죽은데셔일어나스이위
오빅인의게나타닉사뵈이사중거케호시고십구셰긔동안을빅만여명셩인
에게경비바드셧스며 (이) 그리스도의셩질은쳥염호고위엄홈으로하느님
의놉흔증거요 (삼) 가라치시는것은누구호고비교홀수업시단순호고권셰
가잇셔역사상진보를뒤줍어셰상에가득호며 (사) 그리스도의이젹은다른
이젹과부등호야모든무리압헤셔다아라듯도록가진종유의주의로힝호시
사자긔원수의게실상을주시니라

뎨삼졀　신약젼셔긔록자

(일) 이사람들은거반유틱향촌인이니 (이) 져희가예수의가라치신말솜을
친히듯고긔록호야예수의이젹을눈으로본증거를단언호지라특별히부활
호신큰이젹을셜명호기를예수가십자가의도라가신후에져희들이보고먹
고이야긔도갓치호엿다호며 (삼) 져희의셩명이위급홀쌔눈져희들이예수
쎄셔한멋철젼에십자가에도라가신셩에셔예수의부활호심을용밍히젼도
호고로수쳔명유틱인의밋음을엇어쳐음으로예수교당을셜립호엿고 (사)

이런이샹흔이야기를즁거ᄒ랴고어려옴과핍박을만히당ᄒ고목슘을교에
버리엿스며 (오) 만일악인이자긔의악흠을죄ᄒ고도에죽어릉히거룩ᄒ싱
명을밋는것은밋지못ᄒ지니이스름들이션인인쥴을알지니라 ·

뎨사졀 역사샹즉졉즁거

(일) 신약젼셔의긔록흔것의확실흔것은그씨스도와지금까지연속ᄒ야ᄂ
려오는스도로말믜암아의심업고 (이) 쏘져희의증명은주강셩후일빅칠십
년에실쳬젹으로법젼을준바이단교인마시온의조목과졔이셰삼셰긔에폐
시도와이틱리국사람번역관과쳐음사셰긔예수교조상이믈긔록흔칙의신
약말슴을만히인증홈으로붓터명빅ᄒ니라 (삼) 뎨일뎨이셰긔에로마이단
교인들이오날예수교인으로ᄒ야금그리스도의밋음과졍ᄒ예비와쳥염ᄒ
심괴고초바드심을즁명ᄒ엿나니여긔유명흔자ᄂ풀니늬와수돈이어스러
라 (사) 뎨이뎨삼뎨사셰긔에셜셔스와포피리와예수교반딕자활반흔이단
교인율이안이가신약젼셔의확실흔것과즁명을셰웟스나예수의이져을요
술이나그러치안으면약흔권셰로녁이더라

뎨사졀 역사샹즉졉즁거　　　　　　　　이빅일

뎨오졀 예수교인의힝젹

예수교가인간경력으로셩공홀중거가되엿나니 (일) 악호힝겨을변화호는것
과 (이) 인간사회의긔화홍는권도와 (삼) 고초호자의과실치안는부조와 (사)
인자의가장두려온원수죽엄을이긔눈것등이니라

연습공부 뎨십이쟝 초학부분

뎨일졀 초학교사

초학교사의일은뎨일요긴호것이니그연고를말홀진디 (일) 쳐음가라친것
을모다이후에본바들지요 (이) 어린아희들은나희가이후에이섭여셔될띡
보담십셰안에더비홀것이오 (삼) 아희들은교사나셩경에의심업눈진리를
가질것이며 (사) 어린아희쎡이큰령혼상활발홀띡요 (오) 이쎡가즉션호디
도나그러치안으면악호디로드러가눈문이니라 초학교사의자겨운맛당히
(일) 육신상밋음은어린아희가예스그리스도에디홉과갓고 (이) 어린아희

를위ᄒ야ᄒᄂᆫ일을피로와ᄒ지말고어머니분릉과갓흘지며 (삼) 셜명ᄒ야 가라치ᄂᆫ지릉을가질지니항용목겨물과그림과이야긔등을쓸지며 (사) 조고만일을쳐리ᄒᄂᆫ데ᄂᆫ녀쟈의지각이잇슬지며 (오) 회화와신앙으로어 아희의게밋음을붓철지니라

뎨이졀 조직

게급 두가지게급이잇스니첫ᄌᆡᄂᆫ초학자혹은독본업ᄂᆞᆫ자니셰살붓터 셧살ᄭᅡ지요둘지ᄂᆞᆫ심상초등반이니여셧살붓터아홉살ᄭᅡ지라이두게급이 다훈가지로쳐리될지니 (일) 반열을난호ᄃᆡ명수ᄂᆞᆫ여셧으로열명ᄭᅡ지ᄒ면 잘가라침과목사의일을엇을것이오 (이) 젼체부문은일반강습ᄒ을ᄯᅡᆷᄀᆡᄒ흘 치니즉음악과긔도와복습과긔억과다른훈련이오 (삼) 규칙되로일반학당 과갓치긔회ᄒ되폐회ᄂᆞᆫᄯᅡ로각각ᄒᆞᆯ것이오 (사) 주일학당이만일방ᄒ나 쓰ᄂᆞᆫ경우에ᄂᆞᆫ초학부ᄂᆞᆫ긔회강습ᄒᆞᆯᄯᅥᆨ싼부분을취ᄒ야회공과복습을 것이오 (오) 각각다른방으로못ᄒᄂᆞᆫ경우에ᄂᆞᆫ일반강습ᄒᆞᆯᄯᅥᆨᄂᆞᆫ이초학반의 위처ᄂᆞᆫ맛당히학교장압히될것이오각각자긔반공부ᄒᆞᆯᄯᅥᆨᄂᆞᆫ휘장이나칠판

으로가릴지니라

준비품 (일)칠판이니긔썩샹그림을홈이아니오간단흔디도나강영이나 암시홀글자를쓰기위홈이니가라치난딕로쌰라홀지요여긔셔지나더홀지 눈못홀것이니라 (이)미게공과그림이니시간을졀금ㅎ야마암의긔억홀것 이요 (삼)그림공과종희나혹조각이니졉에셔공부ㅎ눈것을장여홀것이요 (사)찬미죡자눈 (교사가지은것이조흔이라) 조흔노리즉곡조들엇기위홈 이니명빅히쉬운씃의글자로지을것이요 (오)곡조라팔을쓸지니라

뎨삼졀 공부의 순셔

주일공과 (일)단순흔실상과요지에잇눈말갓흔중심되눈진리눈사실에 녁녁ㅎ고 (이)반열공부십오분과복습십분과교사권면이시간으로눈녁녁 ㅎ고 (삼)겹푸복습아니홀것을가라치눈것이맛당치안코 (사)귀로더브러 눈이방법에눈맛당ㅎ고 (오)한번에조금식훈련과복습으로말미암아명빅 히알것이니이것이항상표준이될지니라

긔억젹연습 첫지눈주긔도문과게명과항목과바울의사랑이라ㅎ눈요지

와교회문답과 찬미요둘지ᄂᆞᆫ 조심업시 그릇긔억ᄒᆞᄂᆞᆫ것을 보호홀지니다만 긔억ᄒᆞ야두ᄂᆞᆫ것은 가라치ᄂᆞᆫ것이 아닌줄로 명심홀지니라 부가젹 순셔 (일) 단순ᄒᆞᆫ순셔를 예비홀지니 즉 셩경칙과 이칙언ᄒᆡᆼ록의문 자와 디리상표졈과 찬미등을 삼기 년에예비열ᄒᆞ야 쳘판과 디도로 븟터미주일 훈련과 복습을 오분식 가라칠지며 (이) 이것을 승급의 긔초로 삼아 수업혼자 ᄂᆞᆫ학위를줄지니라

뎨사졀 특별연습

(일) 확졍ᄒᆞᆫ교육법ᄃᆡ로 쳐신을 겸손ᄒᆞ게 가라칠지니 초학과 가맛당히 차셔 로 고등급이 될것이오 (이) 긔도를 연습시키되 유쾌ᄒᆞᆫ연셜과 갓치 여기지말 고 육신상습관으로 가라칠지며 엇터케긔도홀것도 가라치고 (삼) 교당에출 셕ᄒᆞᄂᆞᆫ 확졍ᄒᆞᆫ습관으로 연습시켜셔 미주일수젼례비를 찬양홀지며 학도로 ᄒᆞ야곰 례물을 학당장의게 일신상으로 드리고 (오) 셩경을 집과학당에셔 연 습시키게 홀지며 문답도 홀지니라

뎨오졀 어린아희의게 거듭나는 것

초학부의교사의신앙은맛당히 (일) 하나님의젹법호게취이어린아희를구원호심이요 (이) 오셰된어린아희들은졍셩스러온교인이될것이요 (삼) 어린아희들의신령호힘졈 은혹독히활발호고명심을잘홀지며 (사) 인자로거듭난어린아희눈비록참되고근본되나장셩훈자의거듭눈것보다 만히 순호고쉬울지며 (오) 주일학당초학부공부가긔도나셩경공부홀씩작난으로뜻홈이아니요다만다시사라나눈것과의로사눈것으로목겨호나니라

뎨륙졀 암시호눈초학과목록

(일) 호명 (이) 교당찬미 (삼) 긔도 (셩경의요긴호졀을본뒤나혹미리홈) (사) 신학셩을인도홈 (오) 사게공과를복습홈 (륙) 어린아희의찬미 (철) 셩경으로붓터미일공과독셔눈글자씃디고디르고그리며 (팔) 십오분각반열공부 (구) 동의찬미 (셩경의실상과진리로홈) (십) 철판이나공과그림으로붓터공과를복습홈 (십일) 셩경훈련즉셩경칙과언힝록과디지니오분동안이오

(십이) 연보요 (십삼) 민쥬일보단과광고요 (십사) 목사의말이요 (십오) 병잇는자와불참ᄒᆞᆫ자를질문ᄒᆞ고 (십륙) 폐회긔도요 (십칠) 폐회종회ᄒᆞᄂᆞᆫ을 분비ᄒᆞ나니라

시험공과   셩경공부뎨십으로뎨십이니라

(일) 큰사도라ᄒᆞᄂᆞᆫ이는누구며왜그러케브르느뇨

(이) 바을의게롱과교육의무엇이유명ᄒᆞ뇨

(삼) 몃살에바울이가회긔ᄒᆞ고엇던셩에셔ᄎᆞᆷ으로젼도ᄒᆞ엿나뇨

(사) 바울의쳐음젼도유력을완젼히셜명ᄒᆞ라

(오) 바울이몃번이나어듸셔갓첫셧나뇨

(륙) 바울의첫번편지쓴것과나죵편지쓴날자를말ᄒᆞ라

(칠) 로마사람의게ᄒᆞᆫ편지의즁앙사상은무엇이며히브리사람의게ᄒᆞᆫ편지의즁앙사상은무엇이뇨

(팔) 예젼예수교사긔의다셧ᄯᅥ를차례로셜명ᄒᆞ라

(구) 예수교입문즁두가지형편을셜명ᄒᆞ라

(십) 예수교가확장되는날자는어늬ᄯᅥ뇨

뎨륙졀   압시ᄒᆞᄂᆞᆫ초학과목록

이빅칠

뎨륙졀 암시ᄒ눈 쵸학과목록

(십일) 어늬ᄯᆡ어듸셔 유티인예수교회와 외인의 예수교당이 조직되엿나뇨

(십이) 예류살렘공회의 큰사건이 무엇니뇨

(십삼) 무슨연고로 예수교가 핍박을 당ᄒ엿나뇨

(십사) 무슨결과로 핍박밧든시디가 긋쳐졋나뇨

(십오) 예수교증거의 다섯원인을 차레로 셜명ᄒ라

(십륙) 실로 아가 온다는 예언에 디ᄒ야 무슨말들이 잇나뇨

(십칠) 그리스도씨의 이져이 엇더케 구별되엿나뇨

(십팔) 신약젼셔괴록ᄒ자로붓터 중거둘을 말ᄒ라

(십구) 우리신약젼셔괴록의 명확ᄒ것이 엇더케 확졍되엿나뇨

(이십) 이단교인역사가의 중거ᄂ눈 무엇니뇨

(이십일) 우리가 가진 예수교하나님권릉의 나타나눈중거를 셜명ᄒ라

　　　시험공과　연습공부뎨십으로 데십이니라

(일) 복습ᄒ눈데 두가지요 긴ᄒ목젹을 셜명ᄒ라

(이) 각반열복습에 디ᄒ야 무슨말이 잇나뇨

(삼) 미주일과 사게학교 공부복습의 권면을 멧시나ᄒ고

(사) 복습ㅎ눈데맛당히포함홀졈은무엇이며비쳐홀것은무엇니뇨

(오) 복습시키눈데조흔방법은무엇니뇨

(륙) 엇터케학당에셔복습홀찍엇터케문답홀고

(칠) 복습ㅎ눈데피홀것은무엇니뇨

(팔) 교사회의에셔가지목져을셜명ㅎ라

(구) 교사회의에즁요혼분은무엇니뇨

(십) 이회에회원은누가맛당히될고

(십일) 누가이회를인도홀고그연고를셜명ㅎ라

(십이) 무슨준비품이요긴혼뇨

(십삼) 이회의맛당히홀일은무엇이며엇터케쳐리될고

(십사) 공과발달의맛당히홀바게급을차셔로셜명ㅎ라

(십오) 초학부문에셔ㅎ눈일의긴요혼연고를소불하둘이라도셜명ㅎ라

(십륙) 초학교사의자격은무엇이될고

(십칠) 초학반과원방이엇터케관게될고

(십팔) 초학반에요긴혼준비품은무엇니뇨

데륙졀　압시ㅎ눈초학과목록

이빅구

뎨륙졀 암시ᄒᆞᄂᆞᆫ초학과목록

(십구) 공과를얼마나가라치며또엇터케가라칠고

(이십) 초학과부가져일에디ᄒᆞ야ᄂᆞᆫ무슨말들이잇나뇨

(이십일) 무슨목젹으로어린아희들을연습시키나뇨

이빅십